Johannes Heesters

Auch hundert Jahre
sind zu kurz

Johannes Heesters

Auch hundert Jahre sind zu kurz

Die Erinnerungen

Aufgeschrieben von
Beatrix Ross

Mit 124 Fotos, 19 Abbildungen im Text
sowie Verzeichnissen der Theater-,
Film- und Fernsehrollen

Langen Müller

Ich widme dieses Buch
meinen drei Mädchen
Wiesje, Nicole und Simone

Inhalt

9

Das Leben selbst.
Prolog

Erinnerung heißt die Kraft meines Lebens«, habe ich einmal gesungen. Ob das mein Credo sei, wurde ich danach oft gefragt.

Erinnerungen sind für die Nachwelt bestimmt. Denn was bleibt? Lieder auf CDs gepresst. Filme und Fotos.

Gesammelte Geschichten und Gedanken in diesem Buch.

Preise und Ehrungen. Ein Ring, der meinen Namen trägt. Gestiftet vom Theater an der Wien, mir überreicht, um zu bestimmen, wer ihn nach mir tragen soll.

Maurice Chevalier hat einmal gesagt: »Ein Mann mit weißen Haaren ist wie ein Haus, auf dessen Dach Schnee liegt. Das beweist aber noch lange nicht, dass im Herd kein Feuer brennt.«

Aber würde das Feuer nicht bald ausgehen, legte man kein Holz nach?

Wer immer nur zurückschaut, hat keine Augen für das Heute, für das Leben.

Die Kraft des Lebens ist nämlich nicht die Erinnerung, sondern das Leben selbst.

Kaufleute weit und breit,
aber der jüngste Spross ein Priester?

Zu den frühen Erinnerungen meiner Kindheit gehört der »Lange Jan«. Der hundert Meter hohe Turm war die höchste Erhebung in meinem Geburtsort Amersfoort. Damit übertraf er den höchsten Gipfel der Amersfoorter Berge, der mit stolzen neunundvierzig Metern in die Luft ragt und wohl auch nur im ansonsten topfebenen Holland als Berg durchgeht.

Die kleine holländische Stadt, in der ich zur Welt kam, ist heute so etwas wie ein Pendler-Vorort von Amsterdam, damals aber war die große Stadt weit weg. Die Gesellschaft war nicht so mobil wie heutzutage. Man verbrachte seine Zeit dort, wo man wohnte. Das war ganz normal.

Wenn ich als kleiner Junge aber auf den Langen Jan kletterte, konnte ich weiter sehen, als ich in meinem noch kurzen Dasein je gereist war. Nicht, dass ich Fernweh gehabt hätte, aber neugierig, gierig nach neuen Eindrücken und Erfahrungen war ich wohl schon damals.

Amersfoort also. Hier hatte mein Vater, Jacobus Heesters, das, was wir damals einen »Alleshandel« nannten, und ein treffenderes Wort fällt mir auch heute nicht dafür ein. Alles, was die Kundschaft wünschte, war im Angebot. Und sollte einmal etwas im Sortiment gewesen sein, was nicht gleich Abnehmer fand – den Verlockungen meines Vaters konnte über kurz oder lang keiner widerstehen. Geschäftstüchtig pries er seine Waren an, entweder im Laden oder noch lieber auf dem Markt. Das war für uns Kinder natürlich der größte Spaß. Das bunte Treiben, die vielen Stände und Verkaufstische, das muntere Geplapper der Leute und mittendrin mein Vater, der mit sonorer Stimme die Kunden auf seine Sonderangebote aufmerksam machte.

Den Kaufmannsberuf lernte mein Vater von seinem Vater. Überhaupt wimmelte es in meiner Familie nur so von Kaufleuten. Manche von ihnen brachten es sogar zu einem ansehnlichen Vermögen.

Meine Mutter Gertruide führte sozusagen zu Hause die Geschäfte, kümmerte sich um uns Kinder.

Wir waren vier Brüder: Cor, Jacob, Nico und ich, Johan, der jüngste und die letzte Hoffnung meiner Mutter auf ein Töchterchen – außerdem fast ein Nikolausgeschenk, geboren am 5. Dezember 1903.

Das ist in Holland ein besonderer Tag. Nicht meinetwegen, sondern wegen Sinte Klas, wie der Nikolaus auf holländisch heißt. Am 5. Dezember werden abends Schuhe vor die Türen gestellt, die sich bis zum nächsten Morgen auf wundersame Weise mit Geschenken füllen. Wir Kinder glaubten lange an dieses »Wunder«.

Ob mein Geburtsdatum Einfluss auf meinen ersten Berufswunsch hatte, kann ich nicht mit Sicherheit sagen. Sicher ist, dass wir als katholische Familie regelmäßig zur Kirche gingen und dass mich alles, was dort passierte, verzaubert hat: die Musik, die Predigt, die Lichter, die Stimmung.

Und so kam es, dass ich – beseelt von dieser Faszination – mit acht Jahren Priester werden wollte.

Mittlerweile waren wir nach Baarn gezogen, nur wenige Kilometer von Amersfoort entfernt. Meinem Vater ging es nicht gut. Gesundheitlich und geschäftlich. Eine Typhuserkrankung zwang ihn, seinen lebhaften Handel zu vernachlässigen. In Baarn sollte nun alles besser werden.

Meine Brüder und ich sangen im Kirchenchor. Zu viert waren wir natürlich eine machtvolle Verstärkung, und unser Pfarrer sagte später: »Wenn die Heesters-Brüder sangen, war die Kirche ausverkauft.« Das Singen gefiel mir und mit meinem glockenhellen Sopran erfuhr ich in der Gemeinde die erste künstlerische Anerkennung.

Eine künstlerische Laufbahn aber kam mir damals noch gar nicht in den Sinn. Die regelmäßigen Auftritte in der Kirche waren für mich vielmehr eine Offenbarung ganz anderer Art. Priester wollte ich werden. Die mystische Kraft des Gotteshauses nahm mich so gefangen, dass ich damit nicht mehr warten mochte, bis ich endlich erwachsen war, sondern sofort und auf der Stelle beginnen wollte, meiner Berufung zu folgen.

Die Freude meiner Großmutter über diesen Entschluss, den ich mit kindlicher Ernsthaftigkeit in die Tat umsetzte, steckte die ganze Familie an, und alle halfen mit, meinen Altar, den ich mir zu Hause gebastelt hatte, entsprechend auszuschmücken.

Es war ein wunderschöner Altar. Er stand auf einem Tisch, hatte zwei Flügel, die man zuklappen konnte. In der Mitte war die Monstranz, links und rechts befand sich jeweils ein kleines Türmchen und neben jedem Türmchen ein Kerzenständer. Manchmal, wenn mir melancholisch zumute war, ließ ich die Flügeltüren meines Altars geschlossen. Dann zeigte auch er sein melancholisches Gesicht: schwarz mit einem weißen Kreuz.

Auch bei den Messen, die ich im Wohnzimmer zelebrierte, war meine Familie ein aufmerksames und wohlgesonnenes Publikum. Zwischenrufe meiner Brüder, die mich nicht ganz ernst nahmen, quittierte ich im Brustton der Überzeugung mit einem mahnenden: »Ihr werdet in der Hölle landen!«

Da ich ja sehr häufig in der Kirche war und die richtigen Gottesdienste mit angespannter Aufmerksamkeit verfolgte, hatte ich für meine Privat-Messen genügend Material. Denn obwohl ich nicht alles verstand, prägte ich mir auch die lateinischen Texte ein und trug sie dann am heimischen Altar vor.

Die Beschäftigung mit diesen geistlichen Dingen erfüllte mich ganz und gar. Häufig forderte meine Mutter mich auf: »Jopie, draußen ist es so schön, geh doch mit den anderen spielen.« Aber

14

das wollte ich nicht. Ich sah keinen Sinn darin, mich im Kirschkern-Weitspucken zu messen oder einem Ball hinterherzujagen. Damals noch nicht.

Dass ich letztendlich doch kein Priester wurde, ist ja allgemein bekannt. Und wenn ich heute daran zurückdenke, wirkt es wie ein Spiel. So, wie andere Kinder mit der Eisenbahn oder mit dem Kaufladen (was in meiner Familie in der Tat naheliegend gewesen wäre) spielen. Nur dass es mir mit meinem Spiel ausgesprochen ernst war, und es dauerte eine ganze Zeit, bis ich mich – nicht ganz leichten Herzens – von dem Gedanken verabschiedete, mein Dasein im Talar zu verbringen. Als guter Mensch wollte ich doch durch die Welt gehen und allem Bösen und Schlechten, das mir begegnete, die Stirn bieten. Aber ich lernte schon recht früh, dass das Leben komplizierter war.

So mussten wir zum Beispiel bald der Erkenntnis meines Vaters folgen, dass er auch in Baarn geschäftlich nicht wieder auf die Beine kam. Er machte sich Gedanken, denn schließlich hatte er eine große Familie zu ernähren. So plante er den nächsten Umzug.

Diesmal in die Großstadt, in die Hauptstadt: nach Amsterdam.

Und da Kinder ja anpassungsfähig sind, streiften meine Brüder und ich schnell die Provinz ab und atmeten tief die Großstadtluft ein. Ich wechselte von der Volksschule, die ich zuerst besuchte, an die St. Corneliusschule und sang wieder, jetzt im Kinderchor des damals namhaften Komponisten und Dirigenten Hubert Cuypers.

Aber unsere Freude über das neue Leben hatte ein jähes Ende: Der Erste Weltkrieg war ausgebrochen. Ich war zwölf Jahre alt und hing plötzlich in der Luft. Keine Schule, keine Ausbildung. Was sollte werden?

Das Gesicht meines Vaters, der bislang trotz widrigster Umstände nicht den Mut verloren hatte, verriet zum ersten Mal seine Angst. Und obgleich ich noch nicht richtig verstand, was vor sich ging, hatte auch ich Angst.

Die Niederlande blieben im Ersten Weltkrieg zwar neutral. Aber vorbereitet wollte man wohl dennoch sein. Mit vielen anderen jungen Männern wurden auch zwei meiner Brüder eingezogen. Beide hielten es nicht lange bei der Truppe aus. Cor, der älteste, kam nach Hause zurück und versteckte sich im Keller. Es dauerte jedoch nur ein paar Tage, bis man ihn fand und wieder mitnahm. Da Desertieren damals noch kein Schwerverbrechen war, zumindest nicht in den Niederlanden, ist ihm Gott sei Dank nichts passiert.

Auch mein zweitältester Bruder Jacob ist einigermaßen ungeschoren davongekommen. Er wurde wegen Insubordination festgenommen, weil er ihm nicht persönlich bekannte Vorgesetzte nicht grüßte. Dass das mit der strengen militärischen Rangordnung nicht vereinbar war, wurde ihm dann in der Haft erklärt.

Wir beiden jüngsten Brüder wurden nicht eingezogen, da ja bereits zwei Söhne aus der Familie dienten. Meiner Mutter war das recht und mir auch.

Die militärische Neutralität des Landes verschonte uns aber nicht vor Hunger und Elend. Hatten wir bislang in bescheidenen Verhältnissen gelebt, so waren wir jetzt arm – wie die meisten Menschen um uns herum.

Ich hatte damals einen Freund, Willy Walden. Neben anderen Dingen, die Jungs in dem Alter gemeinsam haben, verband uns vor allem eins: die Lust an der Schauspielerei und der Spaß, sich einem Publikum zu präsentieren. Willy und ich fanden einen Weg, wie wir dem Schrecken der Kriegszeiten begegnen konnten: Zusammen mit zwei anderen Burschen, Ger de Lange und Lijf (seinen vollen Namen weiß ich nicht mehr), gründeten wir eine Theatergruppe. Zunächst sollte der Dachboden der Familie de Lange unsere Bühne sein. Mit Feuereifer machten wir uns ans Werk.

Wir waren guter Dinge, denn wir hatten sogar einen heimlichen »Sponsor«: Lijfs Vater. Er besaß eine Wäscherei, war ein fleißiger und ehrbarer Mann. Sein Mäzenatentum allerdings war so heimlich, dass noch nicht einmal er selbst etwas davon wusste. Lijf hatte nämlich das Geld, das ihm die Kunden fürs Wäscheausfahren bezahlten, nicht vollständig mit seinem Vater abgerechnet, was dieser verständlicherweise erwartet hätte. Nein, Lijf ließ einen guten Teil des Geldes einer jungen aufstrebenden, kreativen, vielversprechenden Theatergruppe zukommen: uns.

Natürlich waren wir keine »jungen Wilden«, denn das Leben im Krieg war wild genug. Aber wir ließen uns etwas einfallen. Unsere Ansprüche waren so hoch, dass die holländische Literatur sie nicht erfüllen konnte, also schrieben wir unser eigenes Stück: *Der gestohlene Schatz – ein Drama*. Wir bauten Kulissen und schneiderten Kostüme. Bei der Premiere war der Dachboden bis auf den letzten Platz gefüllt – da kam uns die große Verwandtschaft sehr gelegen.

Lange konnten wir unseren Erfolg jedoch nicht auskosten. Allzu schnell kam der »stille Mäzen« uns auf die Schliche und forderte gar nicht still sein Geld zurück. Auch den Dachboden mussten wir räumen. Offenbar hatten wir bei Vater de Lange ebenfalls unseren Vertrauensbonus eingebüßt.

Aber wie heißt es so schön in Schillers *Wallenstein*: »Ernst ist das Leben, heiter ist die Kunst.« Der ökonomische Rückschlag setzte uns nur für kurze Zeit außer Gefecht. Aufgeben kam für uns nicht in Frage. Im Gegenteil, wir beschlossen, einen richtigen Saal in einem Gasthaus zu mieten. Wenn schon, denn schon. Wir borgten uns Geld und legten eiserne Reserven dazu, malten Plakate, druckten Einladungen. Diesmal allerdings kündigten wir kein Drama an, sondern einen »bunten Abend« mit anschließendem Tanz. Nicht subventionierte Kunst muss sich schließlich nach dem Geschmack des Publikums richten. Das war damals so und hat sich bis heute nicht geändert.

Die zahlreich erschienenen Zuschauer dankten uns nach der Vorstellung mit viel Applaus. Die unterhaltsame Ablenkung war allen willkommen. Für ein paar Stunden dachte niemand an seinen knurrenden Magen.

Willy Walden wurde später übrigens ein erfolgreicher Revuestar in Holland und ich ... na ja, aber bis dahin lag noch ein langer Weg vor mir.

In die kargen Kriegsjahre fielen auch meine ersten Abenteuer mit Mädchen. Das kann ich mit gutem Gewissen erzählen, da ich später als Ehemann und Familienvater keine Abenteuerlust mehr in dieser Hinsicht verspürte.

Instinktiv begriff ich schon als Junge, dass Frauen oder Mädchen beeindruckt werden möchten. Als ich damals ein Fahrrad bekam – ein gebrauchtes, denn für ein neues war kein Geld da –, führte mich mein erster Weg zur Mädchenschule. Gegenüber dem Eingang baute ich mich lässig auf und genoss die bewundernden Blicke der Meisjes. Da muss doch mehr drin sein, dachte ich mir und begann meinen drei älteren Brüdern nachzueifern, die auf der Straße ungeniert den Mädchen hinterherpfiffen und eine kesse Lippe riskierten.

Ich probierte das auch. Die erste, die anbiss, war Goba – und schon verließ mich der Mut. Ich fand sie wunderschön und meine Verliebtheit stand mir wohl auf die Stirn geschrieben. Unser erstes Rendezvous fand im Amsterdamer Café Münt statt. Als wir da saßen, merkte ich erst, wie schwierig das ist mit den Mädchen. Worüber sollten wir sprechen? Über den Krieg? Sicher nicht. Mein Kopf war leer – ein Zustand, den ich später noch einige Male erleben sollte. Nicht bei Damenbekanntschaften, sondern auf der Bühne. Goba und ich schwiegen eine Weile und verabredeten uns dann trotzdem wieder. Allmählich wurden wir etwas redseliger. Unser keuscher Flirt war aber nur von kurzer Dauer, da ja die Schule aufhörte und wir uns aus den Augen verloren.

Nicht so hübsch, aber dafür um so erfahrener und »pädagogisch wertvoll« war ein molliges Mädchen, an das ich mich erinnere. Sie war auch ein Beispiel dafür, dass nicht unbedingt die Männer die Jäger und Sammler sind. Dieses Mädchen nämlich hatte, wie sich

18

herausstellte, eine Heesters-Kollektion: Alle meine Brüder waren vor mir auch schon dran gewesen.

Einen besonders guten Ruf bei den jungen Damen hatte ich, als ich als Laufbursche in einer Schokoladenfabrik arbeitete. Ein Lächeln, ein paar Süßigkeiten, und schon schmolzen die Mädels dahin wie die Schokolade in meiner Hosentasche.

Mit der Zeit merkte ich dann, dass ich auf die holde Weiblichkeit eine gewisse Wirkung hatte und auf Hilfsmittel zur Bestechung verzichten konnte.

Eine Ballade für den Theaterkönig
und warum Onkel Evert sterben musste

Ich war schon sechzehn, als ich das erste Mal ein richtiges Theater von innen sah. Mein Vater schenkte mir zum Geburtstag eine Karte für ein Stück von Joost van den Vondel, dem wichtigsten niederländischen Dramatiker des 17. Jahrhunderts. Er schrieb insgesamt vierundzwanzig Bühnenstücke, und ich sah am 1. Januar 1920 eines der bedeutendsten: *Gysbreght van Aemstel*. Fast auf den Tag genau 282 Jahre zuvor, am 3. Januar 1638, wurde mit diesem Stück das Amsterdamer Stadttheater eröffnet.

Natürlich wusste ich das damals alles noch nicht, aber Vater bereitete mich gründlichst auf mein erstes Theatererlebnis vor.

Und was das für ein Erlebnis war!

Ich saß auf meinem Platz und verfolgte gebannt das Geschehen auf der Bühne. Nichts entging mir, keine Regung der Schauspieler, kein Detail des Bühnenbildes, kein Vers dieser monumentalen Tragödie.

Als es schließlich auf der Bühne dunkel wurde, ging mir ein Licht auf: Schauspieler wollte ich werden! Und nichts anderes. Denn was ich an diesem Abend gesehen, gehört, vor allem aber gespürt hatte, war größer und eindrucksvoller als alles bisher Dagewesene.

Ich glaube kaum, dass mein Vater damit gerechnet hat, dass dieses Geburtstagsgeschenk einen derartigen Einfluss auf mein künftiges Leben haben würde – vielleicht hätte er sich dann etwas anderes ausgedacht. Aber nun war es zu spät, und er unternahm auch keinen Versuch, mich in meiner neu entflammten Leidenschaft zu bremsen. Uns vier Söhnen gestand Vater das Recht zu, selbst zu entscheiden, welchen Beruf wir ergreifen wollten, und wo er konnte, unterstützte er uns.

Er ließ sich sogar überreden, mit mir in die Schauspielschule zu gehen und sich nach den Bedingungen zu erkundigen. Ich hatte ein Vorsprechen und wurde angenommen. Da es eine private Schule war, bedeutete das für meine Eltern eine zusätzliche finanzielle Belastung.

Ich wollte auch meinen Beitrag leisten und verdiente als Laufbursche in besagter Schokoladenfabrik ein paar Gulden nebenbei, die ich meinen Eltern gab. Nur die Schokolade behielt ich.

Bei aller Euphorie, mit der ich jeden Nachmittag zum Schauspielunterricht ging, beschlich mich doch hin und wieder ein Zweifel, ob ich mich da nicht einer brotlosen Kunst hingab. Inzwischen war ich alt genug, um zu begreifen, wie schwierig es für meinen Vater war, über die Runden zu kommen. Sein gesundheitlicher Zustand war nach wie vor labil, und entsprechend schwankend – mit Tendenz nach unten – war das Haushaltseinkommen der Familie Heesters.

Ich fasste also den Entschluss, mir neben der künstlerischen auch eine bürgerliche Existenz aufzubauen und eine Lehrstelle zu suchen. Ich fand sie bei der Rotterdamsche Bankvereeniging. Am 20. Januar 1920 trat ich als »jüngster Bedienter«, wie das damals hieß, meinen Dienst in Amsterdams bedeutendem Tempel des Mammons an. Ich verdiente 35 Gulden im Monat.

Selbstverständlich ging ich weiter zur Schauspielschule, wenn auch etwas seltener als zuvor. Dafür boten sich jetzt ungeahnte Auftrittsmöglichkeiten: Nach Feierabend saßen wir mit den Kollegen zusammen und alberten herum, erzählten Witze, imitierten Musikinstrumente, und fast immer rief einer: »Jopie, spiel uns etwas vor!«

Das musste man mir nicht zweimal sagen. Schon schnappte ich mir ein improvisiertes Requisit, und wenn es nur eine Tischdecke war, in die ich mich hüllte, und deklamierte inbrünstig eine Rolle, die ich gerade einstudiert hatte. Vergnügt und in dem Bewusstsein,

21

nun auch etwas für ihre kulturelle Bildung getan zu haben, verließen dann die Kollegen das Bankgebäude in den wohlverdienten Feierabend.

Eine ganze Weile ging das gut. Doch dann sollte ausgerechnet der Bankdirektor van Duyl es sein, der nun schicksalsgleich in meine künftige Laufbahn eingriff: Eines Abends, wir waren gerade mitten in unserer kleinen Vorstellung, stand er plötzlich in der Tür.

Wir erstarrten.

»Meine Herren«, tobte er, »ich dachte immer, dies sei die Bank von Rotterdam. Jetzt sehe ich, es ist das Narrenhaus von Rotterdam!« Sein zorniger Blick blieb an mir hängen: »Sie, Heesters, kommen morgen früh in mein Büro.«

Alles aus, dachte ich. Am nächsten Morgen schlich ich in sein Büro und war auf das Schlimmste gefasst. Aber van Duyl hatte nicht vor, mir noch einmal die Leviten zu lesen, im Gegenteil. Nach einer kurzen Unterredung von Mann zu Mann verließ ich das Büro mit zwei Briefen in der Tasche: dem Kündigungsschreiben der Bank und einem Empfehlungsbrief an Dr. Royaards, den niederländischen »Theaterkönig«, der mit seinem Ensemble im Königlichen Theater von Amsterdam am Leidseplein spielte. Offenbar hatte dem Bankdirektor mein dramatischer Vortrag gefallen.

Wie in Trance ging ich nach Hause. Ich überlegte nicht einmal, was mein Vater wohl zu der Kündigung bei der Bank sagen würde. Das war auch nicht nötig, denn als ich von Royaards erzählte, waren all seine Zweifel zerstreut. Royaards – das war der Olymp.

Schriftlich meldete ich mich zum Vorsprechen an und wurde für Sonntag morgen bestellt.

Willem Royaards saß in seinem Büro. Er gab mir ein Textbuch, aus dem ich eine Passage vorlesen sollte. Ich hatte zehn Minuten Zeit zur Vorbereitung und ging ins Nebenzimmer. Bei dem Buch handelte es sich um die Urfassung des *Gysbreght van Aemstel*.

II. 3. (Nienwe Reeks) Per 6 nrs. (bij inteek.) f 2.75
Afz. nrs. f 0.55

Mannen en Vrouwen van Beteekenis
Levens- en Karakterschetsen

Foto H. Berssenbrugge, Den Haag

Dr. WILLEM ROYAARDS

BAARN
HOLLANDIA-DRUKKERIJ
1919

»Männer und Frauen von Bedeutung – Lebens- und Charakterskizzen«: eine Schrift meines Entdeckers und Förderers, des niederländischen »Theaterkönigs« Willem Royaards, dessen Bearbeitung und Inszenierung des »Gysbreght van Aemstel« mich so beeindruckt hat. 1919 war ihm von der Universität Utrecht der Titel eines Ehrendoktors verliehen worden.

Ich schlug es auf und sah das Ende meiner Karriere schon, bevor sie begonnen hatte, deutlich vor mir: Der Text war in altholländisch. Das konnte ich nicht. Was also tun?

Ich wartete, bis Royaards hereinkam, gestand ihm mein Unvermögen, bot ihm aber gleich an, einen anderen Text vorzutragen. Er willigte ein, ohne zu wissen, dass er sich damit in Lebensgefahr begab. Ich wollte nämlich die pazifistische Ballade *Droeve Tijden* aus der Feder eines unbekannten flämischen Dichters zum Vortrag

23

bringen. Darin geht es um einen Jungen, der sich von seinem Vater ein Pferd wünscht. Aber der Vater ist im Krieg und kehrt nicht mehr zurück. Dieses Gedicht hatte ich zuvor schon mehrmals im Familienkreis rezitiert und dafür viel Lob geerntet. Zum achtzigsten Geburtstag eines meiner reichen Onkel, Onkel Evert, war ich ein weiteres Mal gefordert. Die Folgen waren fatal. Kaum war ich fertig und die letzten Seufzer im Publikum verklungen, da erlitt Onkel Evert einen Herzanfall und starb. Hatte ihn mein dramatischer Vortrag so sehr gerührt?

Welche Wirkung würde er jetzt auf Dr. Royaards haben? Ohne Rücksicht auf Verluste fing ich an. Schließlich ging es um etwas:

»Traurige Zeiten, wenn der Krieg kommt,
wenn man Menschen schlachtet wie Tiere,
wenn Frieden und Liebe gefesselt sind,
und entfesselt sind Hass und Übel,
und Not und Tod grinsen, fluchen und toben …«

Unzählige Strophen folgten – ich ließ keine aus, spielte alle Rollen voller Leidenschaft. Ohne Punkt und Komma, ohne ihm die Möglichkeit zu geben, mich zu unterbrechen. Trotz meiner jugendlichen Unreife spürte ich, dass an diesem Tag im Frühjahr 1921 etwas für mich Lebensentscheidendes geschehen würde. Viele Möglichkeiten gab es ja nicht. Entweder Royaards fällt, wie mein Onkel, mit Herzschlag vom Hocker, er überlebt meinen Vortrag und jagt mich zum Teufel – oder mein hochdramatischer Auftritt überzeugt ihn und er gibt mir eine Chance.

Als der Theaterzar mich schließlich doch unterbrechen konnte, sagte er nur: »Genug, genug, junger Mann. Sie müssen noch viel lernen. Aber Sie kommen zu mir, ich zahle Ihnen 40 Gulden Schminkgeld im Monat.« Sprach's und ging.

Ich stand wie vom Donner gerührt, verschwitzt, erschöpft, aber glücklich. Royaards hatte mich engagiert! Ich war Mitglied des Königlich Niederländischen Schauspielvereins.

Strindberg verstand ich nicht,
aber singen musste ich trotzdem

Nun ist das Prinzchen weg« – niemals vergesse ich diesen Satz. Er war mein Bühnendebut in dem damals viel gespielten, rührseligen Stück aus dem deutschen Studentenmilieu *Alt-Heidelberg* von Wilhelm Meyer-Förster. Meine erste und gleichzeitig auch die kleinste Rolle, von einem Statistenauftritt in dem Drama *Ägypten* einmal abgesehen. Dort hatte ich nur als Sklave verkleidet regungslos am Bühnenrand zu stehen, was außer meiner Mutter wohl niemanden beeindruckte.

Und trotzdem: Keinen Tag aus dieser Zeit bei Royaards möchte ich missen. Ich war siebzehn Jahre alt, saugte wie ein Schwamm alles auf, was um mich herum geschah. Ich lernte beim Arbeiten, beim Zusehen, beim Zuhören. Ich war auf jeder Probe, studierte jede Rolle mit, beobachtete die Großen ihres Fachs. Denn immerhin spielten bei Royaards Hollands beste Schauspieler.

Und mittendrin ich, der Jüngste, mit unerschöpflicher Wissensgier und feurigem Eifer. Und ich glaube, der große Theatermann, der ja selbst ein besessener und begnadeter Schauspieler war, mochte das. Auf jeden Fall wirkte ich schon nach ziemlich kurzer Zeit in fast jedem Stück mit: in holländischen Klassikern, bei Shakespeare, in Goethes *Faust*, in Rostands *Cyrano de Bergerac*. Natürlich immer kleine Rollen, manchmal zwei oder drei in einer Aufführung. Ich hatte nicht viel Text, war aber dafür um so öfter auf der Bühne zu sehen.

Es sollte nicht lange dauern, bis ich auch als Sänger wieder einmal vor Publikum trat. August Strindbergs *Traumspiel* sollte herausgebracht werden. Ein kompliziertes Stück um Traum und

Wirklichkeit, Leben als Kampf zwischen den Gegensätzen. So richtig begriffen habe ich es damals nicht. Dennoch markierte es einen Wendepunkt in meiner noch so jungen Laufbahn: Ein Lied sollte in der Inszenierung gesungen werden. Kein Volkslied, kein Ohrwurm, sondern ein klassisches kunstvolles Lied.

»Wer kann so etwas singen?« war die Frage des Regisseurs.

Die erste Garde der holländischen Schauspieler blickte betreten zu Boden. Keiner traute es sich zu.

Ich fühlte mich nicht angesprochen. Für mich waren in dieser Aufführung zwei kleine Auftritte vorgesehen, ohne viel Text, was mich aber nicht störte. Außerdem hatte ich während des Stimmbruchs aufgehört zu singen, ist doch in der Pubertät das Selbstbewusstsein eines Jungen nicht sehr ausgeprägt. Junge Männer haben dann Hemmungen, sich auch nur zu unterhalten, denn die Stimme macht, was sie will. Wer hat es schon gerne, wenn die Mädchen über einen kichern? Ich war da keine Ausnahme. Meinen Gesang wollte ich in dieser Zeit erst recht keinem zumuten – auch nicht mir selbst.

So hatte ich erst vor kurzem wieder damit angefangen und auch das nur in meiner Garderobe. Aber meinen Schauspielerkollegen war das offenbar nicht entgangen. Jedenfalls rief einer aus der Runde: »Der Heesters kann das! Der plärrt auch immer in seiner Garderobe.«

Alle sahen mich an. »Was, ich? Nein, ich glaube …«

Aber der Regisseur ließ mich gar nicht zu Ende stammeln, und als dann noch einer sagte: »Schließlich warst du ja auch im Kirchenchor«, war die Sache entschieden. »Bis zur Premiere beherrschst du dein Solo«, bestimmte der Regisseur, keinen Widerspruch duldend.

Was ich heute aus Erfahrung weiß, sagte mir damals mein Instinkt: Ein Solo, daraus kann ich etwas machen. Ich übte und übte, die Premiere rückte näher. Begleitet von einer schönen Partnerin sollte ich in einem Boot durchs Bild fahren und dabei mein

26

Lied »Heil dir, heitere Bucht, wo die Jugend ihre Lenze sah ...« singen.

Die Generalprobe lief gut, der Pianist bestärkte mich: »Du kannst das.«

Davon war ich am Premierenabend aber gar nicht mehr überzeugt. Mit einem Kloß im Hals stand ich hinter der Bühne und wartete auf meinen Auftritt. Nur noch einige Minuten. Jemand drückte mich ins Boot, das wenig später auf die Bühne geschoben wurde. Ich sang.

Im Publikum saßen meine Eltern, meine Brüder, Freunde und Freundinnen. Alle drückten mir die Daumen. Aber daran konnte ich jetzt nicht mehr denken. Ich sang mein Lied zu Ende, das Boot rollte aus dem Bild, und meine älteren, erfahrenen Kollegen klopften mir anerkennend auf die Schulter.

Bei den Zuschauern machte ich mit diesem Auftritt noch keinen großen Eindruck – außer natürlich bei meinem »Clan«. Für mich war dies aber eine Art innerer Durchbruch, denn ich beschloss, dem Rat meiner Kollegen zu folgen: »Gesang ist deine Stärke. Lass deine Stimme ausbilden.«

Sänger wollte ich ja eigentlich nie werden, sondern Schauspieler. Ich liebte die klassischen Rollen und wollte sie alle spielen. Damals konnte ich nicht ahnen, dass es achtundsiebzig (!) Jahre dauern würde, bis ich wieder in einem klassischen Stück auf der Bühne stehe: jetzt, im Jahr 2002, in Tschechows *Kirschgarten* in München.

Ich ließ mich also vom Schicksal an die Hand nehmen und meldete mich beim Amsterdamer Operettentheater zum Vorsingen an. Der Sohn des berühmten Schauspielers Louis Bouwmeester hatte es gegründet und leitete es.

Als ich dorthin kam, stellte ich verwundert fest, dass das Vorsingen im Theaterfoyer stattfinden sollte, einem Raum mit vielen schweren Säulen. Irgendwo stand ein Klavier. Man wies mir ei-

27

nen Platz zu, wo ich stehenbleiben und mich nicht bewegen sollte. Das alles irritierte mich ein wenig, aber ich gab dem Pianisten ein Zeichen und sang ein paar Volkslieder und ein paar Operettenarien.

Louis Bouwmeester jr. hörte aufmerksam zu, und als ich fertig war, rief er in den Raum: »Na, wie findet ihr ihn?«

Mit wem spricht er? dachte ich.

Wie in einer Theaterinszenierung trat plötzlich hinter jeder dieser großen Säulen jemand hervor: Ein Ensemblemitglied nach dem anderen zeigte sich. Alle hatten zugehört und nun steckten sie, hitzig tuschelnd, die Köpfe zusammen. Der Kriegsrat tagte. Aber ich sollte nichts zu befürchten haben, denn ihr Urteil fiel zu meinen Gunsten aus. Ich wurde engagiert, was allerdings nicht bedeutete, dass ich gleich auf die Bühne konnte. Meine Gage wurde vom Theater in Gesangsunterricht investiert, und ich blieb weiterhin Mitglied des Ensembles von Willem Royaards.

Gesangsunterricht hieß also meine vorläufige Aufgabe. Gesangsunterricht bei Luigi Mazzulini. Einem Italiener, wie unschwer am Namen zu erkennen ist, bekannter Sänger und Gesangslehrer. Er hatte einen wunderschönen Bariton und war darüber hinaus ein hervorragender Weinkenner, der mir als Holländer, wo ja vor allen Dingen Bier getrunken wird (nicht umsonst hat der holländische Kronprinz den Spitznamen »Prinz Pilsje«), auch in dieser Beziehung einiges beibringen konnte.

Es dauerte nicht lange, und ich konnte zeigen, was ich bei Mazzulini gelernt hatte. Künstlerisch, meine ich. In der romantisch-komischen Oper *Wenn ich König wär'* von dem französischen Komponisten Adolphe Adam fiel der Tenor aus. Ich sollte einspringen. Wie schon bei Royaards, wo ich inzwischen ausgeschieden war, ging ich auch jetzt immer auf die Proben und studierte insgeheim die eine oder andere Rolle mit. Um nicht aus der Übung zu kommen und weil ich innerlich mit den Hufen scharrte. Ich konnte es kaum abwarten, endlich auf die Musikbühne zu dürfen.

28

Jetzt war es also soweit.

Selbstbewusst versicherte ich Direktor Bouwmeester jr., dass ich dieser Aufgabe gewachsen sei, und freute mich über das Vertrauen, das er in mich setzte. Das gab mir wohl auch die nötige Sicherheit. Denn auf viel Erfahrung konnte ich ja nicht zurückgreifen.

In dieser märchenhaften Spieloper geht es um den armen Fischer Zephoris, der für einen Tag König sein darf. Diese wenigen Stunden nutzt er, um Gesetze gegen Ausbeutung und Ungerechtigkeit in seinem Land zu erlassen. Und obwohl er am Ende wieder ein armer Fischer ist, gewinnt er die Liebe der schönen Prinzessin Nemea.

Auch mir sollte in nicht allzu ferner Zukunft meine »Prinzessin« begegnen, obwohl ich mittlerweile kein »armer Fischer« mehr war. Auf der Bühne nicht und auch nicht im wirklichen Leben.

Bald spielte und sang ich große Partien bei Bouwmeester in Operetten von Leo Fall und Emmerich Kálmán, Franz Lehár und Oscar Straus. Der Erfolg stellte sich ein, und im kleinen Holland war Johan Heesters kein Unbekannter mehr. Das gefiel mir natürlich, verleitete mich aber nicht dazu, künstlerisch auf der Stelle zu treten. Wirklich zufrieden war ich selten mit mir und arbeitete laufend an meiner Stimme, meinem Ausdruck, meiner Haltung.

Weniger Ehrgeiz entwickelte ich allerdings, wenn ich bei Revuen mitwirken musste, was bei Bouwmeester Bestandteil des Vertrages war. Diese albernen Abende lagen mir wirklich nicht.

Einige Gastengagements führten mich in andere Städte und an andere Theater. So stand ich 1928 in Rotterdam in der Operette *Susi* von Aladar Renyi auf der Bühne und hatte eine zauberhafte Partnerin: Louise Ghijs. Noch bevor in Holland ein Hahn nach mir krähte, war sie, die als junge Schauspielerin begonnen hatte, in ihrem Geburtsland Belgien ein Operettenstar. Mittlerweile konnte auch ich auf einige Erfolge zurückblicken und hatte 1924 meinen ersten Film gedreht: *Cirque hollandais* – noch ohne Ton, dafür

29

mit Extra-Gage. Der Film war nämlich noch nicht ganz fertig, als im Atelier ein Feuer ausbrach und die Aufnahmen vernichtete. Darum drehten wir alles nochmal und bekamen auch zum zweiten Mal unser Geld.

Louise, die ich inzwischen zärtlich Wiesje nannte, und ich waren also Publikumslieblinge, wurden auf der Bühne eifrig beklatscht und im Privatleben – als bekannt wurde, dass wir ein Paar waren – gründlich beäugt. Unser Hochzeitsfoto landete prompt auf der Titelseite einer großen holländischen Illustrierten.

So prompt konnte die Hochzeit allerdings gar nicht stattfinden, denn Wiesjes Mutter ließ sich nicht so ohne weiteres von meinen Vorzügen überzeugen. Nicht, dass sie mich nicht mochte, aber sie warnte ihre Tochter, wie Wiesje später erzählte: »Du wirst ihn nicht für dich alleine haben.« Da irrte meine Schwiegermutter in spe aber gründlich.

Wir heirateten am 20. Januar 1930 und führten eine glückliche Ehe bis zu Wiesjes Tod 1985.

Viele Male standen Wiesje und ich zusammen auf der Bühne – bis dann 1931 eine andere junge Dame ihren ersten großen Auftritt hatte: unsere Tochter Wiesje. Jetzt hatte ich also zwei Wiesjes, eine richtige kleine Familie. Das machte mich stolz und spornte mich an, nun erst recht mein Bestes zu geben. Schließlich hatte ich große Verantwortung.

Von den vielen Rollen, die ich in jener Zeit spielte, geriet eine zu meinem bis dahin größten künstlerischen Erfolg: In Rudolf Frimls aufwendig ausgestatteter Operette *De Vagabond Koning* fiel mir 1932 der Hauptpart des François Villon zu. Eine Figur mit einer realen Biografie auf der Bühne zu verkörpern, war eine besondere Herausforderung. Auch wenn sich die Spur des Dichters, dessen lyrisches Erbe erst Jahrhunderte nach seinem Tod durch keinen Geringeren als Klaus Kinski eine Renaissance erlebte, in seinem kurzen, aber wechselvollen Leben immer wieder verliert. Er schloss sich kriminellen Banden an, wurde von einem Herzog vor dem Galgen gerettet, saß mehrmals in der Todeszelle, wurde schließlich in die Verbannung geschickt und kehrte nicht mehr zurück.

Ich liebte es, mich jeden Abend in diesen widersprüchlichen Charakter hineinzuleben. Maria Riener, Mimi Lebret und Oscar Tourniaire, namhafte holländische Kollegen, waren meine Bühnenpartner. Regie führte Johan de Meester. Monatelang war das Amsterdamer Carré ausverkauft.

Anfang 1934 spielten wir das Stück auch in Den Haag. Eine dieser bejubelten Vorstellungen besuchte, wie ich später erfuhr, ein Kollege aus Wien: Otto Dürer.

Seine Begeisterung tat er umgehend in Wien kund, und so kam es, dass ich eines Tages zum Vorsingen an der Wiener Volksoper eingeladen wurde. Dort war ein neuer Direktor angetreten. Er hieß Karl Lustig-Prean und sollte nicht gerade einer meiner besten Freunde werden. Unsere »Nicht-Freundschaft« ging sogar so weit, dass er mir einmal absichtlich die Hand in einer Bustür einklemmte ...

Aber der Reihe nach. Ich bekam also eine schriftliche Einladung der Volksoper. Und ich bekam den Rat eines Kollegen. Eines Kollegen, der kurz zuvor aus Deutschland hatte fliehen müssen: Siegfried Arno. »Da gibt es nichts zu überlegen«, sagte er. »Wer in Wien reüssiert, dem steht das Tor zur ganz großen Karriere weit offen.« Arno meinte es ernst. »Du wirst zuerst das österreichische und dann das deutsche Publikum im Sturm erobern. Denk an meine Worte!«

Was er mir prophezeite, war ihm schon gelungen. In den zwanziger Jahren zählte Siegfried Arno zu den beliebtesten und bekanntesten Komikern. In den Theater- und Kinosälen Berlins erschallte herzhaftes Gelächter, wenn er die Szene betrat.

»Im Gegensatz zu mir«, erklärte er bei einem weiteren Versuch, mich von der Einmaligkeit dieser Chance zu überzeugen, »hast du nichts zu befürchten. Du bist kein Jude.«

Weil er um sein Leben fürchten musste, fühlte sich Siegfried Arno nirgendwo in Europa mehr sicher und emigrierte schließlich nach Amerika. An seine früheren Erfolge in Deutschland konnte er dort nicht mehr anknüpfen. Er war 1930 der erste Sigismund in der Uraufführung von Ralph Benatzkys *Im weißen Rößl* gewesen.

Weit weniger euphorisch reagierte meine Frau Wiesje auf die Anfrage aus Wien. Ein möglicher Umzug nach Österreich bedeutete ja nicht nur gute Aussichten für meine Karriere, sondern hieß auch, Familien und Freunde in Holland und Belgien zurückzulassen. Und in einem Land, dessen Sprache wir beide nicht gut beherrschten, ganz von vorne anzufangen. Auch ahnte Wiesje wohl, dass sie sich beim Aufbau unserer neuen Existenz um vieles würde alleine kümmern müssen. Denn wenn ich in Wien das erreichen wollte, was ich in Holland hatte, würde das harte Arbeit bedeuten.

Aber noch war ich nicht engagiert, sondern lediglich zu einem Vorsingen eingeladen. Mit Freunden fuhren Wiesje und ich nach Wien. Während ich im Theater war, sahen sie sich in der Stadt um.

Lustig-Prean hatte auch die besten Kontakte zur Wiener Staatsoper, und auf dieser ehrwürdigen Bühne sollte ich nun vorsingen. Ich hatte mich für das Wolgalied aus Lehárs *Zarewitsch* entschieden, und als ich fertig war, entschied sich der Theaterdirektor für mich.

Das hieß aber nichts, denn die nun folgenden Gagenverhandlungen waren zäh und gelangten erst zu einem auch für mich befriedigenden Ergebnis, nachdem ich von einer der hervorstechendsten Eigenschaften eines Holländers Gebrauch machte: der Sturheit.

Ein Glücksbringer, der seinen Zweck verfehlt, und ein Hauptdarsteller, der seinen Text vergisst

D enk' ich an Ungarn, denk' ich an Piroschka.« Paprika, Pußta – wir alle kennen diese Klischees und haben für fast jedes Land der Welt einige parat. Fragt man nach Holland, hört man spontan: Tulpen, Käse, radfahren. Mit solcherart Äußerlichkeiten denken wir uns die Welt einfach, machen uns ein Bild von etwas, das wir zu kennen glauben, obwohl wir doch so wenig darüber wissen.

Wir Holländer sind ein Volk von Individualisten, tolerant und liberal, nicht faul, aber gelassen, sparsam, erfinderisch und zäh. So gibt es noch eine Reihe weiterer Eigenschaften, die man einem Holländer zuschreiben kann. Sprachtalent, die Gabe, sich eine Fremdsprache einigermaßen mühelos anzueignen, gehört leider nicht dazu.

Diese bittere Erfahrung musste ich machen, als ich begann, den Text für meine Antrittsrolle an der Volksoper in Wien zu lesen: die Titelpartie des Symon Rymanowicz in Karl Millöckers *Bettelstudent.* »Ich knüpfte manche zarte Bande, studierte die Pariserin …« – haufenweise Fallstricke für eine holländische Zunge.

Nur um einmal den Klang der Worte zu hören, bat ich auf der Straße einen jungen Mann, mir diesen Satz vorzulesen. Aber was ich da in breitem »Weanerisch« vernahm, verwirrte mich hoffnungslos. Ich verstand kein Wort. »So a Schmoarrn«, sagte er noch, bevor er mir das Buch wieder in die Hand drückte und davonstiefelte.

Na reizend, dachte ich. Da hatte ich mich ja auf etwas eingelassen! Ich ging nach Hause, um mich an die Arbeit zu machen.

»Nach Hause« hieß anfangs: in ein Hotel, wo uns die Volksoper untergebracht hatte. Dort hielten wir es aber nicht lange aus, denn wir hatten unser Zimmer nicht für uns allein. Wir mussten es mit Wanzen, scharenweise Wanzen, teilen. An den Wänden zogen sie ihre Bahnen – bis auch ich die Wände hochging.

Wir bekamen dann eine Wohnung in der Mariahilferstraße, wo wir allmählich begannen, uns heimisch zu fühlen. Es war eine schöne, große Wohnung in einem Eckhaus. Vom Balkon aus konnten wir in drei Richtungen dem munteren Treiben unten auf der Straße zusehen. Am liebsten aber beobachtete ich den Polizisten, der genau vor unserem Haus inmitten einer betriebsamen Kreuzung den Verkehr regelte. Er kam mir vor wie ein Dompteur im Zirkus.

Genauer betrachtet war das Wanzen-Zimmer nur die konsequente Fortsetzung unserer Fahrt von Holland nach Wien gewesen. Ich hatte ein Auto gekauft, ein Familienauto. Kein großes, aber ein solides. Gerade richtig, um Kind und Kegel darin unterzubringen. Reichlich beladen machten wir uns auf den Weg: meine Frau, unser Töchterchen, unser kleiner Hund, Gepäck en masse und ich. Am Autoschlüssel hing ein Maskottchen, das ich kurz zuvor in Holland geschenkt bekommen hatte und das uns für unseren Neuanfang in Wien Glück bringen sollte. Ich hielt das für ein gutes Zeichen. Nicht umsonst sagt man uns Schauspielern nach, wir seien abergläubisch.

Bis kurz vor Regensburg ging alles gut. Als dort eine Herde Kühe gemächlich die Fahrbahn überquerte, musste ich anhalten und warten. Neben uns ein steiler Abhang ins Tal. Ich hörte hinter uns ein donnerndes Motorengeräusch und sah im Rückspiegel einen Lastwagen die abschüssige Straße herunterfahren. Auf uns zu. In vollem Tempo und ohne die geringste erkennbare Absicht zu bremsen. Der hat Nerven, schoss es mir noch durch den Kopf, als es auch schon rumste. Obgleich stramm bepackt, konnte unser Wagen dem Gewicht des Lkw nichts entgegensetzen. Wir wurden Richtung Abhang geschoben, und nur mit großer Mühe gelang es mir, den Wagen seitlich zu drehen und zum Stehen zu bringen. Wir waren alle wohlauf und Gott sei Dank mit dem Schrecken davongekommen.

Was man von unserem Auto nicht behaupten konnte. Ein verbogener Blechhaufen stand da in der Landschaft. Wir warteten auf die Polizei. Die kam per Fahrrad, und das dauerte. Aber der Polizist erwies sich als patentes Kerlchen. Er ließ mich den Motor starten, und der lief. Er ließ den Lastwagen zurücksetzen, und mein Wagen richtete sich tatsächlich ein wenig auf. Fahrtüchtig war er also noch. Mit den Lenkern des Lkw regelte ich formlos die finanziellen Fragen, und unsere Reise ging weiter.

Vorher aber flog der Glücksbringer im hohen Bogen auf den Acker. Seine Aufgabe hatte er wahrlich nicht erfüllt. Falls jemand ihn gefunden hat, hat er ihm hoffentlich mehr Glück gebracht. Ich jedenfalls hatte seitdem nie wieder ein Maskottchen.

Was für ein Anfang! Man sollte meinen, von da an konnte es nur besser werden. Wenn ich aber an das mühselige Studium der deutschen Sprache zurückdenke, stehen mir heute noch die Haare zu Berge. Worum ich mich während meiner ganzen Schulzeit erfolgreich drücken konnte, war jetzt fällig: Vokabeln pauken und an der Aussprache arbeiten. Denn was nutzte es schließlich, wenn ich zwar wusste, was ich sang, mich aber niemand verstand.

Vor Beginn der musikalischen und szenischen Proben musste ich meinen Text beherrschen. Ich büffelte Tag und Nacht und wurde ausdauernd unterstützt von einem Korrepetitor der Volksoper und einer Sprachlehrerin, die mich beide mit Engelsgeduld durch die Höhen und Tiefen der deutschen Artikulation begleiteten.

Rechtzeitig zum Probeneinstieg hatte ich alles im Kopf, und natürlich ging es im Verlauf der Arbeit auch zunehmend besser. Immerhin konnte ich sprachliche Defizite durch Spiel und Gesang wettmachen.

Der bevorstehenden Premiere sah ich trotzdem mit gemischten Gefühlen entgegen und bemerkte, dass so mancher Kollege im Ensemble nur Hohn und Spott für mich übrig hatte. Das nährte sowohl meinen Ehrgeiz als auch mein Lampenfieber.

Dann kam der große Tag. Am Samstag, dem 22. November 1934, hatte ich meine erste Premiere in Wien. Meine erste Premiere außerhalb Hollands.

Ich linste durch den Bühnenvorhang und blickte in ein vertrautes Gesicht im Zuschauerraum, das meiner Frau. Sonst kannte ich niemanden. Das Publikum hatte sich herausgeputzt, wie sich das in einer Theatermetropole gehörte. Der Kapellmeister betrat den Orchestergraben. Die Vorstellung begann. Mein Kollege Eduard Fritsch, der den zweiten Studenten Jan Janicki spielte, stand in einem Winkel der Hinterbühne und versuchte seine Nervosität im Zaum zu halten.

Das Orchester spielte die ersten Takte, der Vorhang ging auf. Auftritt Johan Heesters, der jetzt in Österreich Johannes Heesters hieß.

Die ersten Textzeilen meisterte ich gut, mit allen Üs und Ös an der richtigen Stelle. Jetzt nur nicht übermütig werden, Jopie! Zu spät – schon hing ich. Da war sie wieder, die Leere im Kopf, wie damals als Junge bei Goba im Café Münt in Amsterdam. Kein Wort der mühsam einstudierten Texte fiel mir ein. Ich rettete mich in ein wildes Kauderwelsch aus Holländisch, Deutsch und einer Menge unverständlicher Improvisationen. Aber ich sang, spielte und brachte zum Glück keinen der Kollegen auf der Bühne aus dem Konzept. Endlich war es zu Ende.

Jetzt nichts wie weg! Was hatte ich mir nur dabei gedacht, fünfzehn Jahre harter Arbeit in Holland, die Karriere, den Erfolg einfach hinter mir zu lassen und in Wien neu anzufangen. Eine Schnapsidee! Sehnsüchtig erinnerte ich mich an den donnernden Applaus, der Wiesje und mich bei unseren Abschiedsvorstellungen in Amsterdam, Rotterdam, Den Haag beglückt hatte. Wir spielten die *Gräfin Mariza* und wo immer wir auch hinkamen, wurden wir vom Publikum gefeiert. Warum hatte ich das aufgegeben?

Ich erwachte aus meinem Sekundentraum und hörte immer noch Applaus. Wiener Applaus! Und ich bilde mir ein, auch ein leises dumpfes Geräusch gehört zu haben. Das muss wohl der Stein gewesen sein, der meiner Frau vom Herzen fiel. Sie saß mittendrin in der begeisterten Zuschauermenge und erzählte mir hinterher, was die Leute sagten: »Gut ist er, der Junge!« – »Verstanden habe ich ihn zwar nicht, aber gut ist er.«

So und ähnlich stand es auch tags darauf in den Zeitungen. »Ein Holländer muss kommen, um den Wienern zu zeigen, wie man Operette spielt.« Sogar das haben sie geschrieben. Schmeichelhaft, aber kein Freilos für die nächsten Erfolge.

Am 18. März 1935, also nur vier Monate nach dieser Premiere, spielte ich die letzte Vorstellung an der Volksoper. In dieser kurzen Zeit brachten wir nach dem *Bettelstudent* noch sechs Premieren heraus: Emmerich Kálmáns *Hollandweibchen*, Joseph Hellmesbergers *Wiener G'schichten*, Oskar Nedbals *Polenblut*, Edmund Eyslers *Erste Liebelei*, Jacques Offenbachs *Orpheus in der Unterwelt* und Ludo Philipps *Valentino*.

Das hieß tagsüber Proben, abends Vorstellung und nachts Deutsch lernen, denn immer wieder belustigten sich die Kritiker – wenn auch wohlwollend – über meinen Akzent und meine Fehler. Zwar hatte ich mir inzwischen ein paar Tricks angeeignet, um sie auf der Bühne zu überspielen, aber ich wollte sie ja ganz ausmerzen.

Noch heute höre ich immer wieder, dass manche Zuschauer meinen, der Heesters setzt seinen Akzent ein, weil er ihn so charmant findet. Das stimmt nicht. Damals wie auch jetzt gebe ich mir größte Mühe, meine Rollen in korrektem Deutsch zu sprechen. Privat gönne ich mir sicherlich die eine oder andere sprachliche Unvollkommenheit, aber niemals bei der Arbeit.

Dass ich seinerzeit nur wenige Monate an der damals noch als Privattheater geführten Volksoper engagiert war, lag aber keineswegs daran, dass ich wegen Übermüdung die Segel streichen muss-

37

te, sondern daran, dass Direktor Lustig-Prean nicht den Erfolg hatte, den er sich erhoffte und noch im Jahr 1935 die Leitung des Hauses abgab. Es war nicht gelungen, jeden Abend 1300 Zuschauer ins Theater zu locken.

Bevor sich das Ensemble später auflöste, gaben wir noch mehrere Gastspiele in Österreich. Mit dem Bus fuhren wir nach Salzburg, Linz und Graz. Bei einer dieser Fahrten passierte es: Der Herr Direktor schlug mir die Bustür auf die Hand. Eine gewisse Animosität seinerseits hatte ich von Anfang gespürt. Äußerst selten ließ er sich auf den Proben sehen und nie wechselte er auch nur ein Wort mit mir. Der Grund war einfach, aber ich ahnte ihn nicht einmal: Lustig-Prean war eifersüchtig. Jeder im Theater wusste, dass meine Bühnenpartnerin Betty Werner seine Geliebte war, nur ich nicht. Sein Misstrauen war natürlich völlig unbegründet. Betty und ich waren Kollegen, sonst nichts. Da Eifersucht jedoch genauso blind macht wie Liebe, hat er seine Betty nicht aus den Augen gelassen und seinen Argwohn mir gegenüber nie abgelegt.

Schon vier Wochen nach meiner letzten Vorstellung in der Volksoper war ich wieder im Premierenfieber. Am 12. April 1935 half ich, das neueste Werk von Robert Stolz, *Servus! Servus!*, an der Scala in Wien, die von Dr. Rudolf Beer geleitet wurde, aus der Taufe zu heben. Diese kleine Revue-Operette war die Wiener Fassung eines Werkes, das im Jahr zuvor am Stadttheater Zürich unter dem Titel *Grüezi* und in Berlin als *Himmelblaue Träume* herausgekommen war. Dies war meine erste, aber nicht letzte Begegnung mit Robert Stolz, dem liebenswerten Meister der leichten Muse, dem wir so viele wunderbare Melodien verdanken.

Dass es dann ausgerechnet eine Revue sein würde, die mir eine weitere Karrierechance eröffnete, daran glaubte ich nicht, als ich das Angebot annahm, in *Ein Maharadscha und tausend Frauen* die Hauptrolle zu spielen. Schon in Holland mochte ich keine Revuen. Und auch dieses Werk von Hugo Wiener stellte keine Ausnahme dar.

Wir spielten in der »Femina«, einem kleinen, aber feinen Lokal, in dem sich zu später Stunde ein erlesenes Publikum einfand. Eines Abends war Karl Hartl unter den Zuschauern, der Wiener Filmregisseur, der mir direkt nach der Vorstellung eine Rolle in seinem neuen Film *Die Leuchter des Kaisers* anbot.

Im Improvisieren war ich Meister
und den Bettelstudent hatte ich auch schon gesungen

Noch bevor wir nach Wien zogen, hatte ich 1934 in Holland
meinen zweiten Film gedreht, einen Tonfilm. Ende der zwanziger, Anfang der dreißiger Jahre kamen die ersten Tonfilmpatente
aus Deutschland und – man höre und staune – aus dem kleinen
Holland. Wir drehten *Bleeke Bet*, zu deutsch *Blasse Berta*. Der Regisseur war Richard Oswald aus Amerika. Mit »Aufklärungsfil-
men«, die er zu Stummfilmzeiten in den Jahren zuvor in Deutschland gedreht hatte, erlangte er wirtschaftlichen Erfolg und Bekanntheit. Künstlerisch machte er dann Anfang der dreißiger Jahre
mit Filmen wie *Dreyfus* mit Fritz Kortner oder *Der Hauptmann von
Köpenick* mit Max Adalbert auf sich aufmerksam.

In *Bleeke Bet* hatte ich eine reine Schauspielrolle, die allerdings
mit beträchtlichem körperlichen Einsatz verbunden war. Entweder
rannte ich eine Straße entlang, als würde ich von einer Meute ge-
hetzt, oder ich musste bis zur völligen Erschöpfung einem imaginären Schiff hinterherschwimmen. Natürlich war ich zu stolz,
um mich doubeln zu lassen, und zum Glück war Oswald jeweils
gleich nach dem ersten Dreh mit der Szene zufrieden. Vor einer
Wiederholung hätte ich sicherlich ein paar Tage Pause gebraucht.

Kaum war ich in Wien, folgte auch schon der dritte Film. Es war
die in den Schönbrunner Ateliers gedrehte niederländische Fassung der österreichischen Filmkomödie *Alles für die Firma* mit dem
Titel *De vier Mullers*. Da damals noch nicht synchronisiert wurde,
gab es die Filme, die auch in anderen Ländern gezeigt werden sollten, in mehreren Fassungen und Besetzungen. Auch meine Frau
Wiesje übernahm eine Rolle in der holländischen Version. Das war

der einzige Film, für den wir gemeinsam vor der Kamera standen. Zu sehen war er aber leider nur in Holland.

Karl Hartls *Die Leuchter des Kaisers* war der erste österreichische Film, in dem ich mitwirkte. Hartl sah in mir die richtige Besetzung für den jungen Zarensohn. Keine große, aber eine gut spielbare Rolle in einer turbulenten Geschichte aus der Zeit der polnischen Freiheitskämpfe gegen den russischen Zar. Ich hatte wunderbare Kollegen, die ich – wie zum Beispiel Fritz Rasp – in ihren Stummfilmen schon als Eleve in Holland bewundert hatte. Rasp, dieser hochgewachsene, hagere Mann mit dem schmalen Gesicht, den stechenden Augen und der merkwürdig hohen Stimme, war schon durch sein Äußeres wie geschaffen für die Rolle des sadistischen Bösewichts. Seinen Schurkenrollen verstand er eine gewisse Sanftheit und das nötige Sentiment mitzugeben – das war die große Kunst des Fritz Rasp. Und nun arbeitete ich Seite an Seite mit ihm. Er war ein hilfsbereiter, sehr angenehmer Kollege, und ich nahm meine Aufgabe sehr ernst.

Daher legte ich auch ein Telegramm, das mich in jenen Tagen aus Berlin erreichte, erst einmal beiseite. Es war eine Einladung zum Vorsingen an der Komischen Oper. Nicht im Traum hatte ich daran gedacht, Wien zu verlassen. Und jetzt während der Dreharbeiten hatte ich weder Zeit noch Muße, darüber nachzudenken.

Als wir abgedreht hatten, holte ich das Telegramm wieder hervor. »Wann können Sie vorsingen?« wollte man wissen.

»Na jetzt«, dachte ich laut und fuhr mit dem Zug nach Berlin.

Da stand ich nun auf dem Potsdamer Platz mit meinem Koffer in der Hand. Was sich dort vor meinen Augen abspielte, stellte alles in den Schatten, was ich bisher an Großstadtleben gesehen oder mir auch nur vorgestellt hatte. Was für ein tosendes, brausendes Treiben. Jeder, der über ein Fortbewegungsmittel, welcher Art auch immer, verfügte, war hier wohl unterwegs: Straßenbahnen, Busse, Automobile, Motorräder, Fahrräder und dazwischen Tausende

Fußgänger. Und was für ein herrlicher ohrenbetäubender Lärm, was für ein lebendiger Ort!

Unvorstellbar, dass nur zweieinhalb Jahrzehnte später die Drehscheibe Berlins stillstehen sollte. Brachland war der Potsdamer Platz zu Mauerzeiten, spärlich bevölkert von ein paar Feldhasen. Immer wieder traf mich der Anblick bis ins Mark.

1996, sechzig Jahre nachdem ich zum ersten Mal dort angekommen war, stand ich wieder staunend vor einem Superlativ: der Potsdamer Platz – die größte Baustelle Europas. Von einer eigens für Baustellen-Touristen eingerichteten Aussichtsplattform blickte ich auf diesen gewaltigen Buddelplatz und versuchte mir auszumalen, wie es dort ein paar Jahre später aussehen würde. Architekturmodelle und Computersimulationen sollten der Phantasie des Betrachters auf die Sprünge helfen. Meine Einbildungskraft war damit zwar ein bisschen überfordert, aber ich bemerkte mit Genugtuung, dass der Platz wieder zum Anziehungspunkt wurde, zum Symbol eines Neuanfangs, und dass er im Begriff war, seine inspirierende Ausstrahlung wiederzugewinnen. Nicht zuletzt hat dies der Dirigent Daniel Barenboim mit seinem *Ballett der Baukräne* eindrucksvoll bewiesen.

Vor kurzem war ich wieder einmal dort. Man verlieh mir die Goldene Kamera für mein Lebenswerk. Tags darauf wurden die Filmfestspiele mit einer großen Gala am Potsdamer Platz eröffnet. Anlass für Filmschaffende aus aller Welt, sich dort einzufinden und den Platz wieder mit jener Lebendigkeit zu erfüllen, die ihm gebührt und die mich damals so elektrisierte, als ich dort ankam. In der Hand meinen Koffer und im Kopf meine Arbeit.

Nachdem ich an der Komischen Oper vorgesungen hatte, bot man mir die Hauptrolle in der Operette *Die Weltmeisterin* von Joseph Snaga an. Ich unterschrieb den Vertrag, obwohl ich wusste, dass das Haus seine Glanzzeit schon hinter sich hatte. Die Komische Oper befand sich in jenen Tagen ganz in der Nähe der Weidendammer Brücke und war ein eher kleines Theater. Das heißt,

42

so klein eigentlich nicht. Aber der Zuschauerraum war schmal und hoch und wirkte dadurch wohl kleiner, als er tatsächlich war. Durch ihre künstlerischen Leistungen war die Komische Oper, die von Hans Gregor gegründet und 1905 mit Offenbachs *Hoffmanns Erzählungen* eröffnet worden war, vor dem Ersten Weltkrieg ein Begriff in Berlin: ein Privattheater, dessen Spielplan eine Mischung aus Opern und Operetten auswies. Im November 1908 hatte Claude Debussys *Pelléas und Mélisande* hier ihre Berliner Erstaufführung, und 1917 kam Leon Jessels *Schwarzwaldmädel* zur Uraufführung. Vor allen Dingen aus wirtschaftlichen Gründen verlagerte sich der Schwerpunkt mehr und mehr hin zur Operette. Von 1924 bis 1935 wurden vier Operetten von Walter Kollo in der Komischen Oper uraufgeführt.

Nach dem Ersten Weltkrieg sorgte James Klein mit seinen publikumsträchtigen »Fleischbeschau-Revuen« wie *Welt ohne Schleier* oder *Berlin ohne Hemd* für ein volles Haus. Dann gelang ihm das Engagement Leo Slezaks, mit dem ich Jahre später zusammenarbeiten sollte. Kammersänger Peter Kreuder, der Vater des Komponisten gleichen Namens, trat hier auf, und 1928 sprang Hans Albers in einer Revue von einem Kronleuchter in ein Wasserbecken und tauchte eine Minute später zur Verblüffung des Publikums trocken im Frack wieder auf.

Als ich 1935 mein Engagement dort antrat, war vom Glanz dieser Erfolge nicht mehr viel übrig. Auch unsere Premiere geriet nicht gerade zur Offenbarung, aber das Publikum nahm uns wohlwollend auf und liebte besonders mein Lied »Eine Frau wie du, die man niemals vergisst«. Am Ende jeder Vorstellung erklatschten sich die Zuschauer diese Melodie zwei- oder dreimal als Zugabe. Ich konnte also mit meinem Berliner Bühnendebut ganz zufrieden sein.

Zur gleichen Zeit kam Karl Hartls Film *Die Leuchter des Kaisers* nun auch in Berlin ins Kino – und zeigte Wirkung. Auf der Straße wurde

Werbepostkarte für mein deutschen Debut in der Operette »Die Weltmeisterin«
von Joseph Snaga mit (v. l. o. n. l. u.) Fee von Reichlin, Edith D'Amara, Otto
Stoeckel, Friedel Pisetta und Fritz Lafontaine, Komische Oper, Berlin 1936. Ich
wurde als »Hans Heesters« angekündigt.

ich um Autogramme gebeten und die Ufa lud mich zu Probeaufnahmen ein – die große, mächtige Ufa! Die Größe dieses Filmkonzerns lernte ich bald kennen, seine wirkliche Macht erst später.

Im ersten Augenblick verspürte ich keinen großen Antrieb, diese Probeaufnahmen zu machen. Obwohl ich mit meiner Familie in Wannsee eine schöne Wohnung gefunden hatte, war ich eigentlich noch gar nicht so richtig in Berlin angekommen, hatte mich noch nicht eingelebt. Dafür wollte ich mir Zeit nehmen. Aber die Ufa ließ nicht locker und wiederholte ihre Anfrage. Gut, dachte ich, dann soll es wohl so sein, und fuhr nach Babelsberg.

Wiewohl ein wenig aufgeregt, war ich doch geistesgegenwärtig genug, das Rollenbuch, aus dem ich eine Szene spielen sollte, lächelnd abzulehnen. »Wissen Sie, in der kurzen Zeit kann ich mir das nicht einprägen«, schwindelte ich. Eine kleine Notlüge, die natürlich in meinem Sprachproblem begründet war. Nur nicht zuviel reden, war mein fester Vorsatz, sonst macht dir dein Akzent einen Strich durch die Rechnung. Dann denken die Ufa-Leute am Ende: Der ist zwar gut, aber er kann ja kein Deutsch. Können wir nicht gebrauchen.

Ich bat darum, eine kurze Szene improvisieren zu dürfen und ließ mir, da alle einverstanden waren, ein Telefon geben. Ich nahm den Hörer, die Kamera lief, und ich begann:

»Hallo, Max! Wie geht's? – – – Ah, schön – – – Ich woll – – – Ja – – – Ich wollte – – – Weißt du – – – wunderbar – – – Ja, also – – – Wirklich? – Na, das ist ja – – –«

Ich kam nicht zu Wort, aber genau das war meine Absicht. Ich ließ »Max« sprechen und reagierte nur. Dann sah ich, wie der Kamerawagen sich auf Schienen zu mir hin bewegte. Ich war ja nun kein Filmneuling mehr und wusste: Aha, das wird eine Großaufnahme. Also musste in meinem Gesicht, mit meiner Mimik etwas vorgehen. Kurz entschlossen ließ ich Max' Frau sterben:

»Was sagst du? – – – Tot? – – – Mhm – – – Nein – – – Ist gut – – – Ja – – – Du Armer! Bis bald.«

Ich spielte Entsetzen und Trauer, blickte dabei genau in die Kamera, die immer noch ganz nah bei mir war. Langsam legte ich den Telefonhörer wieder auf die Gabel. Fertig.

»Danke, Herr Heesters«, sagte einer der Anwesenden. »Bitte kommen Sie doch morgen wieder her. Bis dahin wird sich Herr Correll Ihre Aufnahme ansehen.«

Ernst Hugo Correll, Produktionschef der Ufa. Ein Mann von imposanter Statur, aber keineswegs eine polternde Natur. Selten wurde er laut oder gar unbeherrscht. Am nächsten Tag saß ich ihm in seinem Büro gegenüber.

»Ihre Probeaufnahmen gefallen mir ausgezeichnet, Herr Heesters«, sagte er fast überschwänglich. Beim Gedanken an meine improvisierte Szene musste ich innerlich schmunzeln. »Obwohl ich Ihnen im Moment noch keine Rolle anbieten kann«, fuhr Correll fort, »möchte ich Sie gerne unter Vertrag nehmen.« Er merkte wohl, dass ich mir darunter nicht viel vorstellen konnte. Was sollte das für ein Vertrag sein, ohne Rolle? »Wir werden nach geeigneten Drehbüchern für Sie suchen«, erklärte er mir. »Und in der Zwischenzeit bekommen Sie ein monatliches Gehalt. Für jeden Film dann eine zusätzliche Gage.«

Ich überlegte, ob ich einen solchen Vertrag ausschlagen konnte, denn immerhin bedeutete er eine solide finanzielle Absicherung. Konnte ich aber andererseits abschätzen, wann ich tatsächlich die Gelegenheit bekam, einen Film zu drehen?

Während mir dies alles durch den Kopf ging, begann Correll munter, von den laufenden Vorhaben zu berichten: »Da drehen wir dies … und da drehen wir das … Am Drehbuch für den *Bettelstudent* wird gerade gearbeitet …«

Hatte er gerade *Bettelstudent* gesagt?

»Den habe ich in Wien gesungen«, hörte ich mich sagen. Im Nachhinein möchte ich meinen, dass dieser kleine Satz sich entscheidend auf den Fortgang meiner Laufbahn ausgewirkt hat.

Stille im Raum. Einundzwanzig. Zweiundzwanzig.

»Was, Sie singen?« Correll sah mich an, als hätte ich ihm gerade von meiner ersten Mondlandung erzählt.

»Ja natürlich«, erwiderte ich, »jeden Abend in der Komischen Oper.«

War es möglich, dass der Mann an der Spitze der Ufa tatsächlich nicht wusste, was kulturell in der Stadt vor sich ging?

Es war möglich. Er hatte keine Ahnung.

Da ließen die Filmleute nichts unversucht, um neue Talente zu entdecken, sollte man meinen, nur das Naheliegendste taten sie nicht: ins Theater gehen. Daran hat sich bis heute nicht viel geändert. Leider. Denn auf der Bühne zeigt sich erst das wahre Talent eines Schauspielers.

Bei neuen Probeaufnahmen wollte Correll jetzt meine Begabung als Sänger prüfen. Schon am darauf folgenden Tag zog ich das bereitgelegte Kostüm des »Bettelstudenten« an, sogar eine Perücke bekam ich aufgesetzt, und sang, wie ich es auf der Bühne der Wiener Volksoper getan hatte, allerdings ohne Texthänger. Wieder war der Ufa-Chef begeistert und entschied schnell: »Herr Heesters, Sie sind unser Bettelstudent!«

Ich habe mir nie überlegt, wie meine Karriere verlaufen wäre, hätte ich Correll nicht beiläufig vom *Bettelstudent* in Wien erzählt. Dass die Ufa mich nach den ersten Probeaufnahmen als Schauspieler und nicht als Sänger engagieren wollte, erfüllte mich mit stiller Zufriedenheit.

Was mir in Wien als Bettelstudent auf der Bühne gelungen war, sollte sich nun in Berlin auf der großen Leinwand wiederholen. Und mehr als das.

47

Der erste Film mit Marika Rökk
und der komplizierteste Kuss meines Lebens

Das riesengroße Gelände der Universum Film AG, kurz UFA, war eine Stadt, eine Welt für sich. Nicht nur in Deutschland, sondern in ganz Europa stand sie mit ihren beeindruckenden Dimensionen an der Spitze der Filmproduktionsstätten. Es gab nichts, was es in Potsdam-Babelsberg nicht gab: gepflasterte Großstadtstraßen, herrschaftliche Palais, idyllische Naturlandschaften – die Kulissenbauer der Ufa realisierten alles, was das Drehbuch verlangte. In den weitläufigen Ateliers ließen sie Illusionen aus Pappmaché entstehen.

So auch für den *Bettelstudent*: einen fürstlichen Ballsaal, edle Salons, einen lauschigen Platz im Park … In dieser Szenerie drehten wir vier Monate.

Carola Höhn spielte die schöne Laura, in die sich der Bettelstudent verliebt. Für sie sang ich: »Nimm mein Herz in deine Hände …«, ein Lied, das nicht in der Originalpartitur stand, sondern eigens von Alois Melichar für den Film komponiert wurde.

Carola war damals erst sechsundzwanzig, hatte aber trotz ihrer Jugend schon mehrere Filme gedreht und in Berlin Theater gespielt. Sie war bildhübsch, und es fiel mir bei ihrem Anblick nicht schwer, »zarte Bande zu knüpfen«.

Vor der Kamera, wohlgemerkt.

Wie Carola war auch die zweite weibliche Darstellerin in diesem Film dem deutschen Kinopublikum schon bekannt. Die zierliche Ungarin hatte sich in dem Film *Leichte Kavallerie* mit ungeheurem Temperament in die Herzen der Zuschauer gewirbelt: Marika Rökk. Der *Bettelstudent* war schon, nach *Heißes Blut*, ihre zweite

Arbeit mit dem Regisseur Georg Jacoby, dessen Frau sie später wurde.

Marika kam vom Varieté, war als Tänzerin eine Ausnahmeerscheinung und hat sich mit Zähigkeit und Fleiß bis nach ganz oben durchgekämpft. Wir haben einige Male zusammen gedreht und wurden schon nach kurzer Zeit von der Ufa zum Leinwand-Traumpaar stilisiert. Da passte es gut ins Bild, uns auch privat eine Affäre anzudichten.

Aber was Marika und mich verband, hatte mit Liebe nichts zu tun – beinahe hätte ich gesagt: im Gegenteil!

Nein, Scherz beiseite: Ich hatte und habe großen Respekt vor dem, was sie geleistet hat. Wie oft kam es vor, dass sie am Ende eines Drehtags spät abends noch Proben für die Tanzszenen hatte. Trainiert hat sie außerdem und war trotzdem am nächsten Morgen um sieben Uhr schon wieder in der Maske. Hut ab!

Die Premiere des *Bettelstudenten* im Berliner UFA-Palast am Zoo war ein Riesenereignis. Für die Hauptdarsteller wurden offene Pferdekutschen angespannt, in denen wir elegant gekleidet Platz nahmen. Das Publikum erwartete uns schon vor und im Kino. Wir verbeugten uns nach der Vorführung und gaben zahllose Autogramme.

Dann fuhren wir mit dem Film auf »Verbeugungstournee«, denn mehr hatten wir ja nicht mehr zu tun, als uns den Zuschauern zu zeigen, für die Fotografen zu posieren, mehrere tausend Hände zu schütteln. Dann ab in den Zug, in die nächste Stadt und so weiter. Langeweile kam nicht auf, wir waren eine lustige Truppe. Und wenn die Stimmung doch mal nachließ, fiel immer einem von uns etwas ein, um alle wieder aufzuheitern. Meistens mir.

Einmal zum Beispiel wurden wir von der Presse schon am Bahnsteig erwartet. Wir stiegen alle aus und merkten gar nicht, dass der Zug mit unserem Gepäck weiterfuhr. Der Träger hatte es nicht geschafft, alles rechtzeitig aus dem Waggon zu holen. Besonders für die Damen war die Lage misslich, denn die Garderobe für den abendlichen Empfang ließ sich so schnell nicht zurückbefördern. Mit langen Gesichtern schlichen wir in unser Hotel.

Beim Portier ergriff ich Carola Höhns Schminkköfferchen, das sie bei sich trug, stellte es mit großer Geste vor ihm ab, wies auf die hinter mir versammelte Mannschaft und sagte: »Bitte lassen Sie das Gepäck auf unsere Zimmer bringen.«

Der Portier besah sich zuerst den winzigen Koffer und dann jeden einzelnen von uns. Sein verdutztes Gesicht entspannte sich erst, als wir in lautes Gelächter ausbrachen.

Und schon war das kurzzeitig verlorene Gepäck nur noch halb so wichtig.

Wenn wir gelegentlich auch einmal mit dem Flugzeug unterwegs waren, ließ ich mit meinen kleinen komödiantischen Einlagen so manchen Kollegen seine Flugangst vergessen.

Ohne Atempause verging mein erstes Jahr bei der Ufa. Während wir den *Bettelstudent* drehten, fuhr ich direkt vom Atelier zum Theater am Nollendorfplatz, wo ich allabendlich in der Operette *Tatjana* von Boris Grams auf der Bühne stand.

Noch bevor der *Bettelstudent* in die Kinos kam, begann die Arbeit am zweiten Ufa-Film: *Das Hofkonzert*. Die Geschichte, die auf dem musikalischen Lustspiel *Das kleine Hofkonzert* von Paul Verhoeven und Toni Impekoven mit der Musik von Edmund Nick basierte, spielte wieder in Adelskreisen, diesmal an einem Fürstenhof, den unser Regisseur Detlef Sierck kurzerhand ins Würzburger Schloss verlegte, zumindest die Außenaufnahmen. Sierck wurde übrigens bald darauf als Douglas Sirk ein bekannter Hollywood-Regisseur, der sich am liebsten melodramatischer Stoffe annahm.

Weniger melo-, sondern nur schlicht dramatisch verliefen zum Teil die Dreharbeiten zum *Hofkonzert*. Die Handlung ist schnell erzählt: Der junge hübsche Leutnant und Sohn des Hofmarschalls, Walter von Arnegg, den ich spielte, verliebt sich in die noch jüngere, noch hübschere Sängerin Christine Holm. Diese ist eine Tochter der berühmten Sängerin Cavallieri, trägt den Künstlernamen Belotti und ist auf der Suche nach ihrem Vater. Nach einigen Wendungen kristallisiert sich der Landesfürst selbst als leiblicher Papa heraus. Der Heirat von Walter und Christine steht nichts mehr im Weg. Happy-End.

So leicht und unkompliziert ging es hinter den Kulissen nicht zu. Ungeahnte Tücken stellten die Geduld des Regisseurs auf eine harte Bewährungsprobe – und nicht nur seine.

Meine Partnerin war Marta Eggerth, das ehemalige musikalische Wunderkind aus Budapest, wo sie schon als Elfjährige auf der Opernbühne gestanden hatte. Emmerich Kálmán holte sie dann nach Wien, und schon mehrere Jahre bevor ich sie kennen lernte, hatte sie ihren ersten Film gemacht. Mit *Leise flehen meine Lieder* und *Zarewitsch* konnte sie bereits große Kinoerfolge aufweisen und war doch noch so jung – als wir *Das Hofkonzert* drehten, gerade vierundzwanzig. Alle Welt kannte sie. Ihr Sopran war berühmt.

Berühmt wurde auch unser Duett aus diesem Film: »Wunderschön ist es, verliebt zu sein«. Ein Liebespaar hatten wir zu spielen, ein Liebespaar, das sich – so ist das nun mal – auch irgendwann küsst. Da gab es nun eine Szene, die wir vor dem Würzburger Schloss drehten. Dort wurde ein kleines Wachhäuschen aufgebaut, in dem ich als Gardeoffizier zu stehen hatte. Christine Holm alias Marta Eggerth spaziert vorbei, bleibt bei mir stehen, wir wechseln ein paar Worte, ich nehme sie schwungvoll in den Arm, Kuss. So stand es im Drehbuch. Aber Papier ist bekanntlich geduldig.

Wir begannen mit den Aufnahmen. Marta kommt ein paar Schritte auf mich zu, ich trete aus meinem Häuschen, sage meinen Text, sie sagt ihren, ich nehme sie in den Arm und – kein Kuss. Marta dreht ihren Kopf zur Seite.

»Bitte noch einmal das Ganze«, ruft Detlef Sierck.

Noch denke ich mir nichts dabei und stelle mich wieder in mein kleines Bretterhaus.

51

Mit zierlichen Schritten kommt Marta heran, bleibt stehen, wir sprechen, ich lege meinen Arm um ihre Schultern, beuge mich über sie, um sie zu küssen ... und wieder: Sie dreht den Kopf weg.

»Was ist denn los?« frage ich und bin mir keiner Schuld bewusst.

»Ich kann nicht«, sagt sie, wohl in der Überzeugung, dass das als Erklärung ausreichen müsse.

»Wo liegt das Problem, gnädige Frau?« Auch auf die Frage des Regisseurs hat Marta keine andere Antwort als dieses »Ich kann nicht«.

Dritter Versuch. Dritter Fehlschlag. Um nichts in der Welt will Marta mich küssen.

Nun begann ich, ihre Verweigerung persönlich zu nehmen. Gut, sie war Marta Eggerth, berühmter, erfolgreicher Kinoliebling. Und ich Johannes Heesters, noch nicht sehr bekannt, kein Star, keine Berühmtheit. Aber auch kein dummer Schuljunge! Ich war wütend.

Regisseur Sierck verkündete eine Viertelstunde Pause und folgte Marta in ihre Garderobe. Bei einem Glas Champagner hoffte er den Grund ihrer Anwandlungen zu erfahren. Vorher versuchte er, mich wieder freundlich zu stimmen: »Herr Heesters, bitte setzen Sie sich bequem hin, trinken Sie etwas. Wir machen gleich weiter.«

Ich dachte nicht daran, mich zu setzen. Dazu war ich viel zu aufgebracht. Demonstrativ begab ich mich wieder in das kleine Wachhaus und blieb dort stehen. Wie ein Zinnsoldat.

Die Minuten schlichen dahin. Ich beobachtete meine abgelegte Uhr genau. Was sollte ich auch sonst tun?

Etwa zwanzig Minuten waren vorbei, als der Regisseur und seine Hauptdarstellerin wiederkamen. Zuversicht blitzte in Siercks Augen: Jetzt wird es klappen.

Mittlerweile hatten wir auch einen Zaungast: Jan Kiepura war an den Drehort gekommen, um seiner Frau Marta Eggerth ein bisschen bei den Aufnahmen zuzusehen. Seit ihrem ersten gemeinsamen Film *Mein Herz ruft nach Dir* waren die beiden beruflich und privat zum Inbegriff eines Traumpaars geworden.

Kiepura wusste nichts von den vorangegangenen Widrigkeiten, in denen wir steckten. Sierck sah auch keinen Anlass, ihn aufzuklären, denn nun würden wir ja die Szene »in den Kasten« kriegen.

»Herr Kammersänger«, hörte ich unseren Regisseur schwärmen, »Ihre Frau dreht gerade mit Herrn Heesters eine schöne Szene. Sie werden sie gleich sehen.«

Der so Eingestimmte nahm erwartungsfroh Platz. Wir drehten wieder.

Marta blühte auf, kam die Straße entlang, vor mein Häuschen, kurzer Dialog, Umarmung, aber als sie mir die zum Kuss geschürzten Lippen entgegenstreckte, kam mein holländisches Blut in Wallung. »So, und jetzt will ich nicht!« schrie ich, ließ Marta los und rannte in meine Garderobe, begleitet vom Beifall der gesamten Beleuchtungs- und Technikbelegschaft. Sie alle hatten das Theater vorher ja beobachtet und bezeugten nun ihr Mitempfinden.

Ich schmiss die Garderobentür hinter mir zu und heulte vor Wut. Ich begriff es nicht. Warum hatte Marta mich so vorgeführt? Sie war doch ein Profi! Konnte es sein, dass sie einen Filmkuss als Untreue empfand? Bis heute ist mir nicht wirklich klar, was damals in ihrem hübschem Kopf vorging.

Natürlich drehten wir die Szene schließlich zu Ende. Detlef Sierck vertraute auch bei mir auf die Wirkung seiner versöhnenden Worte und eines Gläschens Champagner.

Marta und ich machten nur diesen einen Film zusammen. Aber nicht, weil wir uns im Streit trennten, sondern weil sie und Jan Kiepura Deutschland 1938 verlassen mussten. Sie emigrierten nach einigen Zwischenstationen in die USA, wo sie ihre Erfolge nicht nur fortsetzen, sondern vermehren konnten.

Zufällig traf ich Marta viele Jahre später in New York. Ich stand auf dem Broadway, neben mir eine Dame mit Kopftuch. Ich sah sie an und dachte: Sie kommt mir so bekannt vor.

53

Sie hatte wohl denselben Gedanken, schaltete aber schneller als ich. »Jopie! Jopie Heesters!« sagte sie freudig.

»Ja«, antwortete ich höflich, aber immer noch unsicher.

»Ich bin es, Marta. Marta Eggerth.«

Da fiel auch bei mir der Groschen.

Wir freuten uns beide über das Wiedersehen, und Marta lud mich für den Abend zu einem Dinner ein, das Jan Kiepura für einige wichtige Leute gab. Natürlich ging ich hin und kam in den Genuss der charmanten Tischnachbarschaft von Eleanor Roosevelt.

Jan Kiepura habe ich danach nicht mehr wiedergesehen. Er starb 1966.

Marta blieb in Amerika. Für eine Fernsehgala, die 1986 für mich produziert wurde, reiste sie eigens an.

Die Kuss-Szene aus dem *Hofkonzert* bereichert unseren Anekdoten-Fundus, hatte aber keine persönlichen Konsequenzen.

Der Beginn meiner Frack-Karriere
und warum Hollywood mich nicht lockte

Oskar Nedbals *Polenblut* hatte ich schon in Wien an der Volks-oper gespielt. Im November 1936 hatte ich mit dieser melodienreichen, schmissigen Operette am Berliner Schiller-Theater Premiere. Meine Partnerin war die hübsche blonde Gretl Theimer.

Obwohl die Proben anstrengend waren, zumal ich ja tagsüber meist noch drehte, und obwohl mir besonders die Tanzszenen einiges abverlangten, habe ich es genossen, wieder auf der Bühne zu stehen. Die unmittelbaren Reaktionen der Zuschauer sind doch der eigentliche Lohn des Schauspielers. Übrigens wurde das Schiller-Theater ein knappes Jahr nach unserer Premiere geschlossen und im Oktober 1938 unter der Intendanz Heinrich Georges wieder eröffnet.

Aber ich erkannte natürlich, dass die Popularität beim großen Publikum vor allem durch die Kinofilme entstand. *Der Bettelstudent* und *Das Hofkonzert* sorgten dafür, dass ich schon nach – fast erschreckend – kurzer Zeit kaum noch unerkannt das Haus verlassen konnte. Ich musste es jedoch sehr oft verlassen, denn ich drehte ja schon wieder einen Film. *Wenn Frauen schweigen* hieß er und hatte Folgen. Weitreichende sogar, denn zwei Dinge waren für mich nicht nur neu in diesem Film, sie bedeuteten auf längere Sicht gar eine Wende.

Die erste und augenscheinlichste Neuheit war, dass diese Ehe-und Verwechslungskomödie nicht in historischem Ambiente spielte und wir nicht in Maske und Kostüm verkleidet waren. Wir trugen, wenn man so will, zivil.

Mit »wir« meine ich das Ensemble, zu dem die liebenswerte Hansi Knoteck gehörte, die pfiffige Fita Benkhoff und Rudolf Platte, der nach dem Zweiten Weltkrieg zu den beliebtesten Theaterschauspielern Berlins zählen sollte. Da Stücke mit ihm monatelang ausverkauft waren, verpasste man ihm den Beinamen »Langspiel-Platte«.

Dies war also mein erster Film, in dem ich keine Gewänder aus dem letzten oder vorletzten Jahrhundert zu tragen hatte. Vielmehr wurden mir schicke Anzüge ganz nach der Mode der dreißiger Jahre auf den Leib geschneidert – und ein eleganter Frack.

Damit war *Wenn Frauen schweigen* der Beginn meiner Frack-Karriere. Später sagte man sogar, der Frack sei eigens für mich erfunden worden, was natürlich nicht stimmt, denn ganz so alt bin ich dann doch nicht. Fest steht aber, dass der Frack von nun an auf der Bühne und im Film mehr und mehr zu meiner Arbeitskleidung wurde. Wie ein Installateur seinen Blaumann, ein Arzt seinen weißen Kittel, so trug ich den Frack.

Aber die Ufa begnügte sich nicht mit maßgeschneiderten Anzügen. Ein maßgeschneidertes Image musste her: das des singenden Bonvivants. Einen solchen nämlich spielte ich in *Wenn Frauen schweigen*. Drehbuchautor und Regisseur Fritz Kirchhoff, extra für diesen Film von der Ufa engagiert, sorgte für die Geschichte und die Figuren, die Komponisten Peter Fényes und Lothar Brühne für die Musik.

Und damit bin ich bei der zweiten Neuheit, die diese Arbeit mit sich brachte. Zum ersten Mal wurden Melodien für mich geschrieben und zum ersten Mal gab es diese Melodien dann auch als Schallplatte. Das wiederum bot sich aus der Handlung des Films an, an dessen Ende ich zum Plattenstar avanciere.

Die Realität freilich war eine andere. Wer besaß in jener Zeit schon ein Grammophon? Die Durchschnittsfamilie sicher nicht. Und der damalige Stellenwert der Schallplattenindustrie war Lichtjahre von dem heutigen entfernt. Das änderte aber nichts

56

daran, dass mindestens ein Lied aus *Wenn Frauen schweigen* zum Evergreen wurde: »Das ganze Leben ist ein Roman«.

Das nächste Kapitel in meinem Lebens- oder besser Karriereroman war die Verfilmung von Karl Millöckers *Gasparone* im Gewand einer modernen Operettenrevue. Schon ein Jahr nach dem *Bettelstudent* stand ich als geheimnisvoller Erminio Bondo wieder mit Marika Rökk vor der Kamera. Georg Jacoby stand dahinter und führte Regie. Edith Schollwer spielte die Gräfin Carlotta, und Oskar Sima verpasste dem Revuetheaterdirektor Massaccio die nötige Zwielichtigkeit. Nicht umsonst nannten ihn die Kritiker damals anerkennend den »König der Nebenrollen«.

Diesem Film ging eine Begegnung voraus, die schon einige Jahre zurücklag: 1931 spielte ich in Antwerpen die Titelrolle in der Lehár-Operette *Der Graf von Luxemburg*. Nach der Vorstellung kam ein freundlicher Herr in meine Garderobe.

»Ich bin restlos begeistert von Ihnen«, sagte er. »Es wäre schön, wenn wir einmal miteinander arbeiten könnten.«

Er gab mir seine Karte und verabschiedete sich.

Das war Peter Kreuder, der virtuose Melodien-Jongleur, der fast zweihundert Filme vertonte und der Welt unzählige Ohrwürmer hinterließ. Ich glaube, er hatte statt weißer und roter Blutkörperchen Noten in den Adern.

Zusammen mit seinem Assistenten Friedrich Schröder modernisierte Kreuder die Millöcker-Partitur für *Gasparone* und schuf mit »Ich werde jede Nacht von Ihnen träumen« einen Hit. Stets bescheiden, schmälerte er immer seinen Verdienst an diesem Erfolg. Schließlich sei da ja Millöckers Vorlage gewesen und, nicht zu vergessen, meine Interpretation.

Da auch ich nicht anmaßend war, gab ich dieses Kompliment beharrlich zurück. So ging das eine Zeitlang hin und her, bis wir uns endlich darauf einigten, dass der Erfolg das Ergebnis einer guten, fruchtbaren Zusammenarbeit auf Millöckers unerschütterlicher Grundlage war.

Noch viele Male bewährte sich das Gespann Kreuder/Heesters beruflich. Dass wir darüber hinaus auch gute Freunde waren, die miteinander lachen konnten und zusammen so manches erlebten, war und ist in unserem Beruf sicher nicht an der Tagesordnung.

Über unseren Kollegen Leo Slezak, der in *Gasparone* den Statthalter Nasoni des Phantasiereiches Olivia spielte, hat Marika Rökk einmal gesagt: »Alles an ihm war groß, die Stimme, das Lachen, der Bauch.« Dem ist nicht viel hinzuzufügen. Noch in den zwanziger Jahren zählte Slezak zu den besten Tenören der Welt und ab Mitte der dreißiger Jahre, nachdem er der Opernbühne den Rücken gekehrt hatte, zu den populärsten Filmschauspielern.

Sein imposanter Umfang war das Resultat eines ungezügelten Appetits. Da er aber zudem zuckerkrank war, überwachte seine Frau mit Argusaugen alle Mahlzeiten. Einzig am Drehort konnte Slezak seinen kulinarischen Gelüsten freien Lauf lassen. Nicht selten saß er versteckt in den Kulissen und verschlang ein zweites oder drittes Frühstück. So geschehen bei *Gasparone* und auch ein paar Jahre später bei den Dreharbeiten zu *Rosen in Tirol*. In seine Garderobe wurde sogar ein extra für ihn gebautes bzw. verstärktes Bett gestellt.

Im Sommer 1937 hatte ich mit *Gasparone* meinen dritten Ufa-Film abgedreht und gehörte nun, wie Willy Fritsch es nannte, zur großen »Star-Familie« in Babelsberg.

Die nächsten Produktionen waren schon in Planung. Die Arbeit daran sollte aber erst im darauffolgenden Jahr beginnen, und so folgte ich gerne einem Ruf nach Wien.

Die Uraufführung einer neuen Robert-Stolz-Operette stand auf dem Programm der Scala: *Der süßeste Schwindel der Welt*. Mir bot man die Hauptrolle an und ich sagte natürlich zu. Zwei Jahre war ich nun nicht mehr in Wien gewesen, und ich freute mich

SCALA

IV. Favoritenstraße 8 — Direktion: Dr. RUDOLF BEER — Telephon U-40-2-19

Der süßeste Schwindel der Welt

Operette in drei Akten (fünf Bildern) von **Rudolf Weys**

Musik von **Robert Stolz**

John Parker, Autoindustrieller in Chikago	Paul Morgan
Charlie Parker, sein Sohn	Johannes Heesters
Irene Frappier, Malerin	Hilde Harmath
Comtesse Valerie de Bouillon	Hertha Feiler
Tilly, Reklamezeichnerin	Charlotte Waldow
Monsieur Lebel	Mihail Xantho
Gustave, Museumsdiener	Franz Böheim
Boreau, Polizeikommissär	Rudolf Beer
Michelin, Komponist	Kurt Retzer
Loran, Maler	Theo Frisch-Gerlach
Fremdenführer	Arthur Hoffmann
Student	Herbert Schill
Jeanette	Herta Herwigh
Mister Plum	Robert Horky
Missis French	Hertha Meyer
Missis Holt	Trude Reinisch
Jan Helins	Lothar Hoßner
Miß Blues	Gila Stanka
Dr. Tokoto	Erich Knöll
Raoul	Rudolf Grohmann

Inszenierung: **Rudolf Beer**

Musikalische Leitung: **Bruno Uher** — Bühnenbild: **Tom Kraa**

Tänze: **Fritz Steiner** — Ausstattung: **Liesl Edthofer**

Eine größere Pause nach dem dritten Bild

Pe ze der Damen Feiler u. Harmath aus dem Internationalen Pelzhaus **Penizek & Rainer**, I., Singerstraße
Kleider des Frl. Feiler und das gestreifte Komplet des Frl. Harmath sind aus dem Modesalon **Ida Rei & Bruber**, VI., Mariahilferstraße 39
Hüte der Damen Feiler und Harmath sind aus dem Studio **Stella Fraenkel**, I., Fahnengasse 2 (Hochhaus)
Hüte von Herrn Heesters: **P. u. C. Habig**, IV., Wiedner Hauptstraße 15
Hut des Herrn Morgan: Firma **Cesчka**, VII., Kaiserstraße
Dressing-gown der Herren Heesters und Morgan: Modenhaus **Mühlrad**, II., Praterstraße 37
Kostüme nach Entwürfen von Liesl Edthofer, ausgeführt in der Werkstätte für dekorative Kunst **Wilhelm Berman**, VI., Capistrangasse 5
Möbel von der Firma **Portois & Fix**, III., Ungargasse 59—61
Geschirr: **Löffler**, III., Neubaugasse
Gemälde des Hotelzimmers: Firma **Arnot**, I., Kärntnerstraße
Schmuck: „**Perlenkönigin**" (H. Fleischer), VI., Mariahilferstraße 81
Ausstellungsphoto: „**Residenz**"-Atelier, I., Fleischmarkt 1

Karten im Vorverkauf in sämtlichen Theaterkartenbüros zu Originalpreisen und ununterbrochen an den Kassen im Theatergebäude (Tel. U-40-2-19)

Telephonapparat für die Besucher im Kassenraum

Antiseptisch gereinigte Theatergläser vom Optiker Anton Kleemann, Wien, VII., Schottenfeldgasse 79, sind in den Garderoben erhältlich.

Besetzungszettel der Uraufführung »Der süßeste Schwindel der Welt«, Scala, Wien 1937 (mit dem ersten Bühnenauftritt von Hertha Feiler)

darauf, wieder ein Werk von Robert Stolz mit aus der Taufe zu heben.

Eine doppelte Taufe sogar, war doch dieses Stück gleichzeitig das Bühnendebut meiner Partnerin Hertha Feiler. Schon wenige Monate später sollte sie von Heinz Rühmann für den Film entdeckt werden. Er besetzte sie in seinem Regie-Erstling *Lauter Lügen* und gab ihr nur ein Jahr später sein ehrliches Jawort.

Mit dem *Süßesten Schwindel der Welt* hatten wir in Wien großen Erfolg und gastierten anschließend auch in Graz, Salzburg, Linz und Prag. Ein Kritiker schrieb damals:

> »Ein sehr animierter und intensiver Stimmungs- und Unterhaltungserfolg, zu dem der junge Holländer Johannes Heesters nicht wenig beiträgt. Nach einigen Versuchen an Wiener Operetten und Tonfilmen hat er sich sprachlich und darstellerisch vollkommen entwickelt und präsentiert sich jetzt als der neue und wirklich junge Mann, den das Genre schon seit einiger Zeit dringend benötigt: halb liebenswürdiger Tenor, halb humoristischer Naturbursche, ist er in Erscheinung und Wesen der Typus des amerikanischen Tonfilmcharmeurs, und in dieser Richtung dürfte auch seine Karriere liegen.«

Auf die Idee mit dem »amerikanischen Tonfilmcharmeur« war schon einmal einer gekommen. Das war während meines ersten Berliner Engagements an der Komischen Oper, just nachdem ich meine Probeaufnahmen bei der Ufa gemacht hatte. Ein flüchtiger Bekannter – so flüchtig, dass ich mich an seinen Namen nicht mehr erinnere, nur dass er Holländer war, weiß ich noch – stand eines Abends sehr aufgeregt in meiner Garderobe und bestürmte mich: »Heesters, ich bin mit Mr. Ritchie in der Vorstellung. Er sucht neue Talente für Hollywood, und ich habe ihn auf dich aufmerksam gemacht. Du musst heute besonders gut sein!«

Diese letzte Bemerkung hätte er sich, weiß Gott, sparen können, denn ich gab in jeder Vorstellung mein Bestes, ob da nun ein Hollywood-Agent drin war oder nicht.

So abgebrüht war ich allerdings nicht, dass ich mir nach der Vorstellung nicht doch anhörte, was Mr. Ritchie zu sagen hatte. Wenig Konkretes war dabei: »Sie müssen sich um nichts kümmern. Ich erledige alles. Wir bezahlen Sie gut. Ihre Reisen, Ihre Garderobe, eine Villa. Sie können Ihre Familie mitnehmen!«

Kein Wort darüber, welche Rollen ich spielen sollte und wie lange es dauern würde, bis ich sie spielen konnte.

Und was hieß »meine Familie mitnehmen«? Schon wieder umziehen, schon wieder neu anfangen?

Ich hatte kein gutes Gefühl und lehnte ab.

Ich war mir ganz sicher, dass dies die richtige Entscheidung war, und meine Erfolge bei der Ufa sollten dies ja auch bald bestätigen.

In gar nicht ferner Zukunft kam allerdings eine Zeit, in der ich mich dieses Angebots erinnerte und mich fragte, ob es seinerzeit nicht doch besser gewesen wäre, Deutschland zu verlassen.

Aber in dem für mich sehr erfolg- und abwechslungsreichen Jahr 1937 kamen mir solche Gedanken noch nicht.

Im Gegenteil, hatte doch dieses Jahr noch einen echten Höhepunkt parat: die Geburt unserer zweiten Tochter Nicole.

Eine Unterredung ohne Sinn
oder: Die Goebbels-Lektion

Im Frühjahr 1938 bat ich bei der Ufa erneut um Urlaub. Diesmal für ein Auslandsgastspiel, das für mich gar keins war. Zum ersten Mal nach vier Jahren sollte ich in Holland auf der Bühne stehen. Ich freute mich darauf, wieder zu Hause zu sein, wenn auch nur für zwei Monate. Die Aussicht, meine Familie wiederzusehen, meine Eltern und meine Brüder, stimmte mich fröhlich.

Engagiert wurde ich von der Fritz-Hirsch-Operettengesellschaft, einem Ensemble deutscher und österreichischer Künstler, die wegen ihrer jüdischen Herkunft allesamt ihre Heimat verlassen mussten: Claire Clairy, Hilde von Prix, Paul Harden und natürlich Fritz Hirsch, der Gründer der Truppe und Regisseur unserer Aufführung.

Wir spielten Kálmáns *Gräfin Mariza*. Premiere war an der Prinsesschouwburg in Den Haag. Von dort aus haben wir in mehreren Städten gastiert. Das Publikum war entzückt über und entzückend zu uns. Die Zeitungen berichteten ausführlich. Von der »Heimkehr eines Stars« schrieben sie und von Fritz Hirschs Verdienst, »dass der Ufa-Star in Holland auftritt«. Ich fühlte mich wie der verlorene Sohn, der in den geborgenen Schoß der Familie zurückkehrt. Und wie gerne hätte ich bei dem Film mitgewirkt, der zum vierzigsten Thronjubiläum unserer Königin Wilhelmina gedreht wurde. Aber ich musste zurück nach Berlin. Schließlich hatte mir die Ufa ja nur diese paar Wochen freigegeben.

Nur einige Wochen, die aber reichten, um mir den Abschied schwer und mir wieder bewusst zu machen, woher ich kam und wie gerne ich dort zu Hause war. Vor lauter Arbeit hatte ich in den Jahren, nachdem ich Holland verlassen hatte, für Heimweh keine Zeit gehabt. Das Wohlergehen meiner Familie und mein Beruf standen stets im Vordergrund und bestimmten mein Handeln, so dass ich nicht daran zweifelte, dass unser Weggang aus Holland richtig war. Und ebenso wenig war ich auf den Gedanken gekommen, jemals meine holländische Staatsbürgerschaft aufzugeben.

Zurück in Berlin, nostalgische Erinnerungen im Herzen, im Kopf aber meine Arbeit, wurde ich gleich zur Ufa bestellt. Ernst Hugo Correll wollte mich sprechen. Dringend, wie man mir sagte.

Als ich sein Büro betrat, war er übellaunig und erregt.

»Wo waren Sie, Heesters?« fuhr er mich an.

»In Holland«, antwortete ich. »Ich hatte Sie doch informiert.«

Nun erklärte er mir wortreich, in was für Schwierigkeiten ich ihn gebracht hätte und wie sehr er bereue, dass er mich nach Holland hatte fahren lassen.

Ich wusste nicht, wovon er sprach. Wo war das Problem? Mit seinem Wissen und seinem Einverständnis hatte ich in Holland gastiert.

Fast befehlend sagte er: »Bitte melden Sie sich unverzüglich beim Propaganda-Ministerium.« Und: »Dr. Goebbels möchte Sie sprechen.«

Damit war unsere Unterredung beendet.

Dass ein Gespräch mit dem für die deutsche Filmproduktion zuständigen Minister nichts Gutes verhieß, hatte ich gleich im Gefühl. Dass es richtig unangenehm sein würde, erfuhr ich am darauffolgenden Tag.

Goebbels' Ministerium befand sich am Wilhelmplatz. Als ich hinkam, führte man mich in einen weitläufigen Raum, in dem ein großer Tisch mit Stühlen stand.

»Bitte warten Sie hier. Herr Dr. Goebbels wird gleich zu Ihnen kommen.«

Ich war angespannt, lief im Zimmer auf und ab. Wusste ich doch immer noch nicht, zu welcher Art von Gespräch ich »gebeten« worden war.

Goebbels trat ein. Er zog ein Bein nach.

»Bitte, Herr Heesters, nehmen Sie doch Platz«, sagte er und setzte sich mir genau gegenüber. Eine kurze Weile sah er mich bohrend an, dann lächelte er: »Sie haben in Holland gastiert, nicht wahr?«

»Ja.« Mir war nicht nach Lächeln zumute.

Darauf er: »Mit der Theatergruppe von Fritz Hirsch. Mit lauter Juden.« Sein Lächeln verschwand.

Wieder sagte ich: »Ja.«

»Aber Sie wissen wohl, dass wir dagegen sind, dass Sie mit Juden arbeiten«, fuhr Goebbels fort.

»Für mich macht das keinen Unterschied, ob die Künstler, mit denen ich auftrete, Juden sind oder nicht«, erwiderte ich. »Ich unterscheide nur zwischen begabt und unbegabt.«

»Aber die Juden sind unsere Feinde«, brauste der Minister auf.

»Meine nicht«, sagte ich wahrheitsgemäß.

Meine Selbstdisziplin kam mir dabei zugute, dass ich mir nicht anmerken ließ, was in mir vorging. Ich fühlte mich in eine Ecke gedrängt, in die ich nicht gehörte, die mit mir nichts zu tun hatte.

Goebbels setzte von neuem an: »Sagen Sie, Heesters, Sie leben hier in Deutschland, arbeiten hier, verdienen Ihr Geld, sind beim deutschen Publikum sehr beliebt. Warum werden Sie nicht Deutscher?«

Ich merkte gleich, dass dies kein Scherz sein konnte. Und doch erschien es mir abwegig.

»Warum sollte ich Deutscher werden? Was würde meine Königin dazu sagen? Ich bin Holländer und das bleibe ich auch.« Ich stellte ihm die Gegenfrage: »Wenn ich Ihnen vorschlage, Holländer zu werden, was würde Ihr Herr Hitler davon halten?«

Das war nun nicht logisch, aber es wirkte. Einen Augenblick stutzte Goebbels. Dann stand er auf, blickte auf mich herunter und

sagte schmallippig: »Sie mit Ihrem Charme! Sie können gehen!«
Bevor er den Raum verließ, natürlich noch: »Heil Hitler!«

Auch ich ging. Nach Hause zu meiner Frau und unseren Kindern. Ich dachte über das Gespräch mit Goebbels nach, versuchte es einzuordnen, ihm einen Sinn abzugewinnen. Aber es gelang mir nicht. Also beschloss ich, es zunächst ad acta zu legen und abzuwarten.

Lange musste ich nicht warten, denn nur wenige Tage später wusste ich, was die Stunde geschlagen hatte.

»Tja, Herr Heesters, ich habe es kommen sehen.« Ernst Hugo Correll saß achselzuckend vor mir. »Dr. Goebbels hat verboten, dass wir Sie weiter beschäftigen.«

Filmverbot? Ich verstand die Welt nicht mehr.

»Ist das Ihr Ernst?« fragte ich, obwohl ich die Antwort kannte.

Natürlich war es sein Ernst und natürlich bedauerte er es sehr und natürlich konnte er nichts dagegen tun.

Wieder musste ich an Willy Fritschs Worte von der großen Ufa-Familie denken. Nur erschienen sie mir jetzt so unvereinbar mit der Wirklichkeit. Wieso konnte Correll, als »Familien-Vorstand«, sich nicht zur Wehr setzen, sich schützend vor mich und die anderen Kollegen, die in solche Situationen gerieten, stellen? Ich begann zu ahnen, wie weit der Arm der Politik reichte und wie wenig die Ufa, die ich doch für so mächtig hielt, dagegen ausrichten konnte.

Um Wiesje und die Mädchen nicht übermäßig zu beunruhigen, gab ich mich zu Hause optimistisch. Ich verbrachte viel Zeit mit den Kindern, deren Entwicklung und Heranwachsen ich ohnehin viel zu wenig miterlebte.

Und einmal drehte ich ja noch, den musikalischen Kostümfilm *Nanon*. Es war wieder eine Operettenadaption nach dem Original von Richard Genée von 1877. Für die Titelrolle hatte man die unvergleichliche, durch Schallplatte und Rundfunk sehr populäre Sopranistin Erna Sack engagiert. Wenn ich an ihre Koloraturen denke, wird mir noch heute schwindlig.

Ich habe nie verstanden, warum ich in diesem Film nicht umbesetzt wurde. Was bezweckte Goebbels mit dem gegen mich ausgesprochenen Filmverbot? War es ein Warnschuss? Wollte er mir demonstrieren, wie schnell er meiner Familie und mir den Boden unter den Füßen wegziehen konnte? Wie er von einem Tag auf den anderen unsere Existenz zerstören konnte? Sollte es bedeuten: Heesters, dich kriegen wir auch noch?

Diese Ungewissheit verunsicherte und bedrückte mich.

Zum ersten Mal, seit ich ihn vor über zwei Jahren getroffen hatte, fiel mir Mr. Ritchie wieder ein. Hatte ich sein Angebot, nach Hollywood zu gehen, vielleicht doch zu voreilig abgelehnt?

Mein langer Weg mit Graf Danilo
und warum ich keine Komplimente mag

In John van Drutens Stück *Das Lied der Taube* heißt es an einer Stelle: »Es ist, als wenn der Frühling plötzlich kehrtum gemacht und gesagt hätte: Genug damit! Marsch, zurück in den Winter!«

Bildhafter lässt sich mein damaliger Gemütszustand kaum beschreiben. Goebbels hatte mich »zurück in den Winter« geschickt. Wann die wärmende Frühlingssonne wieder auf meine Karriere scheinen würde, wusste ich nicht.

Die hervorstechendste Eigenschaft des Lebens jedoch ist ja, dass es immer weitergeht. Das Schicksal schlägt dir eine Tür vor der Nase zu. Aber zu anderer Zeit, vielleicht an einem anderen Ort, geht eine neue Tür auf.

Als sich für mich die neue Tür öffnete, stand ein eleganter Herr davor: Graf Danilo Danilowitsch, seines Zeichens pontevedrinischer Gesandtschaftssekretär in Paris. Bis zum heutigen Tag ist er mir auf den Fersen geblieben. Obgleich ich ihn schon ein paar Mal in Pension geschickt habe, hängt er immer noch an mir. In der Tat freue auch ich mich, wenn ich ihm manchmal wieder begegne – wenn's nur nicht zu oft ist.

Inzwischen haben wohl auch Nicht-Operettenkenner erraten, dass es jetzt um die *Lustige Witwe* von Franz Lehár geht. Nicht nur für mich, sondern ganz allgemein eine der erfolgreichsten Operetten überhaupt.

Während meines »Arbeits-Winters« 1938 erreichte mich ein Ferngespräch aus München. Fritz Fischer war dran, der damals gerade die Intendanz des auf Operetten spezialisierten Münchner

Theaters am Gärtnerplatz übernommen hatte. Zusammen mit Peter Kreuder, seinem neuen musikalischen Direktor, hatte Fischer etwas ausgeheckt: eine Neuinszenierung der *Lustigen Witwe* unter seiner Regie, Kreuders musikalischer Leitung und mit mir als Danilo. Premierentermin sollte der 31. Dezember 1938 sein.

Ich zögerte keinen Augenblick und sagte zu. Zwar kannte ich Fritz Fischer noch nicht persönlich, dafür aber Peter Kreuder, und das genügte. Außerdem, alles war besser als Nichtstun. Und das Theaterspielen konnte Goebbels mir nicht verbieten.

Natürlich kannte ich die *Lustige Witwe*. Seit ihrer Uraufführung 1905 war der Siegeszug dieser spritzig-eleganten Operette mit ihren einschmeichelnden Melodien durch die Musiktheater der ganzen Welt nicht aufzuhalten. Dabei sah es anfangs gar nicht danach aus, als würde dem Theater an der Wien und seinem damaligen Direktor Wilhelm Karczag ein solcher Triumph in den Schoß fallen.

Als Vorlage für die beiden Librettisten Victor Léon und Leo Stein diente das französische Lustspiel *Der Attaché* von Henri Meilhac. Aus diesem Stoff spannen sie eine Geschichte, die in Paris spielt und in deren Mittelpunkt ein Weiberheld ersten Ranges steht, der vor der wirklichen Liebe die Augen verschließt, bis er am Ende doch auf die Stimme seines Herzens hören muss.

Die Handlung ist wohl hinlänglich bekannt. Aber nur Eingeweihte wissen, dass der Bühnen-Danilo ein reales Vorbild hatte – den montenegrinischen Erbprinzen, der ebenfalls Danilo hieß und ein anerkannter Casanova gewesen sein soll.

So weit, so gut. Fehlt noch die Musik. Die sollte ursprünglich gar nicht Franz Lehár schreiben, sondern Richard Heuberger, der seinerzeit schon weit mehr Meriten verdient hatte als Lehár und der mit seinem *Opernball* Wiens Operettenwelt im Nu eroberte. Aber was Heuberger dem Direktor Karczag und den beiden Librettisten Léon und Stein an musikalischen Vorschlägen für die *Lustige Witwe* unterbreitete, konnte nicht überzeugen.

Der Regisseur Fritz Fischer, gesehen von dem Zeichner R. P. Bauer in dem vom Theater am Gärtnerplatz anlässlich der 150. Vorstellung der »Lustigen Witwe« am 16. Mai 1939 herausgegebenen Heft »Die Lustige Witwe in der Karikatur«

Fast schon aus Not überließ man nun Franz Lehár das Lied vom »Dummen, dummen Reitersmann« zur Vertonung und erteilte ihm schließlich den Auftrag für die gesamte Komposition. Als die fertig war und Lehár sie dem Theaterdirektor vorgespielt hatte, soll der die Hände über dem Kopf zusammengeschlagen haben. »Das ist keine Musik!« hallte es durch die Flure des Theaters an der Wien. Das Ganze drohte ein Misserfolg zu werden. Das Theater war in Geldnot. Von prächtigen Dekorationen und Kostümen konnte keine Rede sein. Die Uraufführung am 30. Dezember 1905, übrigens einstudiert von dem damals gerade fünfundzwanzigjährigen Robert Stolz, geriet zwar nicht zum Reinfall, »aber«, so erzählte Lehár einmal, »wir rechneten mit nicht mehr als vierzig bis fünfzig Aufführungen«.

Von Karl Kraus ist ein Satz überliefert, den er nach der Premiere gesagt haben soll: »Das war das Widerwärtigste, was ich je in einem Theater erlebt habe.« Das Publikum war anderer Meinung. Am 24. April 1907 bejubelte es die 400. Wiener Aufführung.

69

Der als Retter in der Not aus Hamburg an das bankrotte Theater des Westens berufene Max Monti führte die *Lustige Witwe* mit seinem Gastspielunternehmen auch in Berlin zum Triumph und leitete damit den Welterfolg ein: London, New York, Stockholm, Kopenhagen, Moskau, Mailand, Madrid, Paris, Brüssel – überall erklangen Lehárs verführerische Melodien. Bald auch im Kino. Fünfmal ist die *Lustige Witwe* verfilmt worden. Am erfolgreichsten wohl von Ernst Lubitsch 1934 in Hollywood mit Maurice Chevalier als Danilo und Jeanette MacDonald als Hanna Glawari.

Nach so vielen Aufführungen und Inszenierungen war für Fritz Fischer und Peter Kreuder natürlich eines klar: Sie wollten etwas Neues auf die Beine und auf die Bühne stellen. Keine bis zur Unkenntlichkeit modernisierte *Lustige Witwe* freilich, aber eine dem Zeitgefühl der dreißiger Jahre entsprechend flottere und musikalisch neu arrangierte.

Das fing schon damit an, dass Fischer die ursprünglichen drei Akte in dreiunddreißig Bilder auflöste. Nicht umsonst hatte er sein Handwerk in Amerika bei Florenz Ziegfeld, dem unbestrittenen Broadway-Revuemeister, erlernt und perfektioniert. Wie Ziegfeld hatte Fischer ebenfalls stets eine dunkelrote Nelke am Revers. Er trug sie in Ehren, denn Ziegfeld selbst hatte sie ihm nach einer gelungenen Broadway-Premiere mit den Worten: »Fritz, du bist der einzige hier am Broadway, dem ich gestatte, auch diese Blume im Knopfloch zu tragen« angesteckt.

Die *Lustige Witwe* war also in Fritz Fischers Händen gut aufgehoben. Und Peter Kreuders musikalisches Gespür für publikumswirksame Melodien und effektvolle Instrumentation hatte ich ja selbst schon erleben können.

Von all dem völlig unbeeindruckt, lehnte Lehár eine Neubearbeitung seines Werks kategorisch ab. So mussten Fischer und Kreuder, bevor wir mit den Proben beginnen konnten, zu einem Trick greifen, von dem mir Kreuder später erzählte: Er war nach Bad Ischl gefahren, wo Lehár wohnte, um in einem persönlichen Gespräch dem Komponisten seine Einwilligung abzuringen. Noch am Vorabend seiner Abreise ließ der Erfolg aber auf sich warten.

Als allerletzten Versuch schlägt Kreuder vor, Fischer einen Postkartengruß nach München zu schicken. Lehár willigt ein. Kreuder schreibt jedoch nicht nur »Schöne Grüße«, sondern auch, dass Lehár mit der Bearbeitung der *Lustigen Witwe* einverstanden sei. Dann lässt er Lehár die Karte unterschreiben, was dieser auch blind tut. Ein kleines Gaunerstückchen geradezu, als plante Kreuder eine *Listige* statt einer *Lustigen Witwe*. Aber was nutzte es, drohte doch Lehár bis kurz vor der Premiere damit, von seinem Einspruchsrecht gegen die Inszenierung Gebrauch zu machen.

Trotzdem liefen unsere Proben auf Hochtouren. Fritz Fischer verstand es auf unnachahmliche Weise, das riesige Ensemble auf Trab zu halten. Er hatte grandiose Einfälle. Ein Auftritt begann bei ihm nie mit Dialog, sondern immer musikalisch. Ich begann also gleich mit »Heut geh' ich ins Maxim«. Ein auf Schleiern gemalter Wandelprospekt führte zum berühmten Pariser Nachtlokal. Und als ich die Namen der Damen nannte – »Lolo, Dodo, Jou-Jou, Clo-Clo, Margot, Frou-Frou« –, erschienen sie hinter dem Schleier: wunderschöne Mädchen in atemberaubenden roten Pailletten-Kleidern. Berauschende Bilder waren das, die Fischer und sein Ausstatter Ludwig Sievert auf die Bühne zauberten.

Wir alle fieberten der Premiere entgegen und waren überzeugt, dass sich Lehárs Zweifel in Luft auflösen würden, wenn er die Aufführung erst einmal gesehen hatte. Er sah sie in der Generalprobe, zu der 250 Ehrengäste, meist Künstlerkollegen, geladen waren. Bevor es losging, trat Peter Kreuder vor den Vorhang und legte ein Geständnis ab. Er erzählte die Geschichte mit dem Postkarten-Trick und erntete dafür schallendes Gelächter – auch von Franz Lehár.

Aber da gab es noch einen, dessen Veto Fritz Fischer fürchten musste: Münchens NS-Gauleiter, Staatsminister Adolf Wagner. Um mögliche Auseinandersetzungen über zu viel Swing oder Jazz in der Musik, über zu viel Freizügigkeit oder zu wenig Stoff bei den Kostümen oder über sonstige Details der Inszenierung aus dem Weg zu gehen, zog Fischer es daher vor, am Premierenabend gar nicht erst anwesend zu sein. Er floh nach Paris.

R. P. Bauer zeichnete auch mich als Graf Danilo Danilowitsch im weißen Frack und meine Partnerin Lisa Herzog als Hanna Glawari in der »Lustigen Witwe«, München 1939.

Was soll ich sagen – er hat etwas verpasst. Das Publikum ließ uns hochleben: Lisa Herzog als Hanna Glawari, Otto Brüggemann als Njegus, Hans Fetscherin als Rosillon, Ruth Gerntholtz als Valencienne, Münchens Publikumsliebling Gustav Waldau als Baron Mirco Zeta und mich als Danilo – erstmals in der Erfolgsgeschichte dieser Operette im weißen Frack. Fritz Fischer erfuhr erst am nächsten Morgen von dem Triumph, als er bei Kreuder anrief und der ihn ermunterte: »Kannst ruhig wieder nach Hause kommen.«

Diese *Lustige Witwe* wurde die wohl bekannteste und am häufigsten besprochene Aufführung in den Annalen des Gärtnerplatztheaters.

Monatelang schwammen wir auf einer Erfolgswelle, getragen von den Ovationen der Zuschauer. Stammgast und Fan unserer Aufführung war Adolf Hitler. Mehrmals besuchte er die Vorstellung. Immer mit großem Gefolge und immer saß er in der Königsloge.

Einmal hatte er seinen Besuch angekündigt, während ich gerade in Berlin gastierte. Am Renaissance-Theater spielte ich im Sommer 1939 mit Carola Höhn Ralph Benatzkys *Meine Schwester und ich*. Aus München kam ein Telegramm: »Der Führer weilt zum Tag der Deutschen Kunst in München. Er wünscht Sie als Danilo zu sehen.«

»Der Führer wünscht« war gleichbedeutend mit »Versuchen Sie gar nicht erst abzusagen!« Tatsächlich war es zwecklos, sich zu weigern. Dass ich in Berlin ein Engagement hatte, fiel nicht ins Gewicht, denn unsere Vorstellung im Renaissance-Theater wurde für diesen Tag eilig abgesagt. Wie viele andere Künstler auch flog man mich von Berlin nach München.

Der »Tag der Deutschen Kunst« war ein in bewährter Manier durchorganisiertes Großereignis. Mit Festumzug, großem Empfang und Sondervorstellungen in allen Münchner Theatern. Bei aller Perfektion und dem unbedingten Drang nach imposanter Aufmachung unterlief den Planern dieser Veranstaltung ein unerhört peinlicher Fehler. Mit Sonderzügen und -flügen wurden Künstler aller Sparten vor allem aus Berlin rekrutiert. Völlig vergessen jedoch wurde die Künstlerschaft Münchens. Niemand war eingeladen worden. O. E. Hasse, der damals an den Kammerspielen engagiert war, wusste davon zu berichten. Und auch davon, dass Hitler deswegen »gerast« haben soll. Um das wiedergutzumachen, seien beim nächsten Anlass »bergeweise« Einladungen eingetroffen.

Als Ehre konnte ich eine derartige Einladung nie empfinden. Eher als Anweisung, als Forderung. Der Führer wollte unterhalten werden, und wir mussten antreten. »Die *Lustige Witwe* ist meine Lieblingsoperette«, sagte er mir nach der Vorstellung, »und Sie sind der beste Danilo, den ich kenne.« Er hätte mir einen großen Gefallen getan, wenn er sich eine andere Lieblingsoperette ausgesucht hätte.

Ohnehin verspürte ich immer einen gewissen Widerstand gegen Komplimente wie »bester Danilo«. Selbst wenn sie aus wirklich berufenem Munde kamen.

1940 spielten wir die *Lustige Witwe* im Admiralspalast in Berlin, und mittlerweile näherte ich mich wohl schon der tausendsten Vorstellung seit der Münchner Premiere. Zu Ehren von Franz Lehárs siebzigstem Geburtstag gab es nun in Berlin eine Festvorstellung. Am Dirigentenpult stand der Maestro persönlich, was die Sache nicht unbedingt einfacher machte. Denn wenn ein Komponist seine eigene Musik hört, kann es sein, dass er so vertieft darin ist, dass er die Darsteller auf der Bühne völlig vergisst. Lehár dirigierte so getragen, dass wir unsere liebe Mühe hatten, ihm nicht davonzueilen.

In der Pause kam er in meine Garderobe: »Herr Heesters, ich muss Ihnen gratulieren. Wunderbar! Ich habe in über dreißig Jahren viele Danilos erlebt, aber Sie sind mein bester!«

»Vielen Dank, Herr Lehár«, antwortete ich und lachte, »aber das ist doch jetzt der berühmte Wiener Schmäh. Morgen sehen Sie die

Vorstellung vielleicht in St. Pölten und sagen dem Tenor dort dasselbe.«

Schlagartig wurde er sehr ernst: »Ich meine, was ich sage. Schade, dass Sie so denken«, verabschiedete sich und ging.

Ohnehin war die Pause zu Ende. Ich hatte ein komisches Gefühl. Natürlich hatte ich ihn nicht verletzen wollen, aber ich konnte nichts dagegen tun, dass ich hinter solchen Komplimenten immer Lobhudeleien vermutete.

Einige Zeit später habe ich, als ich in Bad Ischl war, Lehár besucht. Ich sprang über den Zaun, stellte mich unter den Balkon seiner Villa und sang: »Komm in den kleinen Pavillon ...«

Er trat heraus, sah mich und rief: »Herr Heesters! Wie schön. Kommen Sie herein, wir trinken einen Kaffee.«

Ich ging ins Haus, wir setzten uns, seine Frau brachte Kaffee. Léhar verschwand im Nebenzimmer.

Als wir alleine waren, sagte seine Frau leise: »Herr Heesters, ich glaube, Sie wissen gar nicht, wie unrecht Sie meinem Mann damals getan haben. Er hat sehr darunter gelitten, dass Sie sein ehrliches Lob als Schmäh abgetan haben.«

»Verzeihen Sie, gnädige Frau«, erwiderte ich, »aber wir Holländer tun uns schwer damit, wenn wir gelobt werden.«

Lehár kam zurück und brachte ein großes Foto von sich, das er mir gab. Darauf hatte er geschrieben: »Meinem lieben Freund, dem wirklich besten Danilo ...« Das Wort »wirklich« hatte er unterstrichen.

Ich habe in unserem Haus wenig »Devotionalien« aus früheren Zeiten, aber dieses Bild habe ich eingerahmt und aufgehängt. Es bedeutet mir sehr viel.

Weit über dreitausendmal habe ich den Danilo gespielt. Und ich sage bewusst gespielt und nicht gesungen. Leider wird nämlich viel zu häufig übersehen oder unterschätzt, wie wichtig die Schauspielszenen in dieser, nein eigentlich in jeder Operette sind. Die

Geschichte der »zwei Königskinder« aus dem Finale zweiter Akt der *Lustigen Witwe* darf für mein Gefühl keinesfalls mit Inbrunst geschmettert werden. Wieviel wirkungsvoller ist es, diese Geschichte einer unerfüllten Liebe einfühlsam zu sprechen und leise zu singen. Und welch andere Bedeutung bekommt Danilos allabendlicher Besuch im Maxim, wenn das Publikum spürt: Hoppla, das ist zwar ein Lebemann, aber tief in seinem Herzen flieht er vor dem großen Gefühl, vor der großen Liebe.

Vielleicht liegt es an meiner Interpretation der Figur, dass der Danilo, objektiv gesehen, zu meiner erfolgreichsten Rolle wurde und wohl auch zu derjenigen, mit der ich am häufigsten und am stärksten in Verbindung gebracht werde.

Meine persönliche Lieblingsrolle aber war der Danilo nicht. Und das nicht nur, weil ich später noch Rollen spielen sollte, die mich als Künstler mehr forderten und befriedigten.

Nein, ich habe diesem Danilo übelgenommen, dass er es mir damals so schwer machte, die Nähe zur Macht zu meiden, die Distanz zu den Herrschern des NS-Regimes zu wahren. Immer wieder wurde ich mit Situationen konfrontiert, in die ich lieber nicht geraten wäre. Der »Tag der Deutschen Kunst« ist ein Beispiel dafür.

Ich erinnere mich an noch einen Abend in München. Wir hatten die *Lustige Witwe* gespielt, und von der Königsloge aus verfolgte Hitler wieder einmal seine Lieblingsoperette. Nach der Vorstellung saß ich mit dem Komponisten Lothar Brühne im Künstlerhaus. Wir kannten uns seit *Wenn Frauen schweigen*. Von ihm stammte die Melodie zu »Das ganze Leben ist ein Roman«. Später arbeiteten wir bei dem Film *Jenny und der Herr im Frack* wieder zusammen. Bekannt wurde der Name Brühne aber nicht durch den erfolgreichen Komponisten, sondern durch seine Frau Vera Brühne, die viele Jahre später das ganze Land – das heißt die Bundesrepublik – durch einen aufsehenerregenden Mordprozess in Atem hielt.

Mit Lothar Brühne saß ich also im Künstlerhaus. Ein Mann trat an unseren Tisch, sah mich an und sagte: »Der Führer sitzt im Nebenzimmer und bittet Sie zu sich. Er möchte Sie begrüßen.« Dann machte er kehrt und ging.

Ich sah Brühne an, der grinste: »Was ist schon dabei, Jopie? Geh hin, sag guten Abend, denk dir deinen Teil und komm wieder.«

Der hat gut reden, dachte ich. Sieht er denn die Fotografen nicht? Aber es half ja nichts. Ich ging.

Als ich den Nebenraum betrat, standen, wie auf ein lautloses Kommando, alle auf: Hitler, Göring, Hess, von Ribbentrop, Wagner, Goebbels. Hitler kam auf mich zu, schüttelte mir die Hand, drehte sich zu den anderen um und sagte: »Meine Herren, Johannes Heesters!«, was soviel hieß wie: So, und nun begrüßt ihn alle! Sie standen im Halbkreis, reihum gab ich jedem die Hand, bis ich in Goebbels' Gesicht sah. Ein kurzer Blick, er streckte mir seine Hand entgegen, ich sah wieder weg und ging weiter. Einen kurzen Moment wurde es ganz still im Raum. So, dachte ich, das hat gewirkt.

»Danke, meine Herren, noch einen schönen Abend.« Dann ging ich wieder an meinen Tisch. Ich war mir sicher, alle hatten registriert, dass ich nicht nur den »Deutschen Gruß« verweigert hatte, sondern auch Goebbels' Händedruck.

Und ob sie es registriert hatten. Die Folgen allerdings waren mehr als erstaunlich. Ein paar Tage später rief Ufa-Chef Correll mich an, um mich darüber zu informieren, dass das gegen mich verhängte Filmverbot aufgehoben sei.

Die Auseinandersetzung mit Goebbels hatte mich – wenn man so will – direkt in die Arme des Danilo katapultiert. Und der Danilo sorgte dafür, dass ich nun wieder zur Ufa zurückkehrte. Gottes Wege sind unergründlich …

Weibliche Verehrung im Überfluss, aber das Leben ist keine Revue

Jede Frau hat ein süßes Geheimnis war der Titel meines nächsten Films. So hieß er allerdings erst bei seiner Neuaufführung nach dem Krieg, in Anlehnung an das Lied von Franz Grothe, das ich darin sang. Sein ursprünglicher Titel war 1939 *Das Abenteuer geht weiter.*

Und das Abenteuer ging in der Tat weiter. Ich drehte wieder. Diesen Film nicht für die Ufa, sondern für die Bavaria, genauer für die Bavaria Filmkunst GmbH, die aus der in finanzielle Schwierigkeiten geratenen Bavaria AG hervorgegangen war. Die Produktionsstätten waren damals wie heute in München-Geiselgasteig. Diesen Film allerdings drehten wir in Italien. Meine junge Partnerin war Ungarin. In Siebenbürgen geboren, nahm Maria von Tasnady in Budapest Schauspielunterricht, kam aber als Reporterin nach Berlin. Sie heiratete, setzte ihre Ausbildung fort und sprang 1936 ins kalte Wasser: In dem Film *Schlussakkord* übernahm sie kurzfristig die Rolle von Käthe Gold, die erkrankt war, und konnte überzeugen.

In *Das Abenteuer geht weiter* spielte sie die eifersüchtige Ehefrau, die es in meinem wirklichen Leben nicht gab. Wiesje war zu gescheit, um eifersüchtig zu sein. Einfach war das für sie sicher nicht, hatten doch die Filmproduzenten sehr bald registriert, dass ich bei den Frauen hoch im Kurs stand, und sie ließen nichts unversucht, um aus Johannes Heesters, dem »Helden der weiblichen Kinogänger«, auch noch Johannes Heesters den Weiberhelden zu machen.

Ein Film wie *Das Abenteuer geht weiter* war dafür geradezu prädestiniert. Ich spielte darin einen bekannten und besonders in der Damenwelt beliebten Sänger, der als notorischer Seitenspringer seiner Frau das Leben schwer macht. Sie sagt an einer Stelle: »Ich wusste, dass ich einen Künstler geheiratet hatte, der besonders den Frauen gefallen musste. Aber er nutzte mein Verständnis aus. Er war nicht glücklich, wenn er nicht ein kleines Abenteuer hatte.«

Wie leicht wurde es den Kinozuschauerinnen da gemacht, eine solche Aussage auf den privaten Heesters zu projizieren, was natürlich auch geschah. Wenn ich Theater spielte und nach der Vorstellung spät abends nach Hause ging, wurde ich meistens »eskortiert«. Nicht von furchteinflößenden Bodyguards, wie man das heute häufig sieht: Männer in dunklen Anzügen, mit dunklen Brillen und ebensolcher Miene, die bekannte Persönlichkeiten vor zuviel Verehrung oder vor zuviel Nähe zu ihren Verehrern schützen sollen. So etwas gab es damals noch gar nicht, und es wäre auch nichts für mich gewesen, liebte ich doch mein Publikum und wollte mich nicht vor ihm abschotten lassen.

Nein, meine Eskorte war fast ausschließlich weiblich und weniger furchteinflößend denn nervenaufreibend. Junge Frauen, die laut lachend und aufgekratzt hinter mir her- und um mich herumliefen, die mit mir in die Straßenbahn stiegen, die mir bis nach Hause folgten, die aber – trotz ihrer Hartnäckigkeit – fast immer harmlos waren. Nur einige wenige wurden in ihrer Aufdringlichkeit unangenehm und mussten dann feststellen, dass Johannes Heesters, der Leinwandcharmeur, den sie aus dem Kino kannten, im wirklichen Leben auch mal weniger charmant sein konnte. Aber das waren Ausnahmen.

Unsere damals noch sehr kleine Tochter Nicole hat einmal spät abends vom Fenster aus beobachtet, was sich vor dem Haus abspielte. Erst viele Jahre später hat sie mir davon erzählt.

Es muss zu der Zeit gewesen sein, als ich in Berlin *Hochzeitsnacht im Paradies* spielte, also 1942. Um mich vor dem Zubettgehen noch zu sehen, durfte Nicole ausnahmsweise länger aufbleiben.

Ein Stimmengewirr auf der Straße machte sie aufmerksam. Meine Frau nahm die Kleine auf den Arm, damit sie besser aus dem Fenster sehen konnte. Und Nicole sah eine Gruppe Menschen die Straße entlangkommen. Lauter Frauen. Und inmitten dieser Frauen erblickte sie mich, ihren Vater, der versuchte, den Berührungen dieser Frauen auszuweichen und bemüht war, nicht noch mehr Aufsehen zu erregen, als es diese Szene ohnehin schon tat. Aber nicht was Nicole sah, prägte sich in ihr Bewusstsein, sondern was sie hörte. Denn auch Wiesje beobachtete, was vor sich ging, und sagte zu dem kleinen Mädchen auf ihrem Arm: »Siehst du, Nicoletje, dort kommt dein Vater.«

Nur das. Mehr nicht. Aber in diesem kleinen Satz steckte so viel: Wiesjes Vertrauen, ihr Wissen um die Bedeutung solcher Begebenheiten und ihre kluge Art, damit umzugehen. Nicole war damals natürlich noch zu klein, um das zu ermessen, und doch haben sich diese Worte ihrer Mutter und besonders die Art, wie sie sie sagte, für immer in ihrer Erinnerung eingeprägt.

Ich bemühte mich sehr, die Auswirkungen des Ruhmes von meiner Familie fernzuhalten. Gänzlich gelungen ist es mir nicht. Leider kam es immer wieder vor, dass die beiden Mädchen, Wiesje und Nicole, schon auf dem Weg zur Schule von neugierigen Frauen aller Altersstufen bedrängt wurden, die sich bereits in den frühen Morgenstunden vor dem Hauseingang versammelt hatten. Die Kinder mussten sich mit aller Kraft hindurchkämpfen und wurden mit Fragen bombardiert: »Was macht euer Vater?« – »Wann steht er auf?« – »Ist er noch zu Hause oder schon weggegangen?«

Nicole und Wiesje machten nie einen Hehl daraus, dass diese Situationen schrecklich für sie waren. Natürlich lernten sie bald, einigermaßen damit klarzukommen. Und dennoch hätte ich etwas darum gegeben, wenn ich es ihnen hätte ganz ersparen können.

Meine Frau wusste, als bekannte Künstlerin in Holland und Belgien, schon aus eigener Erfahrung, sich in solcher Lage richtig zu verhalten. Mit großer Souveränität handhabe sie den Rummel, der um mich veranstaltet wurde. Und doch war auch ihre Stärke immer wieder Belastungsproben ausgesetzt. Wenn Wiesje in einen Pulk von Verehrerinnen geriet, was manchmal unumgänglich war, denn sie lauerten ihr sogar im Treppenhaus auf, wurde sie nicht nur bedrängt wie die Kinder, sondern regelrecht beschimpft. Sie solle mich doch endlich freigeben, schrien die Frauen sie an, und was sie sich denn einbilde, mich für sich allein haben zu wollen.

Das ging nun wirklich zu weit, und ich wusste genau, wenn ich den Frieden und die Liebe in meiner Familie erhalten wollte, war die strikte Trennung von Beruf und Privatleben die einzige Möglichkeit. Der leichtlebige Glanz der Film- und Operettenwelt, in der ich arbeitete, hatte in unseren vier Wänden nichts zu suchen: keine herrschaftliche Villa, kein Personal, keine Limousinen, kein Stargehabe, kein Überfluss.

Wiesje besaß die wunderbare Gabe, aus jeder Wohnung, in die wir zogen, ein Zuhause für uns zu machen, das anheimelnde Geborgenheit verströmte. Einen Ort, an den wir gehörten, wo wir leben konnten wie eine ganz normale Familie. Dieses Wunderwerk vollbrachte meine Frau selbst in schweren und kargen Zeiten während des Krieges und unmittelbar danach, als wir wieder nach Wien zogen. Dort ging sie immer ins Dorotheum und brachte jeden Tag etwas Neues, womit sie unser Familiennest bestücken konnte.

Wiesje war die Seele der Familie, der ruhende Pol und das Zentrum, um das sich das Leben unserer Töchter drehte. Wenn ich von einem Gastspiel zurückkam oder von Dreharbeiten, freute ich mich auf mein »Dreimäderlhaus« und genoss die Zeit, die ich zu Hause verbringen konnte. Hier kam ich zur Ruhe. Hier konnte ich Kraft schöpfen und Halt finden.

Als Ausländer in Berlin hatte ich damals die Möglichkeit, unsere Töchter, die ja leider in die Zeiten des Schreckens und des Krieges hineinwuchsen, auf eine katholische Schule gehen zu lassen, auf der sonst hauptsächlich Kinder von Diplomaten und Botschaftsangehörigen waren. Die Beweggründe dafür waren keineswegs elitärer Natur. Wiesje und ich standen wahrlich nicht auf dem Standpunkt, etwas Besseres zu sein. Vielmehr hatten wir die große Hoffnung, dass den Kindern an dieser Schule eine gute humanistische Bildung zuteil würde, die vor allen Dingen frei von jeglicher Ideologie war.

Wir, die Eltern, versuchten, ihnen Bescheidenheit und Demut vor dem Leben zu vermitteln, ihren Blick auf die wahren Werte des Daseins zu lenken.

Denn meine berufliche Glamourwelt war eine Scheinwelt und hatte mit der Wirklichkeit nichts zu tun. Und als die Wirklichkeit immer bedrohlicher und beängstigender wurde, ich mich selbst wieder und wieder ermahnte: Pass auf die Kinder auf!, war ich wohl oft ein strenger Vater. Auch später noch, als sie heranwuchsen, hatte ich immer Angst um sie. Sie waren nun mal hübsche Mädchen, hatten viele Verehrer. Aber ich fürchtete, sie könnten enttäuscht werden. Vor Oberflächlichkeit, Falschheit und Eitelkeit, wovon es in meinem Beruf genug gibt, wollte ich sie bewahren.

Gott sei Dank wussten die Kinder zu unterscheiden und zogen keine Rückschlüsse von der Bühnen- oder Filmillusion aufs wirkliche Leben.

Anders das Publikum. Die Leute dachten: Sieh ihn dir an, den Heesters! Da sitzt er im Frack mit weißem Schal und schlürft Champagner. Und dann geht er nach Hause und feiert weiter.

Ach, wenn's doch nur manchmal so gewesen wäre. Aber am nächsten Abend musste ich doch wieder auf der Bühne stehen, voll da sein, mit Konzentration und Stimme.

Durch meine vielen Rollen sah mich die Öffentlichkeit immer als Operetten- oder Filmfigur, und so mancher wäre sicher enttäuscht gewesen, hätte er erlebt, wie ausgesprochen normal es bei uns zu Hause zuging.

Aber diesen »normalen« Ehemann und Familienvater verkörperte ich im Film oder auf der Bühne nie, sondern stets den Bonvivant, der das Leben leicht nimmt, was der Realität ganz und gar nicht entsprach. Niemand wusste das besser als meine Frau. Dennoch akzeptierte sie, dass ich ein »öffentlicher« Mensch war. Und als solcher hatte ich gewisse Erwartungen zu erfüllen. Hatte ich also mal schlechte Laune und man sah sie mir an, sagte Wiesje nur: »Jopie, de groete!« Das ist holländisch und heißt übersetzt »die Grüße«. Für uns war es ein Codewort, mit dem sie mir bedeutete: Jopie, lächeln! Auch Wiesje lächelte. Nie hat sie mir eine Szene gemacht, wenn ich mal geflirtet habe. Im Gegenteil, sie sagte: »Jopie, tu, was du willst. Aber lass es mich nicht wissen.« Einen klügeren Weg gibt es nicht. Denn damit hatte doch ein Abenteuer, hätte ich mich darauf eingelassen, den Reiz des Verbotenen verloren. Aber ich ließ mich nicht darauf ein. Wiesje und ich hatten uns das Jawort gegeben und sind beide verantwortungsvoll damit umgegangen. Fünfzig Jahre lang. Nie wäre ich auf den Gedanken gekommen, meine Familie im Stich zu lassen oder etwas zu tun, was unseren Zusammenhalt gefährdet hätte.

Die berufliche Entwicklung unserer Töchter beobachteten und begleiteten Wiesje und ich voller Stolz. Schon sehr früh zeichnete sich ab, dass sie die künstlerischen Gene nicht in der Wiege hatten liegenlassen, sondern sie mitnahmen – hinaus auf die Bühnen der Konzertsäle und Theater. Beide Mädchen hatten sich der Klassik zugewandt. Die eine, Wiesje, am Konzertflügel. Die andere, Nicole, im Schauspiel. Und so manches Mal kam mir meine Arbeit dagegen so leichtgewichtig vor.

Ich erinnere mich genau an meine Empfindungen, als die Mädchen schon größer waren und ich abends nach Hause kam. Unten an der Treppe blieb ich stehen und lauschte. Aus Wiesjes Zimmer hörte ich Brahms und Beethoven und dachte: Ja, ja, besser als das, was du singst.

Ein Zimmer weiter studierte Nicole mit einem Kollegen von der Schauspielschule klassische Rollen. Und was hast du gemacht? sagte ich zu mir selbst. Operette.

Wer jetzt denkt, der Heesters hat ja Komplexe, hat ein bisschen recht. Wer aber denkt, der Heesters ist undankbar, der irrt.

Nicoles junger Kollege von der Schauspielschule war übrigens Otto Schenk. Er war wohl ein wenig verliebt in Nicole und sehr häufig bei uns zu Besuch. Eigentlich gehörte er schon zur Familie. »Bei euch ist mein zweites Zuhause«, sagte er oft. In unserem Haus wurde immer viel gelacht. Otto stimmte mit ein oder bot selbst den Anlass. Zusammen erfanden er und ich herrliche Pantomimen oder erzählten mit todernstem Gesicht hanebüchene Geschichten. Stundenlang konnten wir nebeneinander am Ufer eines Teichs sitzen, jeder eine Angel in der Hand. Das taten wir häufig, selten allerdings bissen Fische an. Aber was machte das schon. Wir hatten trotzdem Spaß dabei.

Gemeinsam mit meinen Töchtern zu arbeiten, auf der Bühne zu stehen – das waren für mich einzigartige, unvergessliche Erfahrungen. Von Wiesje am Flügel begleitet, sang ich Schubert-Lieder. Zusammen gestalteten wir einen wunderschönen kleinen Konzertabend.

Fast siebzig war ich schon, als ich erstmals mit Nicole Theater spielte. Vorher konnten wir einfach kein geeignetes Stück finden. Verschiedene Angebote, die uns von Theatern und Filmproduzenten gemacht wurden, waren schlichtweg indiskutabel. Man mutete uns tatsächlich zu, ein Liebespaar zu spielen. Unmöglich!

Die schwarze Komödie *Alles im Garten* des Amerikaners Edward Albee schien Ende 1971 endlich das Richtige zu sein. Albee, der ein paar Jahre zuvor mit *Wer hat Angst vor Virginia Woolf?* weltweit große Anerkennung erfahren hatte, stellt in diesem Stück die Gesellschaft und ihre Scheinmoral bloß. Nicole spielte eine Ehefrau, die im Konsumzwang gefangen ist. Um mit ihrem Mann nicht den Anschluss an die High-Society zu verlieren, schafft sie das nötige

Geld als Callgirl an. Natürlich kommt ihr Mann, den in unserer Aufführung Ullrich Haupt spielte, dahinter, und bald stellt sich heraus, dass der gesamte Bekanntenkreis seinen Wohlstand den lukrativen Nebenverdiensten der Ehefrauen verdankt. Meine Rolle war die des Hausfreunds, eines Lebenskünstlers, der alles durchschaut und dadurch den Fortbestand dieser idyllischen Fassade gefährdet. Also wird er schließlich umgebracht und unter dem gepflegten Rasen verscharrt. Alles im Garten!

Ich las das Stück und war sofort begeistert. »Das spielen wir«, sagte ich zu Nicole und wir begannen mit den Proben. Zum ersten Mal erarbeiteten wir gemeinsam unsere Rollen, nicht wie sonst nur als Zuschauer und Kritiker des jeweils anderen. Auf eine gewisse Weise lernten wir uns neu kennen. Wir waren nicht Vater und Tochter, sondern gleichberechtigte, ebenbürtige Bühnenpartner. Wir ergründeten unsere Spieleigenarten und Arbeitsweisen und für uns beide war das anfangs ziemlich fremd.

Dann aber waren wir doch wieder Vater und Tochter, denn wir litten beide gleichermaßen füreinander. Nicole fürchtete dauernd, das Ganze könnte zuviel für mich sein. Dabei war ich doch noch jung – vergleichsweise. Und mir blieb Nicoles Nervosität natürlich nicht verborgen. Bis ihr eines Tages Ullrich Haupt klarmachte: »Du bist nicht frei. Du kannst gar nicht mehr lachen aus lauter Angst um deinen Vater. Schau ihn dir doch an – um den musst du keine Angst haben!«

Es wurde eine wunderschöne Aufführung. Wir gingen damit auf Tournee durch Deutschland, Österreich, die Schweiz und Holland, spielten an die hundert Vorstellungen.

Meine beiden Mädchen. Auch wenn sie heute selbst schon Großmütter sein könnten, und Nicole ist es ja bereits. Für mich sind sie doch immer noch meine kleinen Mädchen. Es kommt sogar vor, dass ich noch versuche, sie zu erziehen. Der große Unterschied zu früher ist jedoch, dass sie nun ihrerseits auch versuchen, mich zu erziehen. Strenge Blicke treffen mich, wenn ich zu

85

meinem Whiskey greife oder zur Zigarette. Aber mir schmeckt's, und der Arzt hat nichts dagegen. Obwohl ich hin und wieder vergesse, wie viele er mir eigentlich erlaubt hat. Dann wird es meist ein besonders gemütlicher Abend, und meine Tochter Wiesje fragt lachend: »Hat schon einmal jemand versucht, einen Achtundneunzigjährigen zu erziehen?«

Manchmal denke ich, der liebe Gott hat mir vielleicht auch deshalb ein so langes Leben geschenkt, damit ich die Zeit nachholen kann, die ich nicht mit meinen Kindern verbringen konnte, als sie noch klein waren und ich so viel gearbeitet habe.

Wir leben jetzt zwar nicht alle in einer Stadt – Wiesje in Wien, Nicole in Hamburg –, und Familientreffen, an denen alle teilnehmen können, sind selten und eine organisatorische Meisterleistung. Aber wir versuchen, einmal im Jahr möglichst alle einen Urlaub zusammen zu verbringen, und wenn es nur ein paar Tage sind. Dann tummeln sich vier Heesters-Generationen in der Toskana, in Südfrankreich oder an einem anderen schönen Ort. Da geht es natürlich turbulent zu, und es wird, wie immer in unserer Familie, viel gelacht. Zum Beispiel über meinen siebenjährigen Urenkel Janos, der sich kürzlich vor mich hinstellte, mich forschend ansah und feststellte: »Jopie, du bist bestimmt der älteste Mann der Welt.«

Der Krieg beginnt, und das Karussell dreht
sich weiter – immer schneller

Das Jahr 1939 hat die Welt verändert. »Wenn der Hitler auf die Idee kommt, einen Krieg anzufangen«, sagte noch ein paar Wochen zuvor Lothar Brühne zu mir, »sind wir alle am A…« Hitler kam auf die Idee. Am 1. September 1939 brach der Zweite Weltkrieg aus.

Ich spielte Theater. Auch an diesem Tag. *Meine Schwester und ich* von Ralph Benatzky am Renaissance-Theater in Berlin, einem heute noch besonders hübschen und intimen Haus. Ich glaube, weder meine Partnerin Carola Höhn noch ich werden diese Vorstellung je vergessen. Während das Theater bislang immer ausverkauft war, das Publikum sich prächtig amüsierte, waren die Leere und die Stille, die an diesem Abend im Zuschauerraum herrschten, beklemmend. Die Stimmung war am Boden.

Krieg! Was wird geschehen?

Die Vorstellungen liefen weiter, und wir mussten spielen. »Ich bin verliebt«, sang ich, »ich bin verliebt in eine, in eine süße Kleine – Sie wissen, wen ich meine …« Keine Reaktion im Publikum. Nichts. Und wir standen dort oben und sollten lustig sein.

»Die Jazzband spielt dann gleich leise ihr Lieblingsstück …« Fast mechanisch machten wir weiter. Und während ich sang, dachte ich: Heesters, um Gottes willen, was tust du hier eigentlich? Ich konnte nicht mehr, brach ab und wandte mich an die wenigen Zuschauer: »Meine Damen und Herren, seien Sie mir nicht böse, aber es fällt mir so schwer, hier zu spielen, als wäre nichts geschehen.« Am liebsten hätte ich alle gebeten, jetzt nach Hause zu gehen, wo auch ich gern gewesen wäre. Aber was hätte das geändert? Ob zu

Hause oder im Theater. Die Wirklichkeit holt einen ja doch ein, egal, wo man ist.

»Das Karussell, das dreht sich immer rundherum« – dieses Lied sang ich zwar erst einige Jahre später, 1943, in dem Film *Karneval der Liebe*, aber wir Künstler saßen schon jetzt alle auf einem riesigen Karussell. Es fuhr unermüdlich und mit Höchstgeschwindigkeit im Kreis herum. Atemlos brauste ich von Film zu Film, von einer Premiere zur nächsten. »Die Künstler müssen in einem fort beschäftigt sein«, lautete offenbar die Parole. »Am besten rund um die Uhr, dann haben sie keine Zeit zum Nachdenken.«

In Babelsberg drehten wir *Hallo, Janine!*, einen reinen Revuefilm. Marika Rökk war dabei, Mady Rahl und Rudi Godden, jener brillante Komiker, der die Welt nur so kurze Zeit mit seinem schlagfertigen Witz erheitern konnte. Er wurde nur dreiunddreißig Jahre alt, und als ob er das geahnt hätte, ließ er keinen Tag ungenutzt verstreichen. Er machte Kabarett, spielte Theater, drehte Filme, arbeitete unermüdlich. Nach *Hallo, Janine!* standen wir 1940 noch einmal in *Die lustigen Vagabunden* gemeinsam vor der Kamera, bevor er Anfang 1941 binnen drei Tagen an einer Blutvergiftung starb. Mit Rudi Godden gab es immer etwas zu lachen. Zusammen mit Peter Kreuder, der für *Hallo, Janine!* Hits wie »Ich brauche keine Millionen, mir fehlt kein Pfennig zum Glück« beisteuerte, bildeten wir ein famoses Trio und sorgten für Kurzweil während der Drehpausen.

Regisseur von *Hallo, Janine!* war Carl Boese, Fachmann fürs vermeintlich leichte Lustspielfach, das mitunter schwieriger ist als das ernste. Boese besetzte mich gleich für seinen nächsten Streifen *Meine Tante – Deine Tante*. Dies sollte einer der letzten Filme von und mit Ralph Arthur Roberts werden. Der Autor, Komponist, Regisseur und Schauspieler hatte das Drehbuch geschrieben und spielte den schrulligen Baron von Bredebosch. Kurt Tucholsky soll einmal über Roberts gesagt haben: »Eine solche Vereinigung von guter Schauspielkunst und grotesker Körperkomik war noch nicht

da.« Was Roberts allerdings fehlte, war Geschäftstüchtigkeit. Sonst
wäre er allein als Komponist schon ein vermögender Mann geworden. Von ihm nämlich stammt die Melodie zur Sankt-Pauli-
Hymne »Auf der Reeperbahn nachts um halb eins«, untrennbar
verknüpft mit dem Namen Hans Albers.

Das kam so: In einem Hamburger Café traf Roberts den Dra-
maturgen Alfred Müller-Förster. Der brütete gerade über ein paar
gereimten Versen. Roberts las sie und sagte sofort: »Die vertone
ich.« Drei Tage später war er fertig. Die beiden suchten einen Verleger auf, der ihnen das schmissige Walzerlied sogleich abkaufte.
Ihr Honorar indes reichte gerade mal für eine vergnügte Nacht auf
der von nun an tausendfach besungenen Amüsiermeile.

In jenem Jahr 1939 war auch ich sehr oft auf der Reeperbahn.
Allerdings nicht als Stammgast in den durchgehend geöffneten
Nachtlokalen, sondern als »singender Gastarbeiter«, der ich ja nun
mal war, auf der Bühne. Zur Eröffnung des Theaters an der Reeperbahn, dem späteren Operettenhaus, stand der *Süßeste Schwindel der Welt* von Robert Stolz mit mir in der Hauptrolle auf dem
Spielplan.

Und kaum hatte ich ausgeschwindelt, ging es auch schon wieder
nach München ans Gärtnerplatztheater. Das Karussell drehte
sich weiter. Wieder begannen die Proben für eine große Operette,
wieder war die Premiere für den Silvesterabend geplant, diesmal
1939/40, wieder war Fritz Fischer mein Regisseur und wieder hatten wir dreiunddreißig Bilder statt drei Akte. Und wie schon ein
Jahr zuvor die *Lustige Witwe* geriet auch die *Fledermaus* von Johann
Strauß zu einem ebenso außergewöhnlichen wie umstrittenen Erfolg. Umstritten vor allem deshalb, weil Fischer seine mit Argwohn
beäugten Einfälle wie üblich bei der politischen Führung zu rechtfertigen hatte.

Bei der Ouvertüre ging es los. Fischer ließ sie vertanzen, was
einer Sensation nahe kam. Seine Begründung war mehr als plausi-
bel: »Wenn draußen schon alles verdunkelt ist auf den Straßen,

kann ich doch dem Publikum nicht noch eine Viertelstunde Musik im dunklen Haus bei geschlossenem Vorhang zumuten.«

Auch dass in der letzten Szene kein richtiges Gefängnis zu sehen war, führte zu Irritationen. Fischer argumentierte: »Wenn ich jetzt in dieser schweren Zeit die Menschen abends ins Theater kommen sehe, dann habe ich die Aufgabe, sie zu unterhalten und abzulenken. Der Vorhang geht nach wenigen Takten auf, man sieht den Himmel offen mit Johann Strauß – und das rast dann durch dreiunddreißig Bilder. Und da soll dann am Schluss plötzlich ein richtiges Gefängnis kommen? Das ist schlecht. Deshalb habe ich ein musikalisches Gefängnis gemacht.«

Mit dem »offenen Himmel« meinte Fritz Fischer das Eröffnungsbild, das er unter das Motto »Und der Himmel hängt voller Geigen!« stellte. Als Stehgeiger bringt Johann Strauß Petrus im Himmel ein Ständchen, und Engel überreichen dem Walzerkönig eine goldene Geige. Ein wahrlich himmlisches Bild. Ich war der Johann Strauß dieser Szene und im anschließenden zweiten Teil »Die Rache einer Fledermaus« der Herr von Eisenstein.

Die berühmte Rolle des Gefängniswärters Frosch in diesem »musikalischen Gefängnis« à la Fischer spielte Karl Valentin. Aber nicht allein, denn es gab zwei Frösche in unserer Inszenierung. Da Valentin nie probierte und auch nie an Proben teilnahm, spielte er nur die Szenen, in denen er improvisieren konnte. Die anderen, die präzise geprobt sein mussten, überließ er einem Kollegen.

Mehr als in anderen Operettenaufführungen war die von Carl Michalski speziell für Fischers Bearbeitung eingerichtete Strauß-Musik in dieser Münchner *Fledermaus* von grundlegender Bedeutung, denn sie verstummte nie. Wie ein leise säuselnder Klangteppich lag sie auch unter den Sprechszenen. Fischer wollte das Publikum keinen Augenblick aus der verführerischen Stimmung dieser Melodien entlassen. Gelungen ist ihm dies dank einer damals fast revolutionären Idee, die seinem nie versiegenden Kreativitätsquell entsprang: Er ließ einen Fußbodenrost über den Orchestergraben legen. Darauf konnte getanzt werden, ohne dass es klapperte oder Absätze stecken blieben. Und wir Schauspieler und Sänger konnten von der Bühne aus dennoch gut den Dirigenten sehen – Fischer hatte endlich einen Weg gefunden, die Distanz zwischen Bühne und Publikum, die durch den Orchestergraben immer entsteht, aufzuheben. Viel Zeit und Geld hat er investiert, bis er nach zahlreichen Experimenten mit dem Ergebnis zufrieden war. Mit Fug und Recht bezeichnete er dieses Bodengitter als sein Patent.

Eine bekannte Liedzeile aus der *Fledermaus* heißt: »Glücklich ist, wer vergisst, was doch nicht zu ändern ist!« Wir alle übten zu jener Zeit und in den kommenden Jahren des Krieges unseren Beruf aus, um die Menschen in den Theatern und in den Kinos vergessen zu lassen. Alles, was wir taten, diente der Ablenkung des Publikums. Ich weiß nicht, ob uns das damals so bewusst war. Was ich aber weiß, ist, dass auch wir Ablenkung brauchten. Von diesem Bedürfnis wiederum lenkte uns die Arbeit ab, oder besser, sie half, es zu verdrängen.

Die Außenaufnahmen zu dem Film *Liebesschule* endlich ermöglichten uns den langersehnten seelischen Tapetenwechsel. Wir drehten im österreichischen Zürs am Arlberg. Die eindrucksvolle, wunderschöne Berglandschaft strahlte einen tiefen Frieden aus, den wir auf der Welt nicht mehr hatten. Natürlich spiegelte sich das in unserer Stimmung wider. Wir waren gelöst und unbelastet. In einer solchen Umgebung zu arbeiten, war Balsam fürs Gemüt.

Die Psyche kam also ins Gleichgewicht, dafür war die Physis gefordert. Denn so manche Szene ging ganz schön auf die Knochen – vor allem auf meine, denn ich musste Skifahren. Für diesen Film zum ersten und (man wird ja aus Erfahrung klug) auch letzten Mal. Obwohl ich durchaus sportlich war, trieb mir schon der Aufstieg zum Drehort die Schweißperlen auf die Stirn. Im Tal holte mich zuvor ein Skilehrer ab, ein braungebrannter, kerniger Naturbursche, der offenbar der Meinung war, dass jeder Mensch von Geburt an Ski fahren kann, wie junge Hunde schwimmen können. Ich hielt ihm zugute, dass er noch nicht viele Leute aus Holland kannte, wo Skifahren nicht eben ein Volkssport ist. Also machte ich auf mein Defizit aufmerksam, sagte ihm, dass ich noch nie auf solchen Brettern gestanden hätte. »Ach, das wird schon gehen«, wiegelte er ab und nestelte unbeeindruckt weiter an den Riemchen herum, die er um meine Stiefel schnallte. Dann band er mir Steigfelle unter die Skier, und los ging's. Zu meiner Erleichterung erst einmal bergauf.

Doch die Erleichterung schwand bald dahin, denn das Gekraxel wurde von Meter zu Meter anstrengender. Unter dem Vorwand, das herrliche Panorama genießen zu wollen, legte ich kleine Verschnaufpausen ein, mit denen ich mich nur leider selbst bestrafte, denn mein Bergführer marschierte weiter, und ich hatte meine liebe Mühe, ihn wieder einzuholen. Oben angelangt, konnte ich auf der anderen Seite ein Stückchen unter uns das versammelte Aufnahmeteam ausmachen.

Nun erwies sich mein Begleiter als echter Witzbold: Er entfernte die Steigfelle von seinen und meinen Skiern, zeigte mit einem seiner Stöcke auf die Menschengruppe, etwa nach dem Motto: Dort ist das Ziel!, fuhr los und ließ mich stehen. Den Ehrgeiz, seine eleganten Schwünge nachzuahmen, hatte ich überhaupt nicht, aber irgendwie musste auch ich ja zu meinen Kollegen gelangen. Ohne die geringste Ahnung, wie man auf zwei schmalen Brettern Richtung oder Geschwindigkeit beeinflussen kann, setzte ich mich in Bewegung. Die einzige Richtung, die ich beherrschte, war geradeaus. Und die einzige Geschwindigkeit: schnell. Zu schnell. Während ich mich den Wartenden mit hoher Geschwindigkeit näherte, sah ich, wie sie mit fuchtelnden Armen auseinander liefen, um mir Platz zu machen. Erst im Tal kam ich wieder zum Stehen. Aber der Kameramann hatte eine Szene im Kasten, denn geistesgegenwärtig hatte er meinen rasanten Auftritt mitgedreht. Immerhin.

Nach dieser ersten »Abfahrt«, die ich heil überstanden hatte, wollte ich hinter Luise Ullrich und Viktor Staal, meinen beiden

Filmpartnern, nicht zurückstehen. Die beiden waren begeisterte Skiläufer, verbrachten jede freie Minute damit, die Hänge hinabzugleiten. Ich hatte mir inzwischen zeigen und erklären lassen, wie man einen Bogen fährt und wie man bremst. Mit diesen eher theoretischen Grundlagen ausgestattet, stand ich also wieder in voller Montur oben auf dem Berg. War ich bei meiner ersten Abfahrt unkontrolliert schnell, verfiel ich nun ins andere Extrem und brauchte eine Ewigkeit, bis ich unten anlangte. Einen weiteren Versuch machte ich nicht. Skifahren war einfach nicht mein Sport.

Außer dieser Entdeckung brachte der Film *Liebesschule* noch etwas Neues: Zum ersten Mal spielte ich die Rolle eines Mannes, der im Wettstreit um eine attraktive Blonde, gespielt von Luise Ullrich, der Unterlegene ist.

Luise Ullrich und ich haben nur diesen einen Film zusammen gemacht. Und wenn ich auch nicht mehr mit ihr auf zwei Brettern im Schnee herumrutschte, standen wir doch noch einmal gemeinsam auf anderen Brettern – auf denen, die die Welt bedeuten. Das war fast vierzig Jahre später, 1978, am Münchner Gärtnerplatztheater in dem Musical *Gigi*. Luise Ullrich spielte zauberhaft die Großmutter in jener Geschichte um ein naives Mädchen, das sich in eine weltgewandte, hinreißende junge Dame verwandelt. Vorlage war der 1945 erschienene Roman von Colette, der zweimal verfilmt wurde. Der zweite Film, mit Leslie Caron in der Titelrolle und 1958 gedreht, wurde besonders wegen seines Hauptdarstellers Maurice Chevalier, der »meine« Rolle spielte, sehr berühmt. Es gab auch ein Theaterstück von Vicki Baum, in dessen Wiener Aufführung unsere gerade sechzehnjährige Tochter Nicole als Gigi debütierte.

Mitte der siebziger Jahre schließlich war die Uraufführung des Musicals in Amerika. Mein Freund Rolf Kutschera, damals Direktor des Theaters an der Wien, hatte davon gehört, und wir flogen zusammen nach San Francisco. Wie schon der Welterfolg *My Fair Lady* stammte auch *Gigi* aus der Feder von Alan Jay Lerner und Frederick Loewe. Entsprechend hoch waren unsere Erwartungen. Im großen und ganzen sahen wir sie auch erfüllt. Das Stück an sich ist zwar nicht so stark wie die *Lady*, aber im Zusammenspiel mit der Musik und einer guten Besetzung fallen ein paar dramaturgische Schwächen wenig ins Gewicht.

Noch in Amerika sagte mir Rolf Kutschera: »Wenn du die Chevalier-Rolle spielen möchtest, kümmere ich mich um die Rechte und bringe das Stück heraus. Aber nur, wenn du mitmachst.«

Ich machte mit. Hatte doch der Part des Honoré Lachailles vieles von dem, was ich mir für eine gute Rolle wünschte: ein spiel- und gestaltbarer Charakter, der meinem Alter angemessen war, gepaart mit eingängigen Melodien.

Rolf Kutschera dachte ebenso, und ich vertraute seinem Urteilsvermögen vollkommen. Nicht nur, weil wir befreundet waren, sondern auch, weil das Theater an der Wien unter seiner Leitung zu den kreativsten und angesehensten deutschsprachigen Operetten- und Musicalbühnen gehörte. Er hat stets bewiesen, dass sich hohe Qualitätsansprüche und große Publikumserfolge durchaus nicht ausschließen. Und *Gigi* war dafür eine weitere Bestätigung. 220 ausverkaufte und vom Publikum bejubelte Vorstellungen können nicht lügen!

Damit aber nicht genug, denn im darauffolgenden Jahr wurde auch Berlin vom *Gigi*-Fieber erfasst. Wir spielten im Theater des Westens, und ich erinnere mich, dass an einem Abend der Applaus besonders aufbrandete, als ich sang:

> »Mein Freund, mir scheint, es ist ein alter Schmerz,
> so jung zu sein.
> Man weint und meint, der ganze Himmel stürzt
> deswegen ein.
> Der dämmernde Tag umschimmert mich,
> kein Kummer in Blond mehr kümmert mich:
> Ich bin Gott sei Dank nicht mehr jung …«

Es war der 5. Dezember 1976, mein dreiundsiebzigster Geburtstag. Zur Feier des Tages gab es im weitläufigen Theaterfoyer ein großes Buffet. 1400 Zuschauer finden Platz im Theater des Westens. Man stelle sich das Blütenmeer vor, wenn nur jeder zehnte mir einen Blumenstrauß mitgebracht hätte. Aber ich glaube, fast jeder hatte Blumen dabei. Es war überwältigend. Die Reihe der Gratulanten wollte nicht enden, die Glückwunschkarten und -telegramme türmten sich. Um mich bei allen bedanken zu können, setzte ich tags darauf Annoncen in die Zeitungen.

An meinem achtzigsten Geburtstag spielte ich am Gärtnerplatztheater meine letzte *Gigi*-Vorstellung, sagte zum letzten Mal: »Mein Name ist Honoré Lachailles. Wie alt? Na, sagen wir: Alt genug, um meine Fehler zu kennen, und noch immer jung genug, um Spaß an ihnen zu haben.«

Die Welt hinter Gittern.
In Freiheit gefangen

Habe ich eben noch von Fritz Fischers »musikalischem Gefängnis« in der *Fledermaus* erzählt, so war ich im Mai 1940, ein paar Monate nach der Münchner Premiere, an der Reihe, ein echtes Gefängnis von innen kennenzulernen.

Wir wohnten damals in der Hubertus-Bader-Straße in Berlin-Grunewald. Ich hatte einen freien Tag, was selten genug war, und verbrachte die Zeit mit unseren Kindern, was leider ebenfalls selten vorkam. Wiesje war nicht zu Hause. Sie machte Besorgungen, und als sie zurückkehrte, war ich fort. Abgeholt von zwei Polizisten in Uniform. Ohne jede Vorwarnung und mit der reichlich dürftigen Erklärung: »Wir haben Krieg mit Holland. Sie kommen in Schutzhaft.« Ich versuchte, die Kinder mit ein paar Sätzen zu beruhigen und schärfte ihnen ein, sie sollten Wiesje ausrichten, ich wäre bestimmt in ein paar Stunden wieder zurück.

Aber das war ein Irrtum, denn ein paar Stunden später saß ich noch auf dem Polizeirevier, wohin ich zunächst gebracht wurde und wo schon einige andere Holländer versammelt waren. Wir warteten und warteten. Keiner wusste, worauf. Niemand sprach mit uns.

Irgendwann wurden wir aufgefordert, hinauszugehen. Draußen stand ein großer Wagen, eine Art Lkw mit offener Ladefläche und Bänken darauf. Einige saßen schon, wir stiegen dazu, und der Wagen fuhr los. Ich saß ganz außen, blickte nach unten und sah das Straßenpflaster vorbeiziehen. Die Straßenbahn. Die umherlaufenden Menschen. Langsam begriff ich, wohin die Reise ging. Zum Alexanderplatz. Dort war das Polizeipräsidium – und der Knast.

An einer Kreuzung musste der Wagen anhalten. Manche der umstehenden Leute erkannten mich und riefen laut: »Ha, Heesters, wo jeht's denn hin? Zum Alex, was?« Oder: »Haste falsch jesungen, wie? Wirste bestraft?« Es war demütigend. Aber ich dachte nicht darüber nach. Wozu auch?

Die makabere Fahrt durch Berlin ging weiter. Wir fuhren in den Hof eines riesigen Gebäudes. Ich sah nach oben. Hunderte von kleinen vergitterten Fenstern. Und dahinter?

Wir stiegen aus und mussten uns in einer Reihe aufstellen. Ein paar Uniformierte bauten sich breitbeinig vor uns auf. Sie waren bewaffnet. Ihr Anblick war weiß Gott nicht beruhigend.

»Abzählen!« brüllte einer. Ich erschrak. Da ich nie beim Militär gewesen war, kannte ich diesen Kasernenton nicht. Und selbst wenn ich ihn schon erfahren hätte, daran gewöhnt hätte ich mich ohnehin nicht.

»Los, anfangen!« Wieder Gebrüll. An einem Ende der Reihe fing jemand an. »Eins.« – Der nächste: »Zwei.« – »Drei.« – »Vier.« – »Fünf.« – Pause. Der sechste war ich. Aber auch dieses Ritual war mir nicht geläufig, und in meinem Kopf war ein viel zu großes Durcheinander, um es in dieser Situation zu erfassen. Ich könnte jetzt witzig sein und sagen: Ich hatte einen Texthänger oder habe mein Stichwort verpasst. Aber das Ganze war kein Witz.

Wieder diese laute Stimme: »Was ist los? Wo bleiben Sie?«

Das galt mir. »Ach, ich …«, war das einzige, was ich sagen konnte.

Zu mehr kam ich nicht, denn da wurde ich schon wieder niedergebrüllt: »Halten Sie den Mund und zählen Sie!«

Aber jetzt wusste ich tatsächlich meine Nummer nicht mehr. Ich wollte nachfragen, doch auch dazu bekam ich keine Gelegenheit.

»Dann eben nicht!« Bei diesen Worten spürte ich einen festen Griff am Kragen. Ich wurde aus der Reihe gezerrt, hinein ins Gebäude, einen Gang entlang geschoben und an dessen Ende in eine Zelle gestoßen. Ich fiel auf die Erde und die Zellentür hinter mir krachend ins Schloss. Da saß ich nun. In Einzelhaft? Für wie lange?

Und vor allem: warum?

Um dieses Warum kreisten meine Gedanken die nächsten Stunden, die ganze Nacht. Die deutschen Truppen marschierten in Holland ein, besetzten mein Heimatland. In Deutschland lebende Holländer wurden in Haft genommen, über Nacht zu Feinden erklärt. Die Gesetze des Krieges führen alles ad absurdum, worauf sich ein Menschenleben gründet.

Ich dachte an meine Familie, an Wiesje und die Mädchen. Ob ihnen jemand gesagt hatte, wohin man mich gebracht hat?

Und meine Eltern in Holland. Waren sie in Gefahr?

Draußen war es schon hell, als ich am nächsten Morgen aus meiner Zelle geholt und zu den anderen verfrachtet wurde. Zu den anderen, die ich vom vorherigen Tag schon kannte, mit denen ich auf dem Wagen gesessen und im Hof in Reih und Glied gestanden hatte. Holländer, die sich, wie ich, in Deutschland niedergelassen hatten, hier ihrer Arbeit nachgingen und jetzt aus eben diesem Grund hinter Schloss und Riegel saßen. Weil sie, weil wir Holländer in Deutschland waren.

Die Besetzung Hollands begann am 10. Mai 1940 und dauerte ganze fünf Tage. Arthur Seys-Inquart wurde zum Reichskommissar ernannt und nach Kräften unterstützt von dem Führer der holländischen Nationalsozialisten Anton Adrian Mussert.

Meine Schutzhaft allerdings war nach fünf Tagen nicht beendet. Zwei Wochen verbrachten wir in einer hoffnungslos überfüllten Zelle. Meist auf dem Boden sitzend, denn zum Hinlegen reichte der Platz nicht, und die wenigen Pritschen, die es gab, überließen wir den Älteren.

Wie in Zeitlupe krochen die Stunden und Tage dahin. Wir hatten überhaupt keine Beschäftigung. Jeder hing seinen Gedanken nach. Hin und wieder erzählte einer eine Geschichte, dann wurde es wieder still oder man hörte noch ein leise gemurmeltes Gespräch. Da wir so gut wie keinen Schlaf fanden, machten sich Lethargie und Erschöpfung breit. Und die Sorgen, die uns anfangs umtrieben, gingen in einen allgemeinen Dämmerzustand über. Nicht die Hoffnung, bald wieder nach Hause zu können, war uns abhanden gekommen, sondern der Antrieb, etwas gegen unsere Situation zu unternehmen.

Außerhalb der Gefängnismauern aber herrschte rege Betriebsamkeit. Wiesje ließ nichts unversucht, um meine schnelle Freilassung zu erreichen. Zunächst wurde sie in völliger Unkenntnis darüber gelassen, in welches Gefängnis man mich gebracht hatte. Aber sie verlor nicht den Kopf, sondern machte das einzig Richtige: Sie rief Fritz Fischer in München an. Als Intendant des Gärtnerplatztheaters musste er doch etwas tun können. Und so war es auch. »Ich rede mit Wagner«, versprach er.

Gauleiter Adolf Wagner muss dann einige Telefonate mit Berlin getätigt haben, die schließlich dazu führten, dass eines Tages Hans Hinkel, Staatskommissar, Kultursenator und Reichsfilmintendant, im Gefängnis erschien und anordnete, mich unverzüglich aus der Haft zu entlassen.

Ich konnte also gehen. Unrasiert, schmutzig und niedergeschlagen machte ich mich auf den Heimweg. »Kriegswichtig« sei meine Arbeit, hatte Hinkel mit Nachdruck betont. Ich, ein kriegswichtiger Schauspieler? dachte ich, als ich allein über den Alexanderplatz ging, das ist wohl der Beginn der völligen Pervertierung. Da lebt man jahrelang in dem Glauben, einen der schönsten Berufe überhaupt ausüben zu können und zu dürfen – und mit einemmal ist man »kriegswichtig«. Wie lange hätte ich wohl im Knast ausharren müssen, wäre ich nicht eines der Zugpferde der großen Ablenkungsmaschinerie gewesen? Wie lange, zum Beispiel, währte die Haft meiner Zellengenossen? »Ach, was soll's«, murmelte ich vor mich hin und schob die düsteren Gedanken beiseite, »jetzt trink erst mal einen und dann schnell nach Hause.«

99

Im eigentlichen, im wörtlichen Sinne hatte ich im Gefängnis das Gefühl der Unfreiheit am eigenen Leib erlebt. Doch nun, da ich wieder draußen war, fühlte ich mich unfreier als jemals zuvor in meinem Leben. Denn jetzt, das wusste ich genau, hatte ich keine Wahl mehr. Wenn ich nicht die Gesundheit und die – in diesen Zeiten ohnehin nur vage – Sicherheit meiner Familie gefährden wollte, wenn ich nicht alles aufgeben wollte, was ich mir in Jahren harter Arbeit aufgebaut hatte, wenn ich meine Karriere nicht opfern wollte, dann gab es nur einen Weg: weitermachen.

Was wäre passiert, hätte ich gesagt: »Nein, ich mache keine Filme mehr in Deutschland und spiele hier auch nicht mehr Theater.« Hätte ich dann den Krieg gewonnen oder verloren? Hätte ich jemandem damit geholfen? Nein.

Welche Chance hatte ich denn? Konnte ich unbemerkt verschwinden? Und wohin?

Nach Holland, jetzt, da es von den Deutschen besetzt war, sicher nicht mehr. War ich doch in den Augen meiner Landsleute »ein Botschafter des Charmes im Dienste des Okkupanten«, wie es viele Jahre später einmal in einem Fernsehbeitrag hieß.

Amerika. Natürlich dachte ich auch wieder über Amerika nach. Das Land der unbegrenzten Möglichkeiten – aber nicht für mich. Die Vorstellung, dort nicht Fuß fassen zu können und keine Arbeit zu haben, war zu abschreckend. Für ein so riskantes Unternehmen fehlte mir der Mut.

Zuviel hatte man schon von den schmerzvollen Erfahrungen der emigrierten Kollegen gehört, die in Hollywood plötzlich vor einem großen Nichts standen und deren Erfolge in ihren Heimatländern im Exil keinerlei Bedeutung mehr hatten. Diese Kollegen jedoch hatten keine andere Wahl, als Deutschland zu verlassen, wo sie nicht mehr arbeiten durften und wo sie um ihr Leben fürchten mussten.

Uns hingegen, die wir das Land nicht verließen, drohte keine existentielle Gefahr, solange wir – mit einem gehörigen Maß an Selbstverleugnung – durchhielten.

100

Rehbraten im Krieg
und die Eroberung eines neuen Rollenfachs

Vierzehn Filme hatte ich seit meinem Weggang aus Holland gedreht. Vierzehn Filme in sechs Jahren. Nach der *Liebesschule* folgten die *Lustigen Vagabunden* in schon bekannter und bewährter Besetzung: Carola Höhn, Mady Rahl, Rudi Godden, Rudolf Platte.

In *Rosen in Tirol* nach Carl Zellers Operette *Der Vogelhändler* war Marte Harell meine Partnerin, eine Schauspielerin, deren Ausstrahlung nicht nur Schönheit, sondern auch Anmut und Würde verhieß. Die Geschichte, wie sie zum Film kam, ist erzählenswert: Schon als Mädchen von fünfzehn Jahren fasst sie den Entschluss, Schauspielerin zu werden, vernachlässigt die Schule und studiert statt dessen hinter dem Rücken ihrer verwitweten Mutter die »Minna von Barnhelm« und die »Jungfrau von Orleans«. Eines Tages, ihre Mutter ist verreist, verschafft sich Marte einen Überblick über ihre Ersparnisse und beschließt, dass sie ausreichen müssen, um nach Berlin zu fahren und sich entdecken zu lassen. Ihre Tante, bei der sie wohnen will, ist aber ebenfalls verreist. Marte muss in eine billige Pension ziehen, was ihre Finanzplanung erheblich durcheinanderbringt. Also isst sie weniger und klemmt sich tagelang ans Telefon. Sie versucht, einen Vorstellungstermin bei dem Wiener Regisseur Gustav Ucicky in Babelsberg zu bekommen. Mit Erfolg, zumindest was den Termin angeht. Das Gespräch mit Ucicky findet in Anwesenheit von zwei weiteren Herren statt, ist kurz und unerquicklich. Keine Zeit, kein Interesse und zum Schluss: »Versuchen Sie es in ein paar Monaten noch einmal.« Verzweifelt verlässt Marte das Büro des Regisseurs, doch einer der beiden Herren, die bei ihm waren, folgt ihr. »Womöglich kann ich Ihnen helfen«, tröstet er und bietet für den nächsten Tag eine Verabredung an. Marte schöpft Hoffnung und ist schon lange vor dem vereinbarten Zeitpunkt zur Stelle. Doch das Angebot dieses Herrn verschlägt ihr glatt die Sprache: »Wahrscheinlich entspricht das Engagement, das ich Ihnen anbieten möchte, nicht Ihren Vorstellungen ... Ich möchte Sie heiraten.« Erst nach dem Antrag kommt ihm der Gedanke, sich seiner Auserwählten vorzustellen. »Karl Hartl ist mein Name. Aus Wien.« Jener Karl Hartl, der mit mir 1935 *Die Leuchter des Kaisers* gedreht hatte und mich damit für den deutschen Film entdeckte.

Zwei Jahre nach diesem unverblümten Antrag war Marte zwar eine glückliche Ehefrau, aber immer noch keine Schauspielerin. Doch eines Tages überraschte sie ihren Gatten mit einem Schauspieldiplom und einem Theaterengagement in Wien. Sie hatte es ganz aus eigener Kraft geschafft. Ihren ersten Film, *Opernball*, drehte sie 1939, im Jahr darauf die *Wiener G'schichten*. »Seitdem bin ich die Wiener Rollen nicht mehr losgeworden«, hat sie später gesagt. In beiden Filmen war Paul Hörbiger ihr Partner, Geza von Bolvary der Regisseur.

Der Ungar führte auch Regie bei *Rosen in Tirol*. Zusammen mit Hans Holt, Theo Lingen, Hans Moser und Leo Slezak drehten wir in Prag in den Barrandov-Ateliers. Es sollte nun nicht mehr lange dauern, bis nahezu die gesamte deutsche Filmproduktion dorthin verlegt wurde.

Noch aber war es nicht soweit. Auch in Deutschland wurde weiter gedreht. *Immer nur Du!* zum Beispiel, eine speziell fürs Kino geschriebene Operette. Das Drehbuch hatte Felix von Eckardt verfasst, der später unter Kanzler Konrad Adenauer zum Bundespressechef berufen werden sollte. Die Musik schrieb Friedrich Schröder, den ich als Assistenten von Peter Kreuder schon gut kannte. Fast alle Melodien dieses Films wurden Hits: »Die ganze Welt dreht sich um Dich«, »Liebling, was wird nur aus uns beiden«

und der unverwüstliche Tango »Man müsste Klavier spielen können«. Von den zahllosen Liedern, die ich gesungen habe, mochte
ich dieses am wenigsten. Eine Erklärung dafür habe ich nicht, aber
es ist eine Tatsache. Und fast wie zum Trotz ist es genau dieses Lied,
welches das Publikum noch heute immer wieder hören möchte.

»Armer Musikant singt ein Lied von Liebe« – diese Melodie
überdauerte meinen nächsten Film *Jenny und der Herr im Frack*,
den wir 1941 ebenfalls in Prag drehten. Eine hübsche Geschichte,
nur auch wieder eine musikalische Komödie. Keinen meiner bis
dahin gedrehten Filme möchte ich damit abwerten. Auch habe ich
es nie darauf angelegt, meinem Image des singenden Charmeurs,
des leichtlebigen Bonvivants zu entkommen. Gleichwohl merkte
ich mit der Zeit, dass ich mich als Schauspieler, ich will nicht sagen
unterfordert, aber eben nicht wirklich ausgefüllt fühlte. Ich verspürte große Lust, auch einmal andere Facetten zu zeigen. Doch
leider tut sich zwischen dem, was ein Schauspieler gerne zeigen
möchte, und dem, was Produzenten und Publikum sehen wollen,
nicht selten eine tiefe Kluft auf. Das war damals so und hat sich bis
heute nicht geändert.

Max Pfeiffer, Produzent bei der Ufa, war es, der als erster bereit
war, eine Brücke über diese Kluft zu bauen. *Illusion* hieß der Film,
den er 1941 gerade vorbereitete und in dem er mir eine Rolle
anbot.

Illusion beginnt wie eine unbeschwerte Liebeskomödie und entwickelt sich zu einem feinsinnigen Kammerspiel. Im Mittelpunkt
steht eine Frau, eine berühmte Schauspielerin, die ihren Urlaub auf
dem Landgut eines Freundes verbringen will. Durch ein Versehen
aber landet sie auf dem benachbarten Besitz eines Mannes, den sie
schnell in ihren Bann zieht, was dieser nicht zugeben will. Er be-
harrt auf seiner Einstellung, sich niemals für immer an eine Frau
zu binden. Doch die Besucherin bietet dem überzeugten Jungge-
sellen eine Wette an: Binnen zwei Monaten will sie ihm beweisen,
dass allein die Illusion einer glücklichen Ehe wahre Liebe entstehen

lässt. Die beiden machen die Illusion zum Spiel. Doch aus dem Spiel wird Ernst, und am Ende war es doch nicht mehr als eine Illusion …

Ich erinnere mich noch sehr genau an die fast kindliche Freude, die ich empfand, als Max Pfeiffer mir von der Rolle erzählte. Und er setzte mich gegen alle Bedenken, die innerhalb der Ufa laut wurden, durch. »Der Heesters übernimmt diese Rolle«, wiederholte er unbeirrt. Na, hoffentlich übernimmt er sich nicht damit, mag sich so mancher gedacht haben. Ich aber wusste sofort, dass sich das Warten auf eine Aufgabe wie diese gelohnt hatte. Und auf eine Partnerin, wie ich sie in diesem Film haben sollte: Brigitte Horney. Sie gehörte schon damals zu den renommierten deutschen Schauspielerinnen und ist es bis zu ihrem Tod 1988 geblieben. Mit Biggi, wie wir sie alle nannten, zu arbeiten, war unvergleichlich, denn wo sie war, war die Atmosphäre entspannt und unaufgeregt. Es gab keine Eitelkeiten und künstlichen Konflikte, sondern unprätentiöses und professionelles Arbeiten.

In ausgesprochen geselliger Stimmung entstand der Walzer »Illusion«, der in vielen Variationen – aber ausschließlich instrumental – im Film erklingt. Biggi hatte uns zu sich nach Hause zum Abendessen eingeladen. Sie lebte damals in einer Villa in Babelsberg und war verheiratet mit dem weißrussischen Kameramann Konstantin Irmen-Tschet, mit dem ich schon gearbeitet hatte.

Die kleine Gesellschaft an jenem Abend setzte sich zusammen aus unserem Regisseur Viktor Tourjansky (dessen eigentlicher Vorname Wiacheslaw war, aber wer kann das schon aussprechen), dem Kameramann Werner Krien, dem Schauspieler Nikolai Kolin, der in *Illusion* mitspielte, und dem Komponisten Franz Grothe. Dieser jedoch ließ auf sich warten, was wir nicht lange aushielten, denn wir hatten Hunger. Seit zwei Jahren war Krieg, und einen Rehbraten, den Biggi versprochen hatte, hatten wir alle seit ewigen Zeiten nicht mehr gesehen, geschweige denn gegessen. Das Wasser lief uns im Mund zusammen.

Gerade waren wir mit dem köstlichen Mahl fertig, als Grothe hereinstürzte. Mit entsetzten Augen sah er auf unsere leeren Teller. »Das könnt ihr mit mir nicht machen«, schimpfte er, »seit Stunden denke ich nur an das Reh!«

Aber Biggi wäre nicht Biggi gewesen, hätte sie ihm nicht eine Portion beiseite gestellt.

Zu fortgeschrittener Stunde forderte Tourjansky Grothe auf, uns die Musik vorzuspielen, die er für *Illusion* erdacht hatte. Wie sehr er den Komponisten damit in Bedrängnis brachte, gestand dieser uns erst später. Denn viel hatte er noch nicht vorzuweisen. Ein paar Takte lediglich, eine Art Thema. Aber es schien, als hätte der Rehbraten ihn inspiriert. Grothe improvisierte, Biggi und ich tanzten dazu, und als der Abend zu Ende ging, war der Filmwalzer so gut wie fertig.

Wer an diesem Abend fehlte, in dem Film aber keinesfalls fehlen durfte, war O. E. Hasse. Wir hatten uns ja schon in München kennengelernt, als ich dort die *Lustige Witwe* spielte und er an den Kammerspielen engagiert war. In *Illusion* spielte er Biggis resignierten, aber treuen Hausfreund. Wir hatten nicht viele gemeinsame Szenen, aber ich war froh über diese Gelegenheit, mit ihm zu arbeiten. Mit ihm, von dem Friedrich Luft später einmal sagte: »Er war hochgescheit, hochgebildet und belesen – und trotzdem ein großer Schauspieler.« Mit einer glänzenden Artikulation, möchte ich ergänzen! Schauspieler mit einer solchen Sprachkultur haben damals wie heute meine allergrößte Bewunderung. Um so erstaunlicher war es, dass O. E. Hasse meinen Akzent mochte und ihn als Teil des »Heestersschen Charmes« bezeichnete.

Nun, meine Einstellung dazu ist hinlänglich bekannt. Noch zwanzig Jahre später ging ich in dieser Beziehung keinerlei Kompromisse ein. Hans Wölffer, damals gerade frischgebackener Direktor am Theater des Westens, bot mir 1961 die Rolle des Professor Higgins in der deutschsprachigen Erstaufführung von *My Fair Lady* an. »Aber warum denn nicht?« fragte er, als ich ablehnte.

»Einen feinen Professor für Sprachwissenschaften würde ich abgeben«, entgegnete ich, »mit meinem holländischen Akzent.« Paul Hubschmid spielte dann den Higgins, und ich glaube, er hat etwa so oft »Es grünt so grün, wenn Spaniens Blüten blühen« gesungen wie ich das »Heut' geh' ich ins Maxim«.

Was für ein glänzendes Deutsch aber sprach ich, verglichen mit dem von Viktor Tourjansky. Wusste er nicht weiter, fehlten ihm deutsche Vokabeln, redete er einfach russisch. Und dennoch haben wir ihn verstanden, denn er hatte eine äußerst sensible und suggestive Art, uns mitzuteilen, worum es ihm ging. *Illusion* wurde ein Abbild von Tourjanskys Inszenierungsweise: unaufdringlich, leise und behutsam.

Lange Zeit sollte dieser Film mein unangefochtener Lieblingsfilm bleiben. Die Rolle eines Mannes, für den die Liebe nichts als ein Spiel ist, bis ihm eines Tages seine wahre Liebe gegenübersteht und er feststellen wird, dass er auf sie verzichten muss – diese Rolle hat ihre Bedeutung für mich nie verloren.

Glücklicherweise aber kann ich sagen, dass diese Arbeit kein Einzelfall geblieben ist. So übernahm ich 1954 in der Neuverfilmung von Guy de Maupassants *Bel ami* die Hauptrolle. Der meisterliche französische Erzähler zeichnet in seinem wohl berühmtesten Roman ein desillusioniertes Bild der Gesellschaft im Paris des ausgehenden 19. Jahrhunderts, beschreibt mit feiner Ironie die korrupten Machenschaften des sich entfaltenden Bürgertums.

Es war bereits die zweite filmische Umsetzung des Stoffes – nach Willi Forsts Film, den er fünfzehn Jahre zuvor gedreht hatte und in dem er auch die Hauptrolle spielte. Natürlich liegt ein Vergleich beider Filme nahe und macht bei näherer Betrachtung dann doch wenig Sinn. Zu unterschiedlich die Zeiten, in denen sie entstanden, zu unterschiedlich wohl auch die Herangehensweisen.

Forst schuf eine elegante musikalische Liebeskomödie, was vor dem Hintergrund der Geschehnisse 1939 geradezu lebensnotwendig für die Zuschauer war. Fast alles, was damals in den Ateliers produziert wurde, ließ eine Neigung zum Eskapismus erkennen. Was taten wir denn anderes, als Gegenwelten zu schaffen? Aufmunternde, beinahe dekadente Gegenwelten zur realen Tragik.

Als ich *Bel ami* drehte, lag der Zweite Weltkrieg bereits neun Jahre hinter uns, und für die Menschen war ein Kinobesuch nicht mehr eine Flucht in die Ablenkung, sondern mehr und mehr ein anregendes Erlebnis. Die Dominanz der reinen Unterhaltungsfilme nahm langsam ab. Was allerdings nicht bedeutete, dass eine ambitionierte Literaturverfilmung, wie wir sie uns vorgenommen hatten, kein Wagnis darstellte.

Während Willi Forst als *Bel ami* den Gipfel des Ruhmes erklommen hatte und man diesen Film als seinen wohl persönlichsten bezeichnete, war diese Rolle für mich mein persönlicher Gipfel des Ruhmes. Eine meiner schönsten und eine meiner wichtigsten Rollen. Ein schwieriger Charakter, oft unsympathisch und gemein, ein Mensch, der die Gefühle seiner Mitmenschen missachtet, sie benutzt und ausnutzt. Ein Emporkömmling, der alles daransetzt, um seinem kümmerlichen Dasein zu entfliehen und dessen Weg an die Spitze einer mondänen Gesellschaft gesäumt ist von gebrochenen Persönlichkeiten und enttäuschten Hoffnungen. Diese Rolle gab mir Gelegenheit, eine Figur nicht nur oberflächlich zu zeichnen, sondern ihr vielmehr eine subtile und widersprüchliche Prägung zu verleihen. Es tat mir gut, wieder einmal eine Aufgabe zu haben, die nicht der leichten Muse diente. Zum einen, weil meine schauspielerischen Bedürfnisse befriedigt wurden, zum anderen aber auch, weil ich merkte, dass die sogenannten leichten Rollen oft mühevoller zu spielen sind als die dramatischen.

Wir drehten *Bel ami* in Wien. Regie führte der Franzose Louis Daquin. Auf der Besetzungsliste finden sich französische Namen – René Caussimon, Jacqueline Duc, René Lefèvre – ebenso wie die österreichischen Kolleginnen Marianne Schönauer, Gretl Schörg,

Maria Emo, Christl Mardayn und die Deutsche Antje Weisgerber. Die Filmmusik komponierte Hanns Eisler, langjähriger Wegge-fährte und lebenslanger Freund Bertolt Brechts. Eislers Musik be-wegte sich streckenweise konträr zur vordergründig erkennbaren Handlung des Films. Das war immer dann der Fall, wenn er die In-nenwelt des Hauptcharakters wahrnehmbar machen und nicht le-diglich die Erzählung begleiten wollte. Es stimmt mich traurig, wenn ich heute manchmal sehe, wie unbedacht die Mittel der Filmmusik oft zum Einsatz kommen: flach, ohne Nuance – und vor allem ohne Vertrauen auf das gesprochene Wort.

Apropos Filmmusik: Für die Forst-Verfilmung schrieb Theo Mackeben das Lied »Du hast Glück bei den Frauen, Bel ami«. Es wurde Willi Forsts Erkennungsmelodie und für eine noch wenig bekannte Schauspielerin, die es im Film sang, der Leinwand-Durchbruch: Lizzi Waldmüller. Lizzi und ich haben während des Krieges zusammen in Prag gearbeitet und waren gute Freunde. Aber davon später mehr.

So mancher mag sich jetzt fragen: Da schwärmt der Heesters von seinem »Bel ami«. Waren ihm denn reine Schauspielrollen lieber als seine musikalischen Partien im Film oder auf der Operettenbühne?

Das kann ich nicht mit einem Ja oder Nein beantworten. Weder das eine noch das andere möchte ich missen. Richtig ist, dass ich als Sänger meine Grenzen sehr genau kannte. Der Schauspieler Jo-hannes Heesters aber war jederzeit bereit, seine Grenzen immer wieder aufs neue auszuloten.

Tausendundeine Hochzeitsnacht,
Genever auf der Bühne und Schnaps in der Sauna

Berlins unbestrittener Operettenkönig während des Zweiten Weltkriegs und auch schon davor hieß Heinz Hentschke. Im Ersten Weltkrieg war er Soldat und verdiente danach seine Schrippen – so heißen die Brötchen in Berlin – als Plakatankleber. Später leitete er eine Gastspieltruppe, bis ihn 1925 eine fulminante Idee mitten ins Berliner Theatergeschehen katapultierte.

Seit 1923 gab es den Rundfunk, und Hentschke gründete die »Gesellschaft der Funkfreunde«. Dies war nicht etwa ein Verein, in dem man sich zum Radiohören traf, sondern in erster Linie eine Theaterbesucher-Organisation, die letztendlich etwa hunderttausend Mitglieder hatte. Das Ganze funktionierte folgendermaßen: Aufgrund seiner hohen Mitgliederzahl konnte Hentschke den Theatern die Abnahme eines großen Kartenkontingents garantieren, wofür er die Karten billiger bekam. Mit einem kleinen Aufschlag gab er sie dann an seine Mitglieder weiter und schuf sich auf diese Weise binnen kurzer Zeit eine Monopolstellung in Berlins Theaterlandschaft. Ein solches Heer von potentiellen Theaterbesuchern verhalf ihm natürlich auch zu ungeahntem Einfluss, und so war es fast eine logische Folge, dass er 1934 das Metropol-Theater, sechs Jahre später, 1940, auch den Admiralspalast pachtete. Dieser war vormals eine Eislaufhalle, der Berliner Eispalast, und ganz ursprünglich eine Badeanstalt. Einige Jahre nach dem Zweiten Weltkrieg zog das Metropol-Theater dann in den ehemaligen Admiralspalast am Bahnhof Friedrichstraße ein. Dort ist es eigentlich noch heute, nur findet momentan kein Spielbetrieb statt, da das Haus saniert wird. Im Zuge dieser Arbeiten kommen, verbor-

Lieber Jopie Heesters!

Nun ist der Tag gekommen,
an dem wir (zeitlich) gleichberechtigt sind -
zusammen 15o.

Wir denken voller Glück
an die schönen Tage in Hamburg
und die Metropolzeit in Berlin zurück.

Durch Leistung zum Erfolg. Da ist was dran.
Es kommt dabei auf die Sekunde an!

Bleib bitte so - wie ich Dich kenn' -
sag weiterhin zum Leben Ja -
das wünscht in Freundschaft

Günther Schwenn.

mit seinem Kleeblatt

Erika.

Zum 5. Dezember 1978

Mit dem Liedtexter und Librettisten Günther Schwenn verband mich seit unseren gemeinsamen Berliner Erfolgen in den frühen vierziger Jahren eine herzliche Freundschaft.

gen unter Verkleidungen und Abdeckungen, die alten Säulen aus der Ära der Eisarena wieder zum Vorschein.

1940, in dem Jahr, in dem Heinz Hentschke das »Theater im Admiralspalast« – so die offizielle Bezeichnung – übernahm, gastierte ich dort mit der *Lustigen Witwe*. Im Metropol-Theater allerdings, das damals in der Behrenstraße zu finden war, im heutigen Haus der Komischen Oper, hatte ich zuvor noch kein Engagement.

Im Dezember 1941 war es dann soweit: meine erste Premiere am Metropol-Theater. Lehárs *Graf von Luxemburg* sollte es sein, und ich muss zugeben, dass mich die Rolle des verschwenderischen Grafen René nicht wirklich juckte, da ich sie schon oft gesungen hatte. Daher machte ich noch vor Beginn der Proben einen Vorschlag, der zunächst alle überraschte: »Kinder, ist es nicht möglich, mal ein paar neue Lieder drin zu haben?«

Nach einem kurzen Moment der Stille ergriff Heinz Hentschke, der auch selbst Regie führte, als erster das Wort. »Fahren Sie doch nach Wien zu Meister Lehár«, wandte er sich an Günther Schwenn. Der war damals Liedtexter am Metropol und zählte später zu den meistbeschäftigten und erfolgreichsten deutschen Librettisten.

Schwenn fuhr also zu Lehár und trug sein Anliegen vor: »Der Heesters hätte gerne ein paar neue Melodien für den ›Luxemburger‹.«

Und was macht Lehár? Er ist nicht gekränkt und sagt: Der soll das gefälligst so singen, wie ich es komponiert habe. Nein, er öffnet ein großes Schubfach seines Schreibtisches, holt etliche beschriebene Notenblätter heraus und gibt sie Günther Schwenn.

Lehár wusste genau, dass es der Qualität der Aufführung nur gut tat, wenn der Hauptdarsteller ein paar neue i-Tüpfelchen in seiner Rolle setzen konnte. Und es gibt wohl keinen Komponisten, der nicht einige fertig geschriebene Melodien in petto hat, die er im Moment nicht unterbringen kann. Da ist es doch nur gut, wenn einer, wie in diesem Falle ich, Lust hat, diese verborgenen Reserven anzuzapfen.

Mit den neuen Noten in der Tasche ging Schwenn sofort in sein Hotel, textete über Nacht die Verse dazu, ließ sie sich am nächsten Morgen von Lehár absegnen und kam zurück nach Berlin.

Die lustige Witwe

Operette von Franz Lehár

DIRIGENTEN:
WERNER SCHMIDT-BOELCKE · PAUL HÜHN
AUSSTATTUNG: PROF. LUDWIG SIEVERT
TÄNZE: URSULA DEINERT
CHÖRE: KURT BANGERT

REGIE: GEORG JACOBY

Besetzungsseite aus dem Programmheft des Admiralspalastes, Berlin, zur
»Lustigen Witwe«, Premiere am 22. Oktober 1940. Die jüdischen
Librettisten Victor Léon und Leo Stein werden verschwiegen, und die

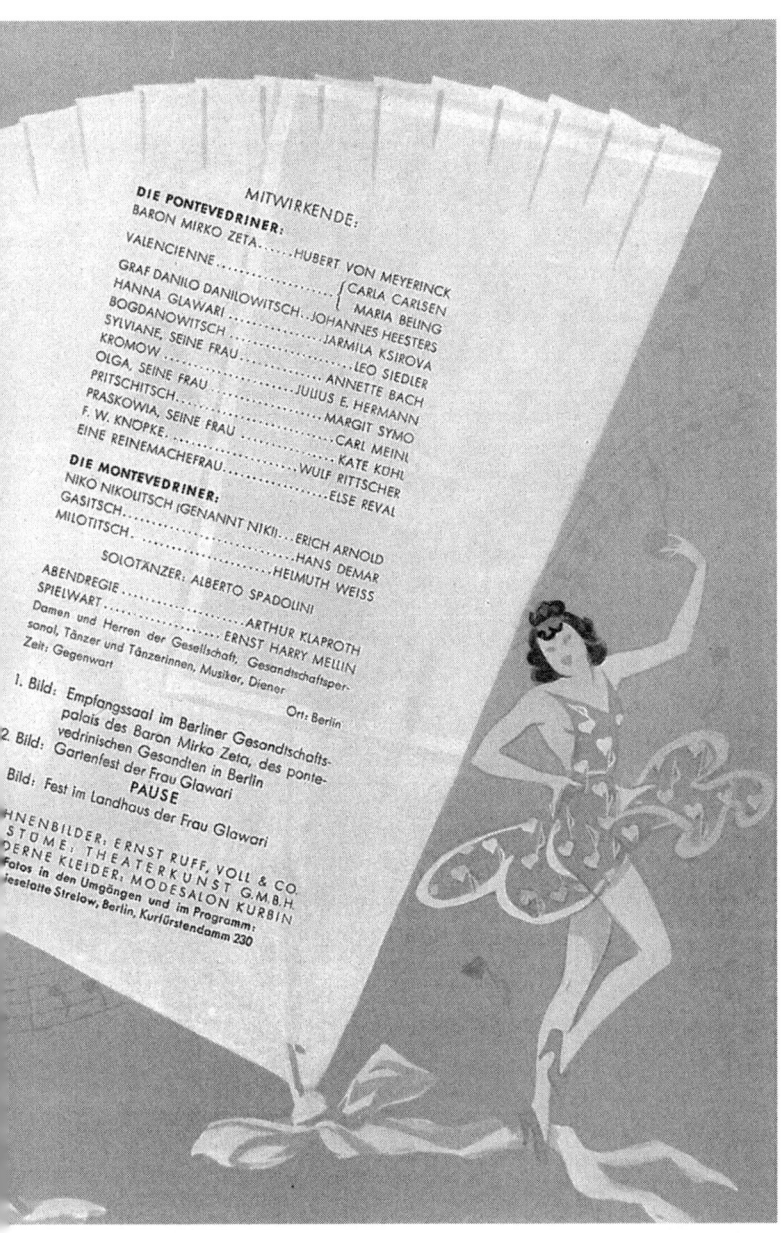

Operette, von Filmregisseur Georg Jacoby als großes Ausstattungsstück inszeniert, spielt nicht in Paris, sondern in und bei Berlin. Illustration von Schneider-Satori

Natürlich lag es nicht nur an diesen neuen Melodien, dass wir den *Graf von Luxemburg* bis Juni 1942 spielten, fast zweihundertfünfzig Vorstellungen. Aber ich glaube schon wahrgenommen zu haben, dass besonders die Damen im Publikum ein wenig nervös wurden, wenn ich an die Rampe trat und sang: »Eine nach der andern, jede kommt dran …«

Für die »BZ am Sonntag« berichtete damals ein junger Journalist, der viele Jahre später mit seinem »Aktuellen Frühschoppen« jeden Sonntag die politikinteressierten Zuschauer vor die Fernseher lockte, Werner Höfer. Er schrieb: »Der Schalk sitzt ihm im Nacken, im Grübchen, in der Kehle. Jede Note ist persönliche Note. Das Schema eines massiven Operettentenors ist hier von dem jungenhaften Charme eines Künstlers überwunden, der das Singen und Spielen aus dem Handgelenk betreibt als Selbstbestätigung einer guten Laune. Diese Laune steckt alle an – auf der Bühne wie im Parkett.«

Diese Premiere fiel mitten in den Kriegswinter 1941/42. Wir befanden uns bereits im dritten Kriegsjahr. Berlin hatte schon mehrere Bombenangriffe erlebt, und die Menschen wussten von angsterfüllten Stunden in den Luftschutzkellern zu berichten. Schon 1940 ertönten ja die schrecklichen Sirenen des Fliegeralarms.

Ich entsinne mich an eine Aufführung der *Lustigen Witwe* im Admiralspalast. Kurz vor dem Finale: Alarm. In so einem Fall wurde sofort der Dirigent verständigt, denn das Orchester musste den Weg der Zuschauer in die Schutzräume mit Musik begleiten. An diesem Abend stürzte zeitgleich mit dem Aufjaulen der Sirenen auf der Bühne die Dekoration zusammen. Schuld war zum Glück nicht eine eingeschlagene Bombe, sondern ein nicht straff gezogenes Seil. Passiert ist niemandem etwas, nur der Schreck saß tief. Vor geschlossenem Vorhang spielten wir die Vorstellung zu Ende, um dann schleunigst alle in den Keller zu gehen.

Obwohl sich solche Situationen von da an häufiger wiederholten und bald leider keine Ausnahme mehr waren, spürte man in Berlin von Publikumsschwund oder gar einer Theaterkrise nichts. Im Gegenteil: Je trostloser und entmutigender der Alltag, desto unstillbarer das Bedürfnis der Menschen nach einer heilen Welt – auch wenn sie bloß eine Bühnenfiktion war.

Die Theater waren voll, und im Metropol zerbrach man sich den Kopf über eine große Jubiläumspremiere. Das fünfzigjährige Bestehen des Hauses sollte im September 1942 gefeiert werden, und Heinz Hentschke plante eine Uraufführung aus eigener Werkstatt. *Maske in Blau* mit der Musik von Fred Raymond und Ludwig Schmidseders *Die oder keine* waren Beispiele für einzig dastehende Erfolge, die Hentschke mit seiner Mannschaft von exzellenten Autoren und Musikern dem Metropol-Theater beschert hatte. Jetzt wollte er noch einen draufsetzen.

Er trommelte also wieder seine kreative Truppe zusammen und forderte: »Wir müssen etwas fürs Ensemble schreiben und uns nicht von Stars abhängig machen.«

Doch Günther Schwenn widersprach. Er meinte, Hentschke solle sich einmal in die Schlange vor dem Kassenhäuschen stellen, da könne er hören, worum es den Leuten gehe: »Den Heesters wollen sie sehen!« Alles andere sei zweitrangig.

Aber Hentschke gab noch nicht klein bei. Das Metropol sei auch vor dem *Graf von Luxemburg* immer voll gewesen.

»Voll schon«, bekam er zur Antwort, »aber jetzt platzt es aus allen Nähten.«

Damit hatte sich des Theaterdirektors Hoffnung, die Kosten für das neue Stück – mit einer reinen Ensembleproduktion ohne zusätzliche Gastengagements – möglichst niedrig zu halten, erledigt. Denn nun waren ihm die Argumente ausgegangen.

Die schöpferischen Herren Hentschke und Schwenn begannen also, mir eine Geschichte auf den Leib zu schneidern. Schnell stand fest, was der Kostümschneider zu tun hatte: einen neuen Frack

Ankündigung der Uraufführung »Hochzeitsnacht im Paradies« im Metropol-Theater, Berlin, in dem Heft »50 Jahre Metropol«, 1942. Zeichnung von Kurt Hilscher

näh en, denn eine »Frack-Rolle« sollte es unbedingt sein. Heesters
ohne Frack? Undenkbar!

Auch die grobe Handlung war rasch erdacht: Eine Hochzeit
ohne Hochzeitsnacht. Diese entfällt, da die junge Braut eifersüchtig ist und ihrem frisch Angetrauten – natürlich ein Frauenheld,
wie kann es anders sein? – Untreue vorwirft. Zu Unrecht, wie sich
zeigen wird. Der Mann aber wird zornig, verlässt seine Braut und
zieht ins Hotel »Paradies«. Dort betrinkt er sich tüchtig, sorgt für
einige Verwicklungen, um zum guten Happy-End wieder in den

Operette in 8 Bildern von Heinz Hentschke

Liedertexte: Günther Schwenn   Musik: Friedrich Schröder
Dirigenten: Schmidt-Boelcke/Horst Schuppien · Tänze: Rolf Arco · Chöre: Kurt Bangert
Ausstattung: Prof. Ludwig Sievert
REGIE: HEINZ HENTSCHKE

Dr. Ulrich Hansen	Johannes Heesters
Regine, seine Frau	Hilde Seipp
Felix Wachtel, Bonbonfabrikant	Paul Westermeier
Veronika, Regines Freundin	Ingeborg v. Kusserow
Poldi Oberländer, Sportberichter	Walter Müller
Doña Dolores, genannt Dodo	Gretl Schörg
Dajos Lajos Földesy, ihr Impresario	Gustav Matzner
Professor Fisch	Julius Brandt
Präsident des Venezianischen Tennisklubs	G. H. Schnell
Bastian, Portier im Paradies	Arthur Klaproth
Romano Picco, Gondoliere	Julius Geisendörfer
Egon, Diener	Walter Krausbauer
Käthchen, Zofe	Ursula Friese
Ein Schlosser	Franz Pollandt
Boxer	Hein Müller
Boxer	Herrmann Kreimes
Schiedsrichter	Otto Nispel

Solotänze: Lotte Hermann · Gretl Dittrich   Bühnenorchester: Kapelle Willi Stech

Publikum beim Boxkampf, Hochzeitsgäste, Diener, spanische Tänzerinnen, Hotelgäste,
Hausdiener, Kellner, Tennisspieler, Tennisspielerinnen, Gondolieri, Venezianer, Venezianerinnen

Abendregie: Julius Brandt
Inspizient: Fritz Jordan;   Bühnenmeister: Kurt Zerner;   Beleuchtungsmeister: Willi Pilz

Bühnenbilder: Theaterkunstgewerbe Ernst Ruff, Voll & Co. · Kostüme: Theaterkunst G.m.b.H. · Moderne Kleider der
Solisten: Modellhaus Esté · Anzüge der Solisten: Kecsmar & Breitenfeld · Fotos in den Umgängen: Liselotte Strelow

METROPOL-THEATER

C/1410

Besetzungszettel der Uraufführung »Hochzeitsnacht im Paradies« am 24. September 1942 im Metropol-Theater, Berlin

Armen seiner jungen Frau zu liegen. Die Hochzeitsnacht wird nachgeholt ...

Dies ist – stark verkürzt, versteht sich – die Geschichte einer Operette, die zu einer der erfolgreichsten überhaupt werden sollte: *Hochzeitsnacht im Paradies*.

Noch aber fehlte etwas sehr Entscheidendes: die Musik. Friedrich Schröder sollte sie komponieren, jener Friedrich Schröder, der für mich schon viele Melodien, unter anderen »Man müsste Klavier spielen können«, geschrieben hatte. Die Tatsache, dass er während des Krieges zum Militär eingezogen wurde, hinderte Schröder nicht daran, in der Kleiderkammer seiner Abteilung die Musik zur *Hochzeitsnacht im Paradies* zu komponieren. In dieser nicht gerade inspirierenden Umgebung schrieb er zum Beispiel »Es kommt auf die Sekunde an bei einer schönen Frau« oder »Ein Glück, dass man sich so verlieben kann« oder »Ich spiel mit dir und du mit mir, wir spielen beide Mann und Frau«. Lieder, die ohne Ausnahme zu Evergreens wurden.

Am 24. September 1942 war Premiere. Zur Uraufführungsbesetzung gehörten Hilde Seipp, Ingeborg von Kusserow, Gretl Schörg, Walter Müller und Paul Westermeier als Bonbonfabrikant.

Einen Tag zuvor spielten wir eine Sondervorstellung für verwundet heimgekehrte Soldaten. Überhaupt waren in jener Zeit sehr häufig Soldaten in der Vorstellung. Meist hatten sie ein paar Tage Fronturlaub und versuchten, im Theater die Bilder des Grauens und der Angst, die sich in ihre Köpfe gebohrt hatten, zu verdrängen. Für diese wenigen Stunden gelang das sicher auch.

Oft warteten diese Männer mit ihren Frauen oder Freundinnen am Bühneneingang auf mich. Sie bedankten sich, sagten, ich würde ihnen Mut machen und ihren Glauben stärken. Keiner traute sich, laut zu sagen, was für ein Wahnsinn das Ganze war – man wusste ja nie, wer lauschte und verriet. Aber ich bin mir sicher, dass nicht wenige unter ihnen diese Meinung hatten. Ich sah ihnen dann nach, wie sie davongingen, und dachte: Arme Kerle, morgen

Zeitungskarikatur von Heinz Meyer-Mengede zur Uraufführung »Hochzeitsnacht im Paradies«, 1942: Hilde Seipp als Regine und ich als Dr. Ulrich Hansen

packen sie wieder ihren Feldsack, marschieren zurück an die Front und haben nur eine Hoffnung – am Leben zu bleiben.

Allein im Metropol-Theater spielten wir die *Hochzeitsnacht im Paradies* über fünfhundert (!) Mal. Einen solchen, nicht enden wollenden Erfolg hatte das Haus noch nicht erlebt, auch nicht in der Zeit vor 1933, als hier Fritzi Massary, Gitta Alpar und Richard Tauber Triumphe feierten. Damit hatte niemand rechnen können. Ich am allerwenigsten, denn dazu war ich immer viel zu kritisch – auch selbstkritisch. Damals nicht, nicht davor und auch niemals danach hatte ich diese Mensch-du-hast-Erfolg-was-kann-dir-schon-passieren?-Einstellung. Nein, ganz im Gegenteil. Ich habe immer gedacht: Jopie, jetzt hast du Erfolg. Pass bloß auf, dass es dabei bleibt und nichts passiert.

Je öfter man eine Rolle spielt – wie ich den Dr. Hansen in der *Hochzeitsnacht* oder den Danilo in der *Lustigen Witwe* –, desto größer ist die Gefahr, dass ein gewisser Schlendrian Einzug hält.

Das liegt ein bisschen in der Natur der Sache. Man wähnt sich routiniert, hält Routine fälschlicherweise gar für etwas Positives, wiegt sich in einer tückischen Sicherheit. Die Folgen sind klar: Nachlässigkeiten, unsauberes Spielen und Langeweile.

Um nicht in dieses für einen Künstler verhängnisvolle Fahrwasser zu geraten, sind vor allen Dingen Fleiß und Selbstdisziplin notwendig. Es ist doch so: Wenn ich auf die Bühne gehe, habe ich dem Publikum gegenüber die Verpflichtung, mein Bestes zu geben. Einhundert Prozent, wenn möglich noch ein bisschen mehr. Einerlei, ob ich eine Vorstellung zum ersten, zum zwanzigsten oder zum hundertsten Mal spiele. Das interessiert die Menschen im Zuschauerraum nicht. Muss es auch nicht, denn immerhin ist es nicht zuletzt das Publikum, das durch seine Reaktionen uns Theaterschauspielern immer wieder neue Möglichkeiten eröffnet, jeden Abend, jede Vorstellung zu etwas ganz Besonderem zu machen. Wir müssen nur wach und offen sein, diese Nuancen erkennen und aufnehmen.

Nur wer sich diese Chancen entgehen lässt, empfindet Langeweile, wird geistig und emotional unflexibel und träge. Das ist sicherlich das Schlimmste, was einem in unserem Beruf, der so reich ist an Abwechslung und Wandlungsvielfalt, passieren kann.

Meine Vorbilder, was Fleiß und Disziplin angeht, waren stets die Tänzer. Warum wohl trainieren sie täglich mehrere Stunden? Weil sie ihre Bewegungsabläufe präzisieren und an ihrer Kondition arbeiten müssen. Das habe ich mir von ihnen abgeschaut, wenngleich mein Training anders aussieht. Gesangs- und Sprechübungen, konsequentes Einsingen vor jeder Vorstellung, Ruhe, Konzentration und der Verzicht auf so manche private Annehmlichkeit – darin bestand und besteht meine Vorbereitung. Was nun nicht heißt, dass ich jahrzehntelang wie ein Asket gelebt hätte, durchzechte Nächte aber und Ausschlafen bis in die Mittagsstunden waren bei meinem Arbeitspensum schlichtweg unmöglich. Auch heute halte ich es damit noch so. Wenn ich arbeite, steht die abendliche Vorstellung im Vordergrund. Und wenn ich dafür heute mehr proben und mich auch etwas mehr anstrengen muss als früher, dann tue ich das. Auf den Altersbonus spekuliere ich nicht.

Grundsätzlich habe ich nie nach Erleichterungen irgendeiner Art getrachtet oder mich gar auf früheren Erfolgen ausgeruht. Mit welchem Recht? Soll ich, wenn eine Vorstellung nicht so gut läuft, abbrechen und zu den Zuschauern sagen: »Tut mir leid, meine Damen und Herren, heute ist es nicht so toll. Aber gestern hätten Sie dasein müssen, da lief es bombig«?

Na, das hätte ich mal erleben wollen …

Am 24. Juni 1952 spielte ich in Berlin am Titania-Palast die tausendste Vorstellung der *Hochzeitsnacht im Paradies*. Noch heute erinnert mich ein Ring an diesen denkwürdigen Anlass. Der damalige Direktor des Titania-Palastes hat ihn mir geschenkt. Auf die Innenseite des Ringes hat er »1000. Vorstellung! Stella und Peter« gravieren lassen. Stella war seine Freundin oder besser seine Geliebte. Verheiratet war Stella mit meinem Freund Ben Stierhout. Diese Heirat rettete ihr während des NS-Regimes das Leben, denn Stella war Jüdin.

Schon in früher Jugend in Holland waren Ben und ich befreundet. Auch er packte sein Bündel und zog nach Deutschland. Er war praktisch ein Familienmitglied für uns. Die Kinder nannten ihn »Ome Ben«, also »Onkel Ben«. Gerade wenn ich nicht zu Hause sein konnte, war Ben bei uns der »Mann im Haus«, und ich wusste, dass er immer für Wiesje und die Mädchen da war. Er war hilfsbereit, verlässlich und unterstützte sie, wo er nur konnte.

Als wir über Peter und Stella sprachen und über die Gefahr, in der sie schwebte, zögerte Ben nicht lange. Schnell war ihm klar, dass er ihr Leben schützen konnte, indem er sie heiratete. Da gab es nicht viel zu bedenken. Und so konnte Stella die Judenverfolgung im Dritten Reich überleben. Sie blieb übrigens auch nach dem Krieg Stella Stierhout, denn Ben und sie haben sich nicht scheiden lassen.

Ben ging irgendwann nach Holland zurück. Eines Tages bekam ich ein Telegramm, in dem mir sein völlig unerwarteter Tod mitgeteilt wurde. Viel zu früh, denn er war noch nicht weit über siebzig, und ganz plötzlich starb er. Ein Glas Wasser hatte er sich wohl noch geholt, setzte sich damit hin – und Ende. Mein alter Freund Ben ...

Die Geste mit dem Ring zu jeder tausendsten Vorstellung ist im übrigen nicht zur Tradition geworden. Sonst könnte ich, allein was die *Hochzeitsnacht im Paradies* angeht, mittlerweile an jeder Hand ein solches Schmuckstück tragen. Wenn ich es recht bedenke, ist es wahrscheinlich auch besser so, denn dieser Ring hat es in sich: Aus massivem Gold und wie ein großer Siegelring gearbeitet, taugt er, richtig eingesetzt, durchaus zum Schlagring. Das habe ich am eigenen Leib – oder besser am eigenen Kopf – erfahren. In der Pause jener unvergesslichen tausendsten Vorstellung bekam ich den Ring überreicht und wollte ihn selbstverständlich auch sofort tragen. Ich streifte ihn über den dafür vorgesehenen Finger meiner linken Hand, drehte allerdings die optisch sehr dominante Vorderseite nach innen. Ich war zwar stolz, aber angeben wollte ich mit der neuen »Trophäe« nicht. Und schon gar nicht auf der Bühne.

Der zweite Teil der Vorstellung begann, und wir kommen an die Stelle, an der ich zu sagen habe: »Du lieber Gott, das habe ich ja völlig vergessen.« Dabei tat ich das, was ich hier immer tat, was geprobt und verabredet war: Ich schlug mir mit der linken Hand gegen die Stirn. Na ja, was soll ich sagen? »K.o. in der siebenten Runde«, würde das beim Boxen heißen. Ich fiel um und verlor für einige Sekunden das Bewusstsein. Dramatischer veranlagte Kollegen meinen, es seien mindestens zwei Minuten gewesen, wenn nicht noch mehr, in denen ich nicht ansprechbar war. Wie auch immer. Sekunden – oder Minuten – später kam ich wieder zu mir und spielte weiter. Man ist ja hart im Nehmen.

Dreißig Jahre lang habe ich den Dr. Hansen immer wieder an verschiedenen Theatern gespielt. Außerdem zweimal fürs Fernsehen, einmal schwarzweiß, einmal in Farbe, und 1950 entstand in der Regie von Geza von Bolvary der Kinofilm. Weitere körperliche Selbstbeschädigungen waren nicht zu beklagen.

ฟ๓ด๓зeitรnaๆt im Paraดieร

Operette in 5 Bildern von Heinz Hentschke — Liedertexte von Günther Schwenn — Musik von Friedrich Schröder

Inszenierung: Franz Stoß — Musikalische Leitung: Dr. Alfred Spannagel/Oskar Rossbacher — Bühnenbild: Otto Liewehr — Kostümentwürfe: Gerdago — Regieassistenz: Fred Zeckl — Inspektion: Ludwig Netopil — Masken: Josef Kuhnert — Technische Einrichtung: Felix Bohn — Beleuchtung: Walter Riepl

Personen:

Dr. Ulrich Hansen	Johannes Heesters
Regine, seine Frau	Friedl Loor
Felix Wachtel, Zuckerwarenfabrikant	Fritz Imhoff
Poldi Oberländer, Sportberichter	Josef Menschik
Veronika, Regines Freundin	Herta Staal
Donna Dolores, genannt Dodo	Hedy Faßler
Dajos Lajos Földesy, ihr Impresario	Rich. Felix Fortin
Professor Fisch	Max Brod
Bastian, Portier im „Paradies"	Johann Sklenka
Präsident des venezianischen Tennisklubs	Ernst Nadherny
Romano Picco, Gondoliere	Axel Skumanz
Karl, Diener	Peter Alexander
Lizzi, Zofe	Erika Kerd

Hochzeitsgäste, spanische Tänzerinnen, Hotelgäste, Tennisspieler, Tennisspielerinnen, Gondolieri, Venezianer, Venezianerinnen

1. Bild:		In letzter Minute
2.	„	Die Hochzeitsnacht
3.	„	Das gibt es nur im „Paradies"
4.	„	„Paradies"-Zimmer 51
5.	„	Am Canale grande

Ballett-Show:

Solotänze: Grete Sellier, Hubert Hendrik — Mohren: Gusti Pichler, Lydia Brandmayer — Zwei Tanzpaare: Rita Ballner-Ferri Feigl, Rudi Bachheimer-Erwin Marchart — Damen mit Hunden: Liane Schlesinger, Erika Cecek, Erika Pavischitz, Dagmar Thomas — Italienische Humoreske: Grete Sellier Hubert Hendrik, Ferri Feigl, Erwin Marchart, Corps de ballet.

Pause nach dem 4. Bild

Besetzungsseite des Programmheftes zu »Hochzeitsnacht im Paradies« im Wiener Bürgertheater 1950 (mit Peter Alexander als Diener Karl)

123

Ein später sehr prominenter Kollege machte in der *Hochzeitsnacht im Paradies* seine ersten zaghaften Bühnenschritte. Das war 1950, und wir spielten am Wiener Bürgertheater. Der junge Mann hatte nur einen Auftritt im ersten Akt und lediglich einen Satz zu sprechen: »Die Wagen sind vorgefahren.« Das war's. Mehr nicht. Aber hinter der Bühne hatte das aufstrebende Jungtalent auch sein Publikum. In den Garderoben gab er für die Kollegen eine Art Zusatzvorstellung und erntete großen Applaus für seine Heesters-Parodien. Es dauerte nicht lange, bis ich davon Wind bekam und ihn zu mir bat. »So, mein Junge«, sagte ich, »spiel mir das doch auch mal vor.« Das machte er und war großartig. Ich musste herzlich lachen und wusste, dass dieser Bursche eine große Karriere vor sich hatte.

Mir war auch nicht entgangen, dass er sehr oft von der Seitenbühne aus mit offenen Augen und Ohren die Vorstellung verfolgte, uns beobachtete und lernen wollte. Darin erinnerte er mich an meine eigenen Anfängerjahre, als ich jede Gelegenheit nutzte, um meine erfahrenen älteren Kollegen bei ihrer Arbeit zu studieren.

Der damals junge Schauspieler, von dem ich hier berichte, heißt Peter Alexander Neumeyer. Den Neumeyer hat er der Einfachheit halber unter den Tisch fallen lassen, und zu dem Namen Peter Alexander erübrigt sich wohl jede weitere Erklärung.

Es gibt in der *Hochzeitsnacht im Paradies* eine Szene, die jeder, der das Stück jemals gesehen oder darin mitgewirkt hat, in Erinnerung behält: die Schwips-Szene. Darin geben sich Dr. Hansen und der Hotelportier hemmungslos dem Alkohol hin und schütten sich gegenseitig die schwergewordenen Männerherzen aus. Laut Buch und Regie dauert die Szene eine Viertelstunde, und die beiden Akteure leeren während dieser Zeit eine ganze Flasche Genever, also Schnaps. Auf der Bühne war das natürlich Wasser. Nun gibt es, wenn man ein Stück so lange en suite spielt, überall Kollegen, die sich besondere Späßchen einfallen lassen, damit sie mal richtig etwas zu lachen haben. Unsere Schwips-Szene war für solche Fälle ein hervorragendes Betätigungsfeld. Immer wieder misslang der Versuch, uns echten Genever in die Flasche zu schmuggeln, die wir dann auszutrinken hatten. Denn immer wieder bemerkten wir es rechtzeitig und konnten das Schlimmste verhindern.

Immer – bis auf einmal. Das war in den fünfziger Jahren, wann genau, weiß ich nicht mehr. Und ich kann auch nicht mehr nachvollziehen, wieso unsere bis dahin so gut eingespielten Kontrollmechanismen an diesem Abend versagten.

Mein Kollege in der Rolle des Hotelportiers war Max Strecker. Wir spielten unsere Szene, Strecker schenkte ein, wir prosteten uns zu, ich sagte: »Na denn!« – das sagte ich vor jedem Glas – und wir tranken. Ich hatte noch gar nicht richtig heruntergeschluckt, als ich realisierte, dass etwas nicht stimmte. Das ist doch echter Genever, schoss es mir durch den Kopf. Ich sah Strecker an, aber der hatte wohl noch gar nichts gemerkt, denn er spielte ungerührt weiter. Das zweite Glas brachte dann Gewissheit. Strecker starrte mich entgeistert an. Lass dir nichts anmerken. Wir machen weiter, gab ich ihm zu verstehen. Wir machten weiter, und es war entsetzlich. Eine ganze Flasche Genever in fünfzehn Minuten. Normalerweise ist man danach ein Fall für die Intensivstation. Aber für mich gab es in dieser Lage nur eins: Intensiv-Konzentration.

Kollege Strecker war nach dieser Szene ja erlöst. Auf meinen Satz »Ich liebe meine eigene Frau« antwortete er noch mit ziemlicher Mühe: »Ja ja, das soll es geben«, und fand dann torkelnd den Weg in seine Garderobe. Ich hingegen hatte noch eine ganze Stunde auf der Bühne zu verbringen – spielend, singend und sogar tanzend. Direkt nach Streckers Abgang hatte ich »Ein Glück, dass man sich so verlieben kann« zu singen. Eine schöne, aber schwere Melodie. Sie geht bis zum hohen b.

Nach der Vorstellung sagten meine Kollegen, so schön wie an diesem Abend hätte ich das Lied selten gesungen. Schon am näch-

125

sten Tag konnte ich mich nicht mehr erinnern, wie ich den Rest der Vorstellung eigentlich hinter mich gebracht hatte. Aber es hat geklappt. Die menschliche Fähigkeit, auf den Punkt genau hochkonzentriert zu sein, lässt uns anscheinend – wenn es sein muss – über uns hinauswachsen.

Es gab etliche Jahre später noch eine Situation, in der ich meine Konzentrationsfähigkeit über Gebühr in Anspruch nehmen musste. Wieder spielte der Alkohol eine Rolle – und mein Leichtsinn, der sonst von meinem Verstand im Zaum gehalten wird, diesmal jedoch die Oberhand gewann.

Wir waren auf Tournee mit dem Stück *Ein netter Herr* von Norman Krasna. Meine Partnerin war eine liebe Kollegin und Freundin, Susanne von Almassy. Mit dem Bus fuhren wir von Stadt zu Stadt, wie das so ist auf Tournee. Man kommt irgendwo an, meist weiß man gar nicht genau, wo, steigt aus dem Bus, geht kurz ins Hotel, dann ins Theater, um einen Blick auf die Bühne zu werfen, zurück ins Hotel, eine Kleinigkeit essen, wieder ins Theater, Vorstellung spielen, wieder ins Hotel, schlafen, und am nächsten Morgen geht's weiter.

Anders ist es, wenn in einer Stadt zwei Vorstellungen geplant sind. Dann hat man plötzlich einen ganzen Tag zur freien Verfügung, muss abends nur die Vorstellung spielen. Nun hatte ich erfahren, dass es in dem Ort, in dem wir waren, eine Sauna gibt. Ich weiß bei Gott nicht mehr, wo genau das war. Wahrscheinlich wusste ich es damals genausowenig. Tourneesyndrom. Hauptsache war ja, es gab eine Sauna. Und da ich ein leidenschaftlicher Saunagänger war und bin, freute ich mich schon am Abend vorher auf ein paar erholsame Stunden in der heißen Luft. Auch ein Kollege war ganz begeistert und kam mit. Da in den Vormittagsstunden meist wenig Betrieb ist, war es noch sehr leer und ruhig.

Nach dem ersten Durchgang sagte ich: »Einen Durst habe ich. Aber das macht nichts. Jetzt bleiben wir sitzen.«

126

»Wieso?« entgegnete der Kollege prompt. »Lass uns ein kleines Bierchen trinken.«

Also tranken wir ein kleines Bierchen.

Dann folgte der zweite Saunagang. Mehr als drei mache ich normalerweise nicht. Ein paar Männer gesellten sich zu uns, die mich erkannten: »Herr Heesters, wie schön, dass Sie in unserer Stadt sind. Möchten Sie vielleicht ein Glas Bier mit uns trinken?«

Ich wollte nicht unhöflich sein und dachte: Ich kann's ja wieder ausschwitzen. Aus einem wurden vier Bier. Gewissenhaft ging ich immer wieder zurück in die Sauna zum Ausschwitzen.

Inzwischen war es schon früher Nachmittag und die fidele Herrenrunde beim Schnaps angelangt. Splitternackt standen wir da, jeder ein Bier und ein Schnäpschen vor sich – ein Anblick für die Götter.

Langsam beschlichen mich Zweifel, ob ich diese nicht unbeträchtlichen Alkoholmengen tatsächlich noch würde ausschwitzen können. Mein Kollege wurde unruhig. »Jopie«, mahnte er, »um sieben wartet der Bus. Jetzt ist es gleich fünf.«

»Na, da haben wir doch noch Zeit«, sagte ich und erkannte an seinem verzweifelten Gesichtsausdruck, dass ich wohl schon lallte. Schnell genehmigte ich mir noch einen, bevor er mich auf eine Liege verfrachtete, wo ich sofort einschlief.

Eine Stunde später rüttelte er mich wieder wach und versuchte, mich aufzurichten. Ich war sternhagelvoll.

Mit dem Taxi fuhren wir zum Hotel. Die anderen warteten schon. Susanne von Almassy schlug die Hände vor's Gesicht: »Um Gottes willen, völlig betrunken.« Wie recht sie hatte. Richtig böse wurde sie: »So kannst du doch nicht auf die Bühne! Was denkst du dir eigentlich?«

Sie schleppten mich in die Hotelhalle und flößten mir einen Kaffee ein, dazu ein Aspirin.

Es war nun höchste Zeit, ins Theater zu fahren. Keiner wagte, laut auszusprechen, was wohl alle dachten: Die Vorstellung wird nicht stattfinden können. Die Stimmung im Bus war auf dem Nullpunkt. Aufheiterung tat not. Ich stand auf, ging wankend nach vorne und begann im typischen Tonfall eines Reiseleiters: »Meine Damen und Herren, zu Ihrer Linken sehen Sie ... und zu Ihrer Rechten ... Und dort vorne befindet sich die Schule, wo die Kinder lernen. Denn wenn sie nicht lernen, fallen sie dem Alkohol zum Opfer. So wie ich ...«

Jetzt lachten alle, aber eigentlich war ihnen zum Heulen zumute.

Von zwei Kollegen gestützt, schritt ich aufrechten Ganges durch den Bühneneingang, schnurstracks in meine Garderobe, wo ich auf einen Stuhl sank. Wieder Kaffee mit Aspirin. Alle paar Sekunden streckte jemand den Kopf zur Tür herein, um zu sehen, ob ich irgendwelche Fortschritte machte. Ich machte keine.

Ich sah in den Spiegel und erschrak. Nicht so sehr wegen meines Anblicks, ein bisschen vielleicht auch, vor allem aber, weil mir mit einem Schlag bewusst wurde, was gerade geschah. Ich brachte meine Kollegen in eine fürchterliche Situation. Ich ließ sie hängen. Das war charakterlos und schwach. Ich versetzte das Publikum. Was für ein Festschmaus für die Presse. Nein, Jopie, das darfst du nicht zulassen.

Ich stand auf und presste meinen Rücken gegen die Wand. Tief einatmen. Ausatmen.

»Du musst spielen«, sagte ich laut zu mir selbst.

Viertel vor acht. Drittes Einläuten. Noch fünfzehn Minuten bis zum Beginn der Vorstellung. Ich hatte noch ein paar Minuten mehr, denn ich war nicht direkt am Anfang dran. Einatmen. Ausatmen.

Als mein Auftritt schließlich bevorstand, waren meine Kollegen sicherlich auf das Allerschlimmste gefasst. Aber wie durch ein Wunder ging nichts schief, gar nichts. Mit festem Stand und fester Stimme absolvierte ich meine Szenen, ließ kein einziges Wort des Textes aus und keine Aktion mit meinen Partnern. Mein Timing stimmte genauso wie meine Koordination.

Susanne von Almassy war verblüfft und entzückt zugleich. »Also, dass einer so besoffen ist und doch derartig seinen Text beherrscht«, sagte sie anerkennend, »so etwas habe ich noch nicht erlebt.«

Ich auch nicht. Und ich war nicht erpicht darauf, es noch einmal zu erleben.

Als sich nach dem Schlussapplaus der Vorhang schloss, klappte ich zusammen. Erschöpft und erleichtert. Am liebsten hätte ich drei Tage durchgeschlafen. Aber schon am nächsten Morgen fuhren wir weiter zum nächsten Gastspielort.

Und genau darin liegt die Crux der Geschichte. Wären wir nicht auf Tournee gewesen, hätte das alles so sicher nicht stattgefunden. Eine Tournee ist halt ein bisschen wie eine Klassenfahrt. Man verliert das Gefühl für Zeit und Ort, fühlt sich auf gewisse Weise losgelöst und doch nirgends richtig wohl. Na ja, und dann geschieht so etwas. Zum Glück aber bin ich ja mit einem blauen Auge davongekommen.

Dies alles ereignete sich am 21. November 1963. Wieso ich das noch weiß? Ich glaube, jeder Mensch, der damals alt genug war, erinnert sich, was er an diesem, vor allem aber am darauffolgenden Tag gemacht hat. Jeder weiß noch, wo er war, was er gerade tat, als sich am 22. November 1963 die Nachricht von der Ermordung John F. Kennedys verbreitete.

Ein Ereignis, das die ganze Welt in tiefe Trauer stürzte und dieses Phänomen des sich Für-immer-Erinnerns auslöste. Dieses Datum wurde zu einem Fixpunkt des vergangenen Jahrhunderts, mit dem jeder, überall auf dem Globus, persönliche Erinnerungen verbindet.

Auch das noch so junge 21. Jahrhundert hat leider schon einen solchen Tag hervorgebracht, der die Menschen im Entsetzen vereint hat: den 11. September 2001. Was hält uns eigentlich davon ab, friedliche und fröhliche Geschehnisse in unsere kollektive Erinnerung aufzunehmen?

Zur Premiere ein Veilchen und reichlich Ärger – zum Ringkampf Blumen für starke Kerle

Ein »blaues Auge« – das ist ein Thema, mit dem ich schon vor meinem Weggang aus Holland Erfahrungen gemacht hatte. Warum dieses weithin sichtbare und meist schmerzhafte Überbleibsel einer in der Regel tätlichen Auseinandersetzung ausgerechnet den Namen eines lieblichen kleinen Blümchens trägt, ist mir ein Rätsel. Aber so ist es nun mal.

In Rotterdam gab es zu meiner Zeit zwei Theaterdirektoren, die sich mit der Akzeptanz eines »Veilchens« besonders schwer taten. Das hatte sicherlich damit zu tun, dass sich besagtes Veilchen just an dem Tag rund um mein linkes Auge ausbreitete, an dem abends die *Dreimäderlhaus*-Premiere stattfinden sollte, bei der ich die Hauptrolle sang.

Ich war in keine Prügelei geraten, hatte nichts anderes getan als an anderen Tagen auch. Ich war zum Boxtraining gegangen. Boxen war mein Lieblingssport, und wenn es nur irgendwie möglich war, suchte ich mir einen Platz, an dem ich boxen konnte.

In Rotterdam war das eine ziemlich armselige kleine Trainingshalle, die von einem technisch versierten, aber nicht sehr erfolgreichen Boxer betrieben wurde. Die Ausstattung der Halle war sehr übersichtlich: in der Mitte der Ring, auf der einen Seite eine Dusche und in einer Ecke des Raumes ein wackliger Tisch mit einem Telefon.

Egal, wie spät ich am Abend zuvor ins Bett kam, jeden Morgen stand ich auf und ging zum Training. Natürlich habe ich nicht mit einem Sparringspartner einen richtigen Kampf ausgetragen, sondern ausschließlich mit dem Trainer geboxt. Immer darauf bedacht, dass nichts passierte. Und da das auch nie geschehen war, kamen mir die dringenden Bitten meiner beiden Direktoren Johan Boskamp und Octaaf van Aerschot, vor der Premiere das Training auszusetzen, sehr übertrieben vor: »Bitte, Jopie, tu das nicht. Geh nicht boxen!« Aber ich versprach, ihnen den Gefallen zu tun.

Am Tag der Premiere schlug ich morgens die Augen auf und wusste genau, dass ich mein Versprechen nicht halten würde. Sowohl mein Körper als auch mein Geist hatten sich an die täglichen Trainingseinheiten gewöhnt. Nach einer solchen Verausgabung konnte ich gut entspannen und mich auf die Vorstellung oder die Probenarbeit im Theater konzentrieren. Ich sah wirklich keinen Grund, dies am Premierentag anders zu handhaben. Daher ging ich, ganz ohne schlechtes Gewissen, in meine kleine Boxhalle.

Die übliche Stunde war fast zu Ende, als das Telefon klingelte. »Entschuldigung«, sagte mein Trainer, »ich muss kurz drangehen.« Kaum war er aus dem Ring, kam ein junger Mann, der uns zugesehen hatte, auf mich zu und fragte. »Wollen wir inzwischen eine kleine Runde boxen?«

»Klar!« Ich freute mich, einmal einen anderen Partner zu bekommen – ich war eben jung und nicht unentwegt auf die Folgen meines Tuns bedacht. Dieses Bewusstsein für Konsequenzen und Gefahren erlangen wir doch erst mit der Zeit. Und lassen uns dadurch leider oft von so manchem guten Leichtsinn abhalten.

Damals in Rotterdam jedoch hatte meine Sorglosigkeit Folgen. Der Trainer telefonierte. Der junge Mann bestieg den Ring. Wir boxten.

Plötzlich traf mich seine Linke mitten aufs Auge. Wie angewurzelt blieb ich stehen. Es tat nicht sonderlich weh, aber ich wusste genau, was passieren würde. Innerhalb von Minuten würde sich eine Riesenschwellung bilden, die nur kurze Zeit später in mannigfaltigen Blau- und Grüntönen zu schillern begann.

Der Trainer kam zurück. Er war entsetzlich wütend und schrie den jungen Mann an, der gar nicht wusste, wie ihm geschah. »Wer hat dir gesagt, du sollst in den Ring steigen? Und du, Heesters«, wandte er sich nicht weniger erzürnt mir zu, »du bist wirklich zu dumm! Du weißt doch, dass du heute Premiere hast. Kann man dich denn keine fünf Minuten aus den Augen lassen?«

Ein bisschen kam ich mir vor wie ein Pennäler, der bei einem Schülerstreich ertappt wird. In wenigen Stunden war Premiere, und ich stand da mit geschwollenem Gesicht.

Dass die Wut der Theaterdirektoren die des Boxtrainers in den Schatten stellte, muss ich wohl nicht extra erwähnen. Wenn es möglich gewesen wäre, hätten sie mich mit Sicherheit gefeuert. Nur hätte dann die Premiere nicht stattfinden können.

Denn entgegen aller Befürchtungen fand sie sehr wohl statt. Und niemand im Publikum nahm die Blessuren des Hauptdarstellers wahr.

Dabei half ein kleiner Trick: Ich spielte im *Dreimäderlhaus* den Franz Schubert, der bekanntermaßen Brillenträger war. Nun, das Brillenmodell, für das ich mich am Premierenabend entschied, war nicht gerade authentisch und glich jener Brille, die Schubert auf überlieferten Abbildungen trägt, in nichts – außer, dass es sich eben auch um eine Brille handelte. Ansonsten war sie um einiges größer und vor allem viel grüner, als sie sein sollte. In einer Blitzaktion hatte die Kostümabteilung des Theaters eine Brille mit sehr großen und sehr grünen Gläsern herbeigeschafft, hinter denen mein Gesicht fast gänzlich verschwand.

Natürlich war ich von da an etwas vorsichtiger mit meinem Boxtraining, aber aufgegeben habe ich es nicht. Dazu war mir der Sport als unentbehrlicher Ausgleich zu wichtig. Mens sana in corpore sano. Das Boxen war für mich immer die perfekte Verbindung zwischen Technik, Kraft und Kondition. Ich kenne keine zweite Sportart, in der Ausdauer und Muskulatur gleichermaßen so intensiv trainiert werden. Das Aufwärmen beginnt mit Seilspringen, dann folgen Übungen an der Birne und am schweren Sandsack, Beinarbeit und so weiter. Im Ring sind Präzision und Reaktionsvermögen gefragt. Nur wer nichts von diesem Sport weiß, behauptet, Boxen sei roh. Das ist genauso falsch wie »Boxen ist gefährlich«. Auch das hört man oft.

Meine Geschichte mit dem blauen Auge ist mitnichten ein Beleg für die Gefahren des Boxsports, sondern nichts anderes als ein Paradebeispiel für jugendliche Unvernunft, gepaart mit Eigensinn und falsch verstandener persönlicher Entscheidungsfreiheit. Und wenn die Geschichte auch so klingen mag, als hätten wir am Ende alle unseren Spaß daran gehabt – ich habe dafür bezahlt. Nicht nur mit dem schmerzenden Auge, sondern besonders durch die Tatsache, das Ziel wüster Beschimpfungen seitens des Trainers und der beiden Theaterchefs gewesen zu sein. Es war mir eine Lehre.

Auch in Wien blieb ich später dem Boxen treu. Ich machte die Bekanntschaft des Europameisters Heinz Lazek. Mehrmals habe ich ihn kämpfen sehen und war beeindruckt von seiner Leichtfüßigkeit und seinem geschmeidigen Stil. »Wenn du dich so dafür interessierst, komm in meine Box-Schule«, forderte er mich auf. Das tat ich fortan selbstverständlich auch und empfand es als große Auszeichnung, an der Seite eines so erfolgreichen Sportlers zu trainieren.

Lazek lud Wiesje und mich auch zu sich nach Hause ein. Wir lernten seine Frau kennen, die ein kleines Modeatelier besaß. Aus dem, was mein Boxer-Freund über sein Sportlerleben erzählte, lernte ich schnell, dass es sowohl in seiner als auch in meiner Arbeit im Grundsatz auf die gleichen Dinge ankam: Disziplin und Fleiß, ein gesundes Maß an Ehrgeiz, Vertrauen und Verlässlichkeit.

Eine bemerkenswerte Allianz zwischen Sportlern und Künstlern erlebte ich in Prag, wo ich ja von Mitte des Jahres 1943 bis einige Wochen vor Kriegsende vorwiegend arbeitete, gemeinsam mit einer großen Anzahl von Kollegen: Willy Fritsch, Zarah Leander, Theo Lingen, Christl Mardayn, Oskar Sima …

An drehfreien Abenden waren wir passionierte Zuschauer der Freistil-Ringkämpfe, die in Prag ausgetragen wurden. Bei diesen

Kämpfen war die Halle zum Bersten voll. Um ja keine taktische Finesse zu verpassen, saßen wir Filmkollegen meist in der ersten Reihe. Hin- und hergerissen zwischen Begeisterung und Entsetzen. Wenn die bärenstarken Kerle im Ring ihre Gegner hochhoben und über die Schulter warfen, als wären sie aus Schaumgummi, hielten wir den Atem an. Ein Raunen ging durch die Menge, und zarte Frauenlippen hauchten: »Das sind Männer!«

Wir wohnten alle in einem Hotel, und die Ringkämpfer hatten mitbekommen, dass man dort am besten die deutschen Filmleute treffen konnte. Also verbrachten sie öfter die Abendstunden in der Hotelhalle und warteten darauf, die Leinwand-Berühmtheiten zu Gesicht zu bekommen. Was sie nicht wissen konnten, war, dass wir Schauspieler ihnen als Sportler mindestens die gleiche Bewunderung entgegenbrachten wie sie uns.

So kam es, dass die illustre Ringer-Gemeinschaft und die illustre Künstler-Gemeinschaft sich eines Tages gegenüber saßen, freudig erregt darüber, nun endlich die Idole der jeweils anderen Gruppe persönlich kennenzulernen.

Star unter den Ringern war Martinson, ein Russe mit Pässen diverser Nationalitäten in der Tasche. Ein Mann wie ein Bollwerk und dazu noch ausgesprochen gutaussehend. Kompromisslos männlich.

Eine seiner größten Verehrerinnen war meine Filmpartnerin Lizzi Waldmüller. Sobald Martinson den Ring betrat, geriet sie in wahre Verzückung. »Ich finde ihn wunderbar«, frohlockte sie. »Morgen schicke ich ihm Blumen.« Was sie auch wirklich tat.

Schon einen Tag später rief er an und bedankte sich artig. Natürlich lud Lizzi ihn ein, uns abends im Hotel zu besuchen.

Martinson kam. Wir trafen uns alle in meinem Zimmer. Als der imposante Ringer erschien, hatte ich für einen Augenblick Bedenken, ob er wohl durch die Tür passen würde. Als Revanche für die Einladung holte er aus jeder Manteltasche eine Flasche heraus: Wodka, Champagner, Schnaps.

Lizzi erblickte ihn und ihre großen dunklen Augen strahlten. »Herr Martinson«, flötete sie, »wie schön, dass ich Sie endlich auch mal angezogen sehe.« Mir blieb nicht verborgen, dass er ihr im dunklen Anzug genauso gut gefiel wie im knappen Ringer-Trikot. Und leicht belustigt merkte ich auch, dass dieser große, starke Mann ein wenig verlegen wurde.

Um den Charme dieser Szene zu erfassen, muss man wissen, dass Lizzi Waldmüller eine äußerst zarte und zierliche Frau war. Zusammen hätten die beiden eine ideale Besetzung für *Tarzan und Jane* abgegeben. Wobei Martinson jedoch keinerlei schauspielerische Ambitionen hegte.

Das wäre gar nicht so abwegig gewesen, denn ein Idol des deutschen Boxsports hatte sich ja durchaus auch außerhalb des Ringes versucht: Max Schmeling drehte vor seinem K.o.-Sieg über den Amerikaner Joe Louis, der ihn endgültig zur Legende machte, zwei Filme. Die Menschen in wahre Euphorie versetzt hat er aber zweifelsohne nur als Boxer. Seine Kämpfe waren die ersten, die im Rundfunk übertragen wurden, und Millionen lauschten gebannt. Die Spannung erreichte ihren Höhepunkt, als Schmeling wenige Monate nach seinem Sieg den Titel gegen Louis verteidigen wollte. Wir krochen förmlich hinein in die Radiogeräte. Und dann? Dann war nach gerade zwei Minuten Schluss. Schmeling k.o. und das große Ereignis zu Ende, bevor es überhaupt richtig begonnen hatte. So kann es gehen beim Boxen.

Als meine zweite Frau Simone und ich vor einigen Jahren von München aus mit dem Zug nach Dortmund fuhren, um Henry Maske boxen zu sehen, habe ich sie schon unterwegs darauf vorbereitet, was möglicherweise passieren würde. »Es kann sein«, sagte ich, »dass wir jetzt mehrere Stunden Zug fahren, in der Halle warten, bis es losgeht, und dann dauert der Kampf nicht länger als ein paar Minuten oder vielleicht auch nur Sekunden.« Alles schon dagewesen. Aber Maske und sein Gegner taten uns den Gefallen, zwölf Runden auf den Beinen zu bleiben.

Einerlei, ob ich einen Kampf live sehe oder im Fernsehen – manchmal stelle ich mir sogar nachts den Wecker, um eine interessante Übertragung nicht zu verpassen –, eines ist mir schon früher aufgefallen, und es bestätigt sich immer wieder: Frauen können einen großen Enthusiasmus für diesen angeblich so brutalen Sport entwickeln. Ich finde, das spricht sehr fürs Boxen.

Oft muss ich dabei an Lizzi Waldmüller denken und ihre Begeisterung für Martinson, den Ringer. Ich erinnere mich auch, dass Wiesje und die Kinder ihn sehr mochten. Ich hatte damals meine Familie auch nach Prag geholt. Martinson zeigte ihnen die Schönheiten der Stadt und die sind ja bekanntlich unerschöpflich. Für unsere Mädchen gab es nichts Größeres, als mit diesem Hünen durch die Straßen zu gehen oder gar von ihm auf den Schultern getragen zu werden.

Das war eine seiner leichtesten Übungen, wie ich am eigenen Leib erfahren konnte. »Du musst mit mir trainieren«, sagte er. Wären wir nicht inzwischen Freunde geworden, hätte ich das auch als Drohung auffassen können. Natürlich war es keine.

Wir trafen uns in seinem Trainingsraum, machten gemeinsam ein paar Übungen. Dann zeigte er mir eine seiner Spezialitäten: Mit mir auf den Schultern machte er Kniebeugen. Unglaublich! Denn ein Fliegengewicht war ich ja nun auch nicht gerade.

Eines Abends luden mich die Ringerfreunde zu einem geselligen Essen ein. So etwas hatte ich vorher überhaupt noch nicht gesehen: Die Tischplatte bog sich unter Bergen von Fleisch und Wurst. Um den Tisch herum saßen diese Kerle wie Schränke, neben denen ich aussah wie eine Mücke. Zur Vorspeise gab es erst mal Wodka im Wasserglas, und dann wurde stundenlang gegessen. »Das macht uns kräftig«, sagten die Männer und lachten dröhnend. »Ohne Kraft kein Erfolg. Ohne Erfolg kein Geld.«

Ich aß höchstens ein Drittel von dem, was jeder einzelne von ihnen in sich hineinschaufelte. Trotzdem war ich nach dem Essen kaum noch in der Lage, mich zu bewegen.

Zu fortgeschrittener Stunde machte ich mich auf den Heimweg, der mich durch einen kleinen Park führte. Eine Bank zog mich fast magisch an. Nur einen Augenblick wollte ich mich hinsetzen – doch erst am nächsten Morgen wurde ich durch munteres Vogelgezwitscher wieder wach.

Prag im Krieg, Budapest im Regen, und irgendwann ist Schluss

Es mag ein wenig wie Hohn klingen, wenn ich sage, dass ich gerne an die Zeit in Prag zurückdenke. Wie kann das sein? Hatte doch Goebbels den »totalen Krieg« ausgerufen. Herrschten doch überall Elend, Not, Hunger und Angst. Angst vor den Fliegerbomben, Angst davor, in einem durch und durch reglementierten Alltag das Falsche zu sagen, das Falsche zu tun. Angst davor, sich im Getriebe der Willkür völlig aufzugeben.

Von all dem war in Prag sehr viel weniger zu spüren als in Deutschland. Wir lebten hier wie unter einer Glocke – im Protektorat Böhmen und Mähren verliefen die Tage halbwegs friedlich.

Selten hörte man Alarm. Auf dem Schwarzmarkt war für Geld fast alles zu bekommen. Aber natürlich waren auch diesem relativ friedlichen Dasein Grenzen gesetzt. Schließlich hatte man uns alle nach Prag geschickt oder gebracht, damit wir dort unsere Funktion erfüllten: Filme drehen, Filme drehen und nochmals Filme drehen.

Da in Deutschland praktisch alle Filmproduktionsstätten zerbombt waren, arbeiteten wir jetzt in den Barrandov-Ateliers in Prag. Die großen, sehr modern ausgerüsteten Studios lagen oberhalb des Barrandov-Felsens, darunter verlief die Straße zur berühmten böhmischen Burg Karlstein. Auch in den Hostivar-Studios fanden Dreharbeiten statt.

Während der ersten Monate des Jahres 1943 war ich sehr viel unterwegs. Ich spielte noch die *Hochzeitsnacht im Paradies* und drehte in Deutschland und Budapest – einige Szenen des Films *Karneval der Liebe* entstanden in der ungarischen Donau-Metropole.

138

Zusammen mit der »chilenischen Nachtigall« Rosita Serrano gab ich bei dieser Gelegenheit auch ein Konzert in dem großen Freilichttheater auf der Margareteninsel. Ein malerischer Ort, mitten in der Donau gelegen, an dem sich berühmte ungarische Dichter von der schöpferischen Muse küssen ließen.

An diesem Konzertabend versuchte ich, einen Pakt mit Petrus zu schließen. Aber es war ein vages Spiel. Noch am Vormittag hatte es geregnet, doch am späten Nachmittag entschieden die Veranstalter: Das Konzert findet statt. Die Reihen waren ausverkauft, das Publikum erschien elegant und erwartungsfroh.

Wir standen noch nicht lange auf der Bühne, als ich am Himmel eine dicke Regenfront heranziehen sah. Das war nicht fair vom Wettergott! Wenigstens bis zur Pause hätte er warten können, denn wenn das Konzert vor der Pause abgebrochen würde, bekämen wir womöglich alle keine Gage. Also hieß es durchhalten bis zur Pause. Was nicht einfach war, denn die gewaltigen Wolken scherten sich nicht um unsere Abendgage und setzten ihren Eroberungszug am Himmel über Budapest fort. Schon warfen die Orchestermitglieder erste sorgenvolle Blicke nach oben. Jopie, spornte ich mich selbst an, wenn dir nicht bald etwas einfällt, wird abgebrochen und wir alle gehen leer aus.

Ich rannte, während Rosita sang, schnell hinter die Bühne und besorgte mir einen großen Regenschirm. Mit dem trat ich auf – und improvisierte:

> »Dann geh' ich ins Maxim,
> dort bin ich sehr intim.
> Es darf halt bloß nicht regnen,
> wem soll ich sonst begegnen?«

Das war wohl das Stichwort für den kräftigen Schauer, der jetzt einsetzte. Gleichzeitig klatschten die Leute so laut, als wollten sie die Regentropfen damit fortjagen.

Ich sang weiter:

> »Sie dürfen jetzt nicht gehen,
> denn ich bleib' auch hier stehen …«

Das Publikum juchzte. Keiner stand auf, um zu gehen, außer den Musikern im Orchester. Sie versuchten, ihre Instrumente ins Trockene zu retten. Bitteschön, habe ich eben a cappella gesungen. »Singin' in the rain …«

Die Stimmung war so gut, dass die Leute sogar Zugaben wollten. Vermutlich ahnten sie auch, dass wir das Konzert nach der Pause nicht mehr fortsetzen würden. Und so war es auch. Es goss in Strömen. Die Zuschauer flüchteten unter die überdachte Galerie, und ich verzog mich in die Garderobe. Das ist bei Sommerkonzerten eben Berufsrisiko. Und immerhin: Unsere Gage hatte ich ja ersungen.

Der bekannte Medienmanager Josef von Ferenczy, in München lebender Ungar, hat mich vor kurzem wieder an dieses Konzert erinnert. Als junger Mann gehörte er damals auch zu den triefnassen Zuschauern. Heute sagt er und lächelt dabei verschmitzt: »Ich bin der letzte lebende Zeitzeuge dieses denkwürdigen Abends.«

Besonders in Deutschland wurden große Unterhaltungsveranstaltungen so lange durchgeführt, wie es nur irgend möglich war. Fußballspiele, Boxkämpfe, Eiskunstlauf-Meisterschaften, Filmpremieren, Dichtertreffen, Theatervorstellungen und die regelmäßig stattfindenden Wunschkonzerte des Reichsrundfunks. Sport und Kultur – niemals zuvor wurden sie in solchem Maße instrumentalisiert, ihre eigentliche Bestimmung völlig entstellt. Und doch: Für die Menschen in den Stadien und Hallen, in den Kino- und Theatersälen waren Kultur und Sport vielleicht zu keinem anderen Zeitpunkt von so existentieller Bedeutung. Ablenkung sollten sie bringen, eine Festigung der Moral und darüber hinaus auch noch –

wenn möglich – sättigen. Denn die Lebensmittelzuteilungen wurden fast wöchentlich gekürzt. Die Fleischration für sogenannte »Normalversorgungsberechtigte« zum Beispiel senkte man von siebenhundert auf dreihundert Gramm pro Woche. Wegen Schwarzschlachtung wurde ein Schweinehändler zum Tode verurteilt. Auch die Vergeudung von Kohle, Strom und Gas waren Kapitalverbrechen. Also war eine Kultur- oder Sportgroßveranstaltung auch immer eine willkommene Gelegenheit, sich richtig aufzuwärmen.

Während einer Schallplattenaufnahme Anfang der vierziger Jahre.
Zeichnung von Huber, Berlin-Film

Familie Heesters war auch nicht besser mit Lebensmitteln versorgt als andere Familien. In keinem Geschäft bekam ich eine Extraportion Fleisch oder Brot, nur weil mein Gesicht von einem Plakat an der Hauswand herunterlächelte. Und ich hätte es wohl auch nicht angenommen. Wenn allerdings im Theater besser ausgestattete Damen aus dem Publikum Obstkörbe in meine Garderobe bringen ließen, freute ich mich und nahm sie mit nach Hause. Diese seltenen Gaben waren gerade für die Kinder etwas Besonderes.

Die größere Sicherheit – zumindest eine Zeitlang – und die ungleich bessere Versorgungslage bewogen mich jedenfalls, nichts unversucht zu lassen, um Wiesje und unsere Töchter so schnell wie möglich auch nach Prag zu holen. Es gelang im Frühjahr 1943. Nun kam es darauf an, beim Film die laufenden Produktionsarbeiten so in die Länge zu ziehen, dass keiner von uns mehr nach Deutschland zurückmusste.

In meiner Prager Zeit, also etwa seit Anfang 1943 bis zum Frühjahr 1945, drehte ich vier Filme. Genug, um fast durchgehend beschäftigt zu sein, sollte man meinen. Aber der im Sommer 1944 neu ernannte »Reichsbevollmächtigte für den totalen Kriegseinsatz«, Dr. Joseph Goebbels, achtete peinlich genau darauf, dass die Künstler in ihrer »freien Zeit« dem »Reich dienten«, was Rüstungsarbeit oder Militärdienst bedeutete. Kurze drehfreie Perioden wurden mit Aushilfstätigkeiten im Filmbetrieb überbrückt. Längere Zeitspannen bedeuteten Fabrikeinsatz. Keinem von uns blieb das über kurz oder lang erspart.

Ein bisschen habe ich von meiner lieben Freundin und Kollegin Lizzi Waldmüller schon erzählt. Wir drehten in Prag zusammen den Film *Es lebe die Liebe*. Später hieß es, darin habe Lizzi eine ihrer schönsten Rollen gespielt, den Revuestar Manuela de Orta. Eine Figur, die zwei gänzlich entgegengesetzte Lebens- und Wesenswelten in sich vereint. Lizzis Darstellung war glänzend.

Regie führte Erich Engel, enger und wichtiger Mitarbeiter Bertolt Brechts. Ihre Zusammenarbeit begann schon 1922, erreichte ihre vorläufigen Höhepunkte mit den Uraufführungen der *Dreigroschenoper* 1928 und *Happy-End* ein Jahr darauf. Es folgte eine lange Unterbrechung bis 1948. Die gemeinsame Regie von *Mutter Courage und ihre Kinder* brachte die Fortsetzung dieser produktiven Arbeitsgemeinschaft, die bis zu Brechts Tod 1956 anhielt. Engel begann 1930 beim Film und konzentrierte sich hier vorwiegend auf Komödien und Lustspiele, die ihm dank seiner akribischen Arbeitsweise hervorragend gelangen.

Lizzi im Ensemble zu haben war ein Hauptgewinn, in künstlerischer wie in menschlicher Hinsicht. Sie war ein großherziger

Mensch, dem das Wohl der anderen immer wichtiger war als das eigene. Als Berlin Ziel der Fliegerangriffe wurde, zog sie nach Wien. Doch auch dort fielen bald die Bomben, und so fuhr Lizzi so oft sie nur konnte von Prag nach Wien zur Familie. Eigentlich hat auch sie nur noch für die Familie gearbeitet. Bei jeder Fahrt war sie voll beladen mit Lebensmitteln: Kartoffeln, Gemüse, Wurst. Was zu kriegen war, Lizzi hat es gehamstert und gehortet. Wenn man in ihrem Hotelzimmer den Schrank öffnete, kullerten einem Kartoffeln und Zwiebeln entgegen.

Lizzis Tod war so grausam und tragisch, wie das nur im Krieg möglich ist. Sie war gerade wieder in Wien, wo ihre Wohnung schon teilweise ausgebombt war. Mit ihrem Lebensgefährten und einem obdachlos gewordenen Schauspielerkollegen lebte sie in den noch bewohnbaren Räumen. Bombenalarm ertönte. Die drei begaben sich in den Keller. Als Lizzi meinte, nun sei der Angriff vorbei, sprang sie auf und rief: »Ich koch' uns schnell einen Schwarzen!« Und schon war sie auf dem Weg nach oben. Unmöglich, sie aufzuhalten. So war sie nun einmal. Aber der Überfall war noch nicht vorüber. Eine letzte Bombe fiel auf Lizzis Haus. Man kann nur hoffen, dass sie nicht viel davon mitbekommen hat.

Ihr Lebensgefährte fand sie in den Trümmern, trug sie in seinen Armen durch die Straßen zum Friedhof und legte sie dort auf die Erde. Es war doch schon alles zu Ende. Die Menschen standen kurz davor, von der Geißel des Krieges befreit zu werden. Wie unzählige andere hat auch Lizzi das nicht mehr erlebt.

Sie starb am 8. April 1945.

Das Groteske an unserem Leben in Prag war, dass die Filme, die wir drehten, immer opulenter wurden, die Ausstattung immer reicher und üppiger, die Lüge von der Erde als einem friedlichen Paradies immer vordergründiger. Um uns herum brannte die Welt.

Natürlich haben wir Kollegen untereinander oft darüber gesprochen. Die seelische Verfassung, in der wir uns befanden, war sehr unterschiedlich. An manchen Tagen machte sich Verzweiflung breit. Das war meistens dann der Fall, wenn wir die Erkenntnis zuließen, wie sinnlos – nein – wie regelrecht widersinnig das war, was wir hier tagein, tagaus machten: Heile-Welt-Filme drehen, während draußen, außerhalb unserer »Glocke«, die Menschen starben. An der Front, in den Städten, überall. Soldaten, Zivilisten, Kinder und Alte.

Mein Freund Robert Jungbluth und ich verbrachten oft Stunden damit, uns gegenseitig von der Seele zu reden, was uns belastete. Wir hatten uns in Prag kennengelernt und bald Vertrauen zueinander gefasst. So etwas kam sehr selten vor, wurde doch in jenen Tagen das Verhalten der Menschen untereinander von Misstrauen und Furcht vor Denunziationen bestimmt.

Robert Jungbluth war später Staatssekretär der Bundestheater in Österreich und Direktor des Josefstadt-Theaters in Wien. Unsere Zusammenarbeit, die kurz nach Kriegsende ihren Anfang nahm, hielt Jahrzehnte an. Unsere freundschaftliche Verbundenheit, die in Prag begann, dauert bis zum heutigen Tag.

Keiner von uns konnte sich damals in Prag erlauben, in Niedergeschlagenheit zu verharren. Die Arbeit musste ja weitergehen. Goebbels führte schließlich Buch über jeden von uns. Und so gelangten unsere Gespräche doch immer wieder an denselben Punkt: Was wir auch reden oder denken – ändern können wir ja doch nichts. Das war reiner Selbstschutz. Nichts anderes.

Da passierte es, dass mutige Männer in Deutschland versuchten, etwas zu ändern. Es war am 20. Juli 1944. Mit dem Regisseur Geza von Bolvary und einem Aufnahmeleiter saßen wir in meiner Garderobe. Jemand rannte den Gang entlang, riss alle Türen auf und schrie immer wieder dasselbe: »Attentat auf Hitler!«

Jeder wollte, aber niemand konnte es glauben. Wir fuhren ins Hotel, um durch die Radiomeldungen – besonders durch die britischen, die wir verbotenerweise hörten – Gewissheit zu bekommen. Aber die aufkeimende Hoffnung war nur von kurzer

Dauer. Schon der Hotelportier machte sie zunichte: »Das Attentat ist misslungen! Euer Hitler lebt!« Noch in derselben Nacht wurden Oberst Graf Stauffenberg und seine Mitverschwörer hingerichtet.

»Euer Hitler …!« – dieser Ausruf des Portiers war nur eines von vielen mehr oder weniger deutlichen Anzeichen für einen grundlegenden Stimmungswechsel unter den Bewohnern Prags. Tendenzielle Animositäten, die bislang – sicher oft mit Mühe – verdeckt gehalten wurden, kamen nun immer häufiger unverblümt zum Vorschein. Die halbwegs gefahrlosen Tage in Prag schienen allmählich gezählt zu sein. Natürlich blieben Freundschaften zwischen Deutschen und Tschechen bestehen, aber die Bevölkerung im allgemeinen ließ kaum einen Zweifel daran, dass sie nicht gewillt war, die »Besatzer« noch länger zu erdulden.

Wie sich die Lage nun darstellte, war ich froh, meine Familie bereits in Sicherheit zu wissen. Schon im Winter 1943/44 hatten Wiesje und die Mädchen Prag in Richtung Grundlsee im Salzkammergut verlassen. Dem war vorausgegangen, dass ich innerhalb kurzer Zeit zweimal hintereinander gewarnt und zur Vorsicht gemahnt wurde.

Zuerst war es der Hotelportier, mit dem ich spät abends manchmal noch ein Schnäpschen trank. Einmal sagte er betont distanziert: »Herr Heesters, hier ist Post für Sie.« Er gab mir einen Umschlag. Als ich ihn umdrehte, sah ich, dass er auf die Rückseite mit Bleistift etwas geschrieben hatte: »Seien Sie vorsichtig.« Damit meinte er wohl, ich solle meine lautstarken Treuebekundungen gegenüber der holländischen Königin etwas diskreter äußern und überhaupt ein bisschen mehr darauf achten, was ich sagte.

Ein paar Tage später sprach mich ein jüngerer Mann in Zivil an. Erst offenbarte er sich als großer Heesters-Verehrer und zeigte mir dann das Gestapo-Abzeichen, das er an der Innenseite seines Revers trug. Warnen wollte auch er und mich darüber in Kenntnis setzen, dass meine Familie und ich von der Gestapo beobachtet würden. »Es ist besser, wenn Sie aus Prag verschwinden«, riet er und verabschiedete sich.

War das jetzt ernst oder eine Finte? Ich wusste es nicht. Und ich wusste auch nicht, wen ich hätte fragen sollen und wie wir überhaupt hätten aus Prag verschwinden können.

Der berühmte Zauberkünstler Kalanag, der mit bürgerlichem Namen Dr. Helmut Schreiber hieß, war zu jener Zeit auch in Prag. Ebenso mein Freund Ben, »Ome Ben«. Eines Abends waren wir alle bei Kalanag eingeladen, meine Frau, Wiesje, Nicole und auch Ben. Als wir in die Wohnung kamen, fiel Bens Blick sofort auf das Hitler-Porträt, das damals sehr viele Wohnzimmer zierte. Ben zierte sich nicht: Er nahm das Bild ab, drehte es um und hängte es mit dem Gesicht zur Wand wieder auf. »So«, sagte er, »jetzt wird der Abend gemütlich.« Kalanag hatte nichts dagegen. Er war kein überzeugter Partei-Soldat. Er war ein Opportunist.

Kalanag war es auch, mit dessen Hilfe ich den sicheren Familienunterschlupf in Grundlsee fand. Er erzählte mir von einem Bekannten in Gmunden. Dabei fiel mir Willi Forst ein, der sich ein paar Jahre zuvor, zum Äußersten entschlossen, geweigert hatte, die Titelfigur in Veit Harlans Hetzfilm *Jud Süß* zu verkörpern. »Und wenn das alles nichts hilft«, sagte Forst damals einem Freund, »schmeiß' ich alles hin und verkrieche mich in einem abgelegenen Tal in Tirol. Dort findet mich keiner.« Kalanags Bekannter sah sich nun wiederum im Salzkammergut nach einem Refugium für uns um und fand es in Grundlsee. Wir mieteten ein kleines Haus, nur ein paar Kilometer von Aussee entfernt. Wiesje und die Kinder sollten von 1944 an vier Jahre lang dort leben. Für mich war dieses kleine verwunschene Idyll in den Bergen ab Frühjahr 1945 Wohnsitz, Neuanfang, Rückzugsort – Zuhause.

Wenige Wochen nach Kriegsende bekam ich in Grundlsee Besuch. Es klopfte an der Tür, meine große Tochter Wiesje öffnete. Vor ihr stand ein Mann in amerikanischer Militäruniform mit kurzgeschorenem Bürstenschnitt, der mich sprechen wollte. »Kennen Sie mich noch, Herr Heesters?« fragte er. Ich konnte mich nicht erinnern. Aber das war auch nicht verwunderlich, denn ich war ihm nur einmal kurz in Prag begegnet. Das war über zwei Jahre her, und damals trug er Zivil. Er war der geheimnisvolle Warner, der Mann, der mir geraten hatte, Prag zu verlassen. Dieser Ratschlag war für uns mit großer Wahrscheinlichkeit lebensentscheidend, und oft hatte ich mich in der Zwischenzeit gefragt, was diesen Gestapo-Mann zu seinem Verhalten veranlasst haben mochte. Nun erfuhr ich es: Er hatte mit der Gestapo nichts zu tun, im Gegenteil, er war ein von der Amerikanern in Hitlers Geheimpolizei eingeschleuster Spion.

Nach Berlin und Prag war übrigens auch in Grundlsee unser treuer Ben Stierhout in unserer Nähe. Sowohl seine als auch unsere Wohnung wurden in Berlin ausgebombt, woraufhin Ben rettete, was zu retten war. Und während ich in Prag drehte, organisierte er den Familien-Umzug ins Salzkammergut.

Mein letzter Film in der Goldenen Stadt, wiederentdeckt und veredelt nach einem halben Jahrhundert

Die *Fledermaus* war 1944/45 der letzte Film, den ich Prag drehte. Es war bereits die dritte Verfilmung der Johann-Strauß-Operette, aber die erste in Farbe. Und dieser zehnte deutsche Farbfilm überhaupt vereinte so manchen Superlativ auf sich. Der eine hieß »Teuerster Film der deutschen Filmgeschichte« und besagte, dass die Szenen- und Kostümbildner aus dem Vollen schöpften, dass ein Heer von Statisten herumschwirrte und jede filmische Phantasie des Regisseurs Geza von Bolvary umgesetzt werden konnte. Niemand – und das war sicherlich einer der grundlegendsten Unterschiede zur heutigen Filmproduktion – grenzte die finanziellen Mittel für einen Film dieser Größenordnung ein. Die Folge: Goebbels persönlich kümmerte sich darum, dass und wie wir mit den Dreharbeiten vorankamen. Die Muster, die man ihm vorführte, fanden seine Zustimmung.

Dass ich allerdings einmal nicht in meiner Rolle als Herr von Eisenstein, sondern im Damenkostüm am Drehort erschien, erheiterte ihn weniger. Sollte es auch nicht. Mein Auftritt galt schließlich nicht Goebbels, sondern unserem Kollegen Hans Brausewetter, der gerade eine Szene drehte. Meine Partnerin Marte Harell, unsere Rosalinde, hatte mich mit geschickten Händen regelrecht in einen Vamp verwandelt. Als ich in dieser Aufmachung das Studio betrat, wurde der Dreh gestoppt, und alle brachen in zügelloses Gelächter aus. Konnte ich ahnen, dass nur wenige Augenblicke später Goebbels in der Tür stehen würde?

Ein anderer Superlativ, den man dieser *Fledermaus* anheften könnte, ist der einer am wenigsten zutreffenden Besetzung. Willy

Fritsch als Gefängnisdirektor Frank oder unser Hans Brausewetter, den wir alle »Brausi« nannten, als Notar Dr. Falke, der sich die Intrige »Die Rache einer Fledermaus« ausdenkt und die Handlung bestimmt, sind gute Beispiele dafür. Sie zeigen aber auch, wie gut ein Schauspieler sein muss, der so glänzend gegen seinen Typ spielen kann. Und eben weil das gesamte Ensemble, zu dem auch Dorit Kreysler, Siegfried Breuer und Will Dohm gehörten, schauspielerisch wie musikalisch herausragend war, galt dieser Film lange Zeit – hier kommt der nächste (Fast-)Superlativ – als eine der gelungensten deutschen Musikfilmproduktionen.

Lange Zeit dauerte es allerdings, bis sich das deutsche Kinopublikum davon überhaupt ein Bild machen konnte, denn das Schicksal dieses Streifens war alles andere als vorhersehbar.

Die *Fledermaus* ist das, was Fachleute einen »Überläuferfilm« nennen: Noch in der NS-Zeit, in der Endphase des Zweiten Weltkriegs abgedreht, dann in Bunkern an verschiedenen Orten deponiert oder versteckt und erst nach Kriegsende fertig geschnitten.

Dass es dazu überhaupt kam, ist einzig und allein der beharrlichen Alice Ludwig zu verdanken. Sie war als Cutterin bis zuletzt mit der Produktion beschäftigt. Ohne sie wäre es auch durchaus möglich gewesen, dass kein Hahn mehr nach diesem Dreieinhalb-Millionen-Reichsmark-Projekt gekräht hätte.

Als 1946 im Althoff-Atelier in Babelsberg die Deutsche Film Aktien Gesellschaft, kurz DEFA, gegründet und von der sowjetischen Militäradministration als erste deutsche Nachkriegs-Filmgesellschaft lizenziert wurde, wusste Alice Ludwig, was sie zu tun hatte. Niemand konnte über den Verbleib des *Fledermaus*-Materials Genaues sagen. Einzig sie wusste immerhin von einigen Orten, an denen Teile davon versteckt worden waren, beziehungsweise wo sie unter Trümmerbergen vergraben liegen könnten. Von der Defa ließ sie sich damit beauftragen, die Aufnahmen ausfindig zu machen. Mit Erfolg. Ihre Zielstrebigkeit und ihr Fleiß, vereint mit dem Spürsinn eines Detektivs, befähigten Alice Ludwig, eine Filmbüchse nach der anderen aus den Tiefen der verschütteten Kellerarchive in Babelsberg, Köpenick, in Tempelhof und im Jagdschloss Stern zutage zu fördern.

Akribisch machte sie sich nun daran, den geborgenen Schatz zu sichten und die einzelnen Szenen zu einer filmischen Einheit zusammenzufügen. Diese erlebte ihre Uraufführung am 16. August 1946 in Berlin/Ost und war für die Defa praktisch der Einstieg ins Spielfilmgeschäft.

Da das Vermögen der Filmbetriebe, die dem ehemaligen Deutschen Reich gehörten, im Potsdamer Abkommen der UdSSR zugesprochen wurde, fiel damit auch die *Fledermaus* den sowjetischen Besatzern zu. Um das Einspielergebnis eines Films zu optimieren, wurden Tauschabkommen zwischen der Defa und westlichen Film- und Verleihfirmen geschlossen. Auf die *Fledermaus* hatte dies jedoch keinerlei Auswirkung. Die deutschen Kinobesucher außerhalb der russischen Zone und des russischen Sektors in Berlin bekamen den Film immer noch nicht zu sehen.

Vielmehr trat die *Fledermaus* erst einmal einen langen Flug über den großen Teich an und gelangte im April 1948 zu einer stürmisch gefeierten Aufführung in New York. Von der Verleihfirma Sovexport auf die Reise geschickt, hatte der Film in den Kinos am Broadway einen langen und wohl auch einträglichen Erfolg.

Nach amerikanischem Modell wurde 1949 auch in Deutschland beziehungsweise in den drei westlichen Besatzungszonen eine Form der Selbstkontrolle für die Filmindustrie etabliert. Während zuvor die Militärbehörden der Besatzungsmächte alle Filme beschlagnahmt hatten, um sie auf Herz und Nieren zu prüfen, um sie vor allem hinsichtlich einer politischen Aussage genauestens unter die Lupe zu nehmen, war nun ein Gremium der »Freiwilligen Selbstkontrolle« dafür zuständig, Filmen die Zulassung zur öffentlichen Vorführung zu gewähren oder zu verweigern.

Im Dezember 1949 entschied die Kommission, die *Fledermaus* freizugeben, allerdings nicht an hohen kirchlichen Feiertagen und auch nicht für Jugendliche unter sechzehn Jahren. Derartige Einschränkungen erscheinen aus heutiger Sicht geradezu lächerlich. Allzu ernst nahmen die Sittenwächter ihre Aufgabe damals.

Und doch: Wenn ich an so manche erschütternden Ereignisse der letzten Jahre denke, gerade an die unermessliche Tragödie in Erfurt, frage ich mich schon, ob junge Menschen heutzutage nicht mit zuviel Freizügigkeit überfordert werden.

Nach erwirkter Freigabe für die amerikanische und die britische Zone eroberte die *Fledermaus* in den ersten beiden Januar-Wochen des Jahres 1950 in vielen Großstädten die Lichtspielhäuser. »Bizonale Erstaufführung« wurde das genannt. Der Film lief in Düsseldorf, Frankfurt, Hamburg, München, Bremen, mancherorts sogar in zwei Kinos gleichzeitig. Ein paar Wochen später dann auch in kleineren Städten. Die Lloyd-Film war für die amerikanische und die britische Zone zuständig, während die französische in den Wirkungsbereich des Südwestdeutschen Filmverleihs fiel.

Dass so eine harmlose, einzig der Unterhaltung dienende Operettenverfilmung durchaus ein kleines Politikum werden konnte, zeigt ein Artikel, der am 13. Februar 1950 in der Zeitschrift »Der neue Film« erschien. Der Journalist berichtet darin von einem Gespräch mit dem Produktionschef Viktor von Struve und davon, dass dieser die Vorführung der *Fledermaus* mit »einem lachenden und einem weinenden Auge« begleitete.

Im Wortlaut wird das so begründet: »Die Schwingen dieser bunten *Fledermaus* sind ostzonal gestutzt. Dabei sind sinnentstellende Schnitte und Kürzungen nicht vermieden. Regie und Produktionsleitung wurden dazu nicht herangezogen. Der Vorspann wurde völlig umgekrempelt, unter den Namen der Darsteller und der Stabliste eine offenbar politische Auslese gehalten. Ein gutes halbes Dutzend ist ganz unter den Tisch gefallen ...«

Und doch kommt der Rezensent nicht umhin, zu bekennen: »Die so ›gerupfte Fledermaus‹ bleibt immer noch ein großartiger

Wurf.« Und: »Man darf diesem Film volle Häuser und ein begeistertes Publikum prophezeien.«

Pressemeldungen der darauf folgenden Wochen und Monate zeigen, dass diese Prophezeiung sich erfüllte:

»Der Farbfilm *Die Fledermaus* läuft nach wie vor mit großem Erfolg. Das Union-Theater, Kassel, schreibt: ›Der Film ist bei uns groß eingeschlagen und hat trotz stärkster Konkurrenz durch eine in der Nähe liegende Messe mit Rummelplatz in den ersten drei Tagen 9000 Besucher erfasst. Wir werden unter allen Umständen den Film verlängern.‹«

Oder: »Die Zugkraft des deutschen Farbfilms *Die Fledermaus* hält unvermindert an. Selbst in dem fast 80% zerstörten Bremen wird *Die Fledermaus* bereits die vierte Woche gezeigt.«

Und: »*Die Fledermaus* hatte auch in der dritten Woche in Hamburg volle Häuser zu verzeichnen.«

Aus Köln hieß es: »Von dem soeben angelaufenen Farbfilm *Die Fledermaus* verspricht sich Theaterleiter Otto Arenz das beste Geschäft seit Wochen.«

Aus Frankfurt: »Der Farbfilm *Die Fledermaus* hat die bisher höchste Frankfurter Besucherzahl in diesem Jahr aufzuweisen.« Und aus Stuttgart: »Rekordeinnahmen erzielte *Die Fledermaus*.«

Ein Erfolg rundum und ein Stück Film- und Zeitgeschichte. Wenn auch die Filmkritik »sinnentstellende« und »ostzonal« gefärbte Schnitte bemängelte, so hat sich doch an meiner Anerkennung der Arbeit Alice Ludwigs nichts geändert. Nur ihr ist zu verdanken, dass der Film überhaupt auf der Leinwand erschien und nicht für immer in der Versenkung verschwand.

Dieses Schicksal bedrohte die *Fledermaus* Jahrzehnte später aufs neue. Im damaligen Staatsarchiv der DDR wurde noch eine Kopie gefunden. Da diese aber offenbar nicht fachgerecht gelagert wurde, war ihr Zustand äußerst bedenklich: das Zelluloid angegriffen, die Farben verblasst, der Ton unter Rauschen und Knistern schwer zu verstehen. Kurz: Der Film war für jegliche Verwertungsform kaum oder nur noch mit Abstrichen zu gebrauchen. Der dennoch unternommene Versuch einer Fernsehausstrahlung war unter diesen Voraussetzungen ein eher mäßiger Genuss. Nachdem aber eine weitere Kopie, mit russischen Untertiteln zwar – ohne Konturen, dafür mit besseren Farben –, zum Vorschein kam, tat sich ein »Dreierbündnis« zusammen und startete eine bisher wirklich seltene Aktion zur Rettung der *Fledermaus*. Das klingt ein bisschen nach Artenschutz, und vielleicht hat es damit ja auch irgendwie zu tun.

Dieses »Bündnis« jedenfalls besteht zum einen aus der Friedrich-Wilhelm-Murnau-Stiftung, die es sich zur Aufgabe gemacht hat, das deutsche Filmerbe zu erhalten und zu pflegen, dabei immer ihrem Leitsatz folgend: »Film ist das Gedächtnis des 20. Jahrhunderts«.

Weiterhin gehört die Degeto dazu, die für die ARD Filme einkauft, sowie die Firma Bibo tv, die sich auf die digitale Nachbearbeitung von Filmen spezialisiert hat und deren Geschäftsführer Werner Bibo mir später gestand, dass er das Ganze zunächst für eine Schnapsidee gehalten habe: »Die neu aufgefundene Kopie war ebenfalls in so schlechter Verfassung, dass unsere Aufgabe lautete, aus zwei mangelhaften Kopien eine bessere herzustellen.«

Das geschieht in einem bisher neuen Verfahren, das ich mir natürlich habe erklären lassen: Aus beiden Kopien werden ausschließlich die guten Eigenschaften herausgezogen und zu einer neuen vereint. Obgleich ich beileibe kein Experte auf diesem Gebiet bin, habe ich doch verstanden, wie weit einerseits die technischen Möglichkeiten fortgeschritten sind, wie unentbehrlich aber andererseits auch die fachliche Kompetenz derer ist, die mit dieser Technik umgehen.

Der erste Schritt ist die klassische Prozedur der Restaurierung. Hierbei wird jedes einzelne Bild von Schrammen und Schmutz befreit, die Farben werden aufgefrischt und das Flackern wird beruhigt. Hierzu muss man wissen, dass eine einzige Sekunde im Film aus vierundzwanzig solchen Einzelbildern besteht.

153

Dann gilt es, aus der russischen Kopie die Untertitel zu entfernen, was bedeutet, dass die Schrift mit Bild- und Farbinformationen überlagert wird. Natürlich kommen hier spezielle Computerprogramme zum Einsatz. Um aber vollkommene Echtheit zu erreichen, muss manuell nachgearbeitet werden. Für eine Filmsekunde dauert allein dieser Vorgang etwa vier Stunden.

Das so aufbereitete Material harrt jetzt der großen Zusammenfügung. Beide Filmkopien werden übereinandergelegt, die mit den kräftigeren Farben auf die mit den stärkeren Umrissen. Und wieder sind unendliche Geduld und ein ruhiges Händchen gefragt, denn die Bilder werden nun so lange angepasst, bis keine Verschiebungen mehr festzustellen sind und die Umrisse genügend Schärfe haben.

Auf diese Weise entsteht aus zwei erbärmlichen, beinahe dem Zerfall anheimgegebenen Kopien eines alten Films ein neuer alter Film, dessen technische Qualität bestechend, seine typische Charakteristik aber nicht verlorengegangen ist. Bei einem Filmfachkongress im Herbst 2001 konnte ich mich anhand einiger Musterszenen selbst davon überzeugen. Dabei fällt mir Alice Ludwig wieder ein. Die Vorstellung, wie sie die aus den Trümmern hervorgegrabenen Filmstreifen mühsam zusammenklebte, erscheint mir wie aus einer anderen, längst vergangenen Welt.

Technische Neuerungen haben mich schon früher interessiert, oft auch fasziniert. Das ist bis heute so geblieben. Nur dass heute die Intervalle von einer Neuheit zur nächsten viel kürzer geworden sind. Kaum hat man mit einem neu erworbenen Computer, einem Mobiltelefon oder Fotoapparat das Geschäft verlassen, liegt auch schon ein weiterentwickeltes, noch moderneres Modell in den Regalen und das eigene ganz neue ist bereits wieder überholt.

Ich hatte beispielsweise schon recht früh ein »Handy«. Da es gut funktionierte und ich ja bekanntlich ein sparsamer Holländer bin, sah ich keinen Grund, es einige Monate später schon wieder gegen ein neueres einzutauschen. Eine Telefonfirma bot mir jedoch an, mir das allerzeitgemäßeste Gerät zu schenken, wenn ich nur bereit wäre, mein altes für ein Handy-Museum zur Verfügung zu stellen. So schnell geht das: Gerade gekauft und schon reif fürs Museum.

Für mein neues Handy hatte man sich dann eine besondere Klingel-Melodie einfallen lassen: Lehárs »Heut' geh' ich ins Maxim«. Wenn also irgendwo mein Telefon klingelt, weiß jeder gleich: Aha, der Heesters ist in der Nähe.

Obwohl ich mich dem ruinösen Zwang, immer das Neueste vom Neuesten besitzen zu müssen, nicht unterwerfe, gibt es ein paar technische Novitäten, auf die ich schon allein deshalb nicht mehr verzichten möchte, weil ich Spaß daran habe. Das Auto-Navigationssystem zum Beispiel, bei dem eine routinierte Bordsteinschwalbe, wie ich sie nenne, bereitwillig Auskunft über ihre detaillierten Straßenkenntnisse gibt. Und das Internet, in dem auch meine Frau Simone und ich mit einer eigenen Homepage vertreten sind.

Alter schützt vor Fortschritt nicht! Und warum sollte es auch? Die *Fledermaus* im neuen digitalen Gewand würde mir doch sonst entgehen. Pünktlich zu meinem neunundneunzigsten Geburtstag soll sie fertiggestellt sein, und wenn alles gutgeht, bin ich noch dabei – als letzter, als einziger aus dem Ensemble, der das noch erleben darf.

Sicher wohl auch als einer der wenigen, der aus jener Zeit in Prag erzählen kann. Aus jenen Tagen und Wochen, als an der Moldau alle Zeichen auf Zusammenbruch standen. Als alles auf eine finale Katastrophe hindeutete und niemand wusste, was danach sein würde. Als wir in den Barrandov-Ateliers mit größtem Aufwand die *Fledermaus* drehten.

Wie schrieb doch jener Filmkritiker im Februar 1950 so treffend: »Schade, dass wir heute nicht mehr 3,5 Millionen Mark für einen Film ausgeben können. Vielleicht wird manchem Filmfreund, der berücksichtigt, dass heute ein Spielfilm kaum mehr als 700 000 Mark kosten darf, klar, warum sich die neue deutsche

155

Filmproduktion etwas ärmlich ausnimmt und es im Wettbewerb gegen die Auslandserfolge so schwer hat.«

Geradezu unanständig war in unserer Prager Zeit die himmelschreiende Kluft zwischen Filmopulenz und Wirklichkeit. Wenngleich während der Dreharbeiten wir ja die einzigen waren, die davon etwas mitbekamen. Wir versuchten, uns auf unsere Arbeit zu konzentrieren. Hätten wir darüber nachgedacht, dass ein Vermögen für einen Kinofilm ausgegeben wurde, während zur gleichen Zeit in Berlin Hunderttausende durch den Luftkrieg ihr Dach über dem Kopf verloren, wären wir vermutlich verrückt geworden. Also richtete jeder seinen »Tunnelblick« auf die Rolle, auf den Film, auf die Arbeit. Private Momente waren selten. Gespräche, in denen man sich über seine Gedanken und Ängste austauschte, noch seltener.

Ich hatte mit einer tschechischen Familie Freundschaft geschlossen. Nur in diesem kleinen Kreis entwickelte sich so etwas wie vertrauensvolle Offenheit. Ich war kein Deutscher, und keiner hatte von dem anderen etwas zu befürchten. Ein Restaurant mit einer Bar und einem Veranstaltungssaal war zuvor im Besitz dieser Familie gewesen, wurde aber von den Deutschen beschlagnahmt und als Funkstation genutzt. Eine große Zahl von Volksempfängern lagerte dort. Mein tschechischer Freund hatte einen Ersatzschlüssel vor dem Zugriff der Deutschen bewahren können. Mit diesem drangen wir nachts in die ehemalige Bar ein, klauten eines der Rundfunkgeräte und nahmen es mit in die Wohnung. Hinter verdunkelten Fenstern scharten wir uns um dieses Radio und hörten die Nachrichten der ausländischen Sender. Vor allem die der Briten, die immer mit den ersten (»Schicksals«-)Takten aus Beethovens fünfter Symphonie begannen. In jeder Sekunde war uns bewusst, dass das, was wir taten, unter Androhung der Todesstrafe verboten war. Aber nichts war schlimmer als die Ahnungslosigkeit und die Furcht davor, nicht mehr rechtzeitig reagieren zu können. So wussten wir wenigstens, wie die Dinge standen. Wir brachten das Radio anschließend wieder an seinen Platz zurück. Bei der nächsten Gelegenheit wiederholten wir diese nicht ungefährliche Aktion.

Dank dieser Informationen wusste ich genau, wann die Zeit gekommen war, Prag zu verlassen. Ebenso genau wusste ich, dass ich den Film, für den ich im Frühjahr 1945 noch besetzt werden sollte, mit Sicherheit nicht mehr drehen würde. Jetzt galt es nur noch, die *Fledermaus* zu Ende zu bringen. Dann würde ich mich krank melden und nach Grundlsee fahren. Ich war dankbar und beruhigt, dass wir dort schon rechtzeitig eine sichere Bleibe gefunden hatten. So würde ich einfach aus dem Gesichtsfeld der Produktionschefs verschwinden können, mit einem Ziel vor Augen die Flucht ergreifen, solange es noch möglich war.

Hans Hinkel, dessen Bekanntschaft mir ja schon in Berlin im Gefängnis zweifelhaftes Vergnügen bereitet hatte, tauchte zu guter Letzt noch in Prag auf. Als Sonderbeauftragter von Goebbels hielt er eine Rede vor uns Schauspielern, erzählte voller Pathos von neuen Waffen, unbegründeter Angst und schloss mit dem Ausruf: »Wer jetzt Prag verlässt, ist ein Feigling.«

Sprach's und flog zurück nach Bayern.

Nachdem endlich auch die Synchronarbeiten für die *Fledermaus* getan waren, hieß es Abschied nehmen von Prag. Zu einem gemütlichen Abendessen trafen wir uns bei Edith Roesler und ihrer Prager Familie. Sie war Schauspielerin und Rundfunksprecherin und hat viel in den Barrandov-Ateliers gearbeitet. Für mich stand an diesem Abend schon fest, dass ich an einem der nächsten Tage aus der Stadt fortgehen würde, dass wieder ein Lebensabschnitt zu Ende war und ein neuer beginnen würde. Wir hatten das Glück, in Prag eine fast unbeschwerte Zeit erleben zu dürfen. Wieviel wir dabei unseren tschechischen Kollegen mit ihrer Gastfreundschaft und ihrer liebenswerten Unkompliziertheit zu verdanken hatten, wussten wir. Wir wussten auch, dass wir so bald nicht mehr zusammensitzen würden, dass wir so bald auch keinen Film mehr drehen würden. Wer weiß, ob überhaupt jemals wieder.

Mir war es ein Bedürfnis, den Prager Freunden etwas für das zurückzugeben, was sie uns hatten zukommen lassen. Menschlichkeit und Wahrhaftigkeit sind zwar nicht mit Geld aufzuwiegen, aber uns war nicht entgangen, dass das Geld bei den Einheimischen knapp wurde.

Als wir an diesem Abend gemütlich um den Tisch saßen, stand ich auf, um eine kleine Ankündigung zu machen. Nichts Großartiges, eigentlich nur ein Vorschlag: Lasst uns alle unsere letzte Gage hier auf den Tisch legen und damit den Familien ein bisschen helfen, die in den vergangenen Monaten so viel für uns getan haben.

Keiner widersprach und niemand überlegte lange – binnen einer Minute häuften sich tschechische Kronen in Münzen und Scheinen auf dem Tisch.

Erst Jahrzehnte später erfuhr ich, was dieses Geld für Edith Roesler, unsere Gastgeberin an jenem Abend, bedeutete. Konserven hatte sie davon gekauft und diese im Kinderwagen ihres Sohnes unter der Matratze versteckt. Nur dort waren sie halbwegs davor bewahrt, auf der Flucht gestohlen zu werden. Diese Konserven leisteten einen erheblichen Beitrag, um das Überleben von Edith Roeslers kleiner Familie zu sichern.

Erzählt hat mir die Geschichte der Mann, der damals als kleiner Knabe auf jenen Konservendosen unter seiner Matratze wahrscheinlich ziemlich hart gelegen hat. Er heißt Michael Kunze und ist heute wohl der bekannteste Liedtexter und Musicallibrettist Deutschlands, zudem Buchautor und ein ausgesprochen anregender Mensch.

Nachdem ich Prag im Frühjahr 1945 den Rücken gekehrt hatte, dauerte es dreiundfünfzig Jahre, bis ich die Stadt wiedersah, an die ich so zahlreiche Erinnerungen habe.

Auch diesmal, im April 1998, stand ich vor der Kamera, und zwar für einen Werbespot eines großen Elektronik-Kaufhauses.

Damit avancierte ich über Nacht zum ältesten Werbestar und war in dem Spot im Fernsehen und im Kino zu sehen. Im Studio wurde dafür eine große Gala mit Ballett, Showtreppe und allem Drum und Dran inszeniert. Hübsche Tänzerinnen mit noch hübscheren Beinen umgaben mich, während ich verkündete: »Wer jetzt ins Maxim geht, muss total blöd sein.«

Natürlich war die Zeit zu kurz, um alle Orte aufzusuchen, mit denen ich noch etwas verbinde, aber ich bin froh, die Goldene Stadt wiedergesehen zu haben.

Der Krieg ist aus.
Hurra, wir leben noch!

Vor dem Haus saßen drei Männer. Für mich schon aus der Entfernung unverkennbar: Paul Kemp, Theo Lingen und Peter Kreuder. Als ich näherkam, bedeuteten mir ihre fragenden Blicke, dass sie mich wohl nicht so ohne weiteres erkannten. Nun, ich gebe zu, dass mein Äußeres – bärtig, ungekämmt, abgemagert – auch eher an einen Waldschrat erinnerte und mit dem Erscheinungsbild, das sie von mir gewöhnt waren, nicht mehr viel zu tun hatte. Schließlich hatte ich ja mit meinem Künstlerberuf nichts mehr zu tun und führte in Grundlsee das Leben eines Bergbauern.

»Vorhof des Himmels« wurde der Landstrich genannt, in dem unser kleines Haus lag. Und tatsächlich schien der liebe Gott hier mit besonderer Sorgfalt zu Werke gegangen zu sein: der See in einem Tal, umschlossen von waldigen Bergen, in der Ferne schneebedeckte Gipfel ... Doch so reichhaltig die Schönheit fürs Auge war, satt wurden wir davon nicht. Die Bauern in diesem Tal lebten nicht vom Ackerbau, sondern nur davon, was Wald, Wiese und der kleine Viehstall hergaben.

Mit dem ersten Hahnenschrei hieß es aufstehen und die Ärmel hochkrempeln: Wiese mähen, Holz hacken, im Garten ein wenig Gemüse anbauen, Wasser heiß machen, Wiesje mit der Wäsche helfen, bei den benachbarten Bauern Eier und Milch holen.

Noch wenige Wochen vor Kriegsende sollte einer unserer Nachbarn, der Bauer Scharfhuber, zum Volkssturm rekrutiert werden.

»Jetzt ist alles aus«, klagte er. »Wer kümmert sich um meinen Hof, meine Kinder, meine Frau, meine alte Mutter?«

Der arme Kerl saß in der Klemme. Wenn er nicht ging, würde man ihn holen, und wie auch immer er sich entschied, jemand musste die Arbeit auf dem Hof erledigen.

Dieser Jemand war ich. Ein völliger Laie in Sachen Landwirtschaft, aber eben auch einer, der nicht nein sagen kann, wenn Hilfe gefragt ist. Was jetzt an Aufgaben auf mich zukam, ging weit über das hinaus, was unser kleiner Gartenlandbau erforderte. Jetzt hieß es Kühe melken, Heu einholen, Vieh füttern, Stall ausmisten und der Bauersfrau die schwierigsten Arbeiten abnehmen. Zum Heizen brauchten wir Holz. Also mussten im Wald Bäume gefällt werden. Ben und ich übernahmen das, beförderten die Stämme auf einem Bollerwagen nach Hause, wo wir sie zersägten und in Scheite hackten.

Alle packten mit an. Die körperliche Arbeit setzte uns zu, zumal die Lebensmittelvorräte immer schmaler wurden. Und wir mit ihnen.

»Der Krieg ist aus! Der Krieg ist aus!«

Tränenüberströmt lief die Frau des Bürgermeisters durchs Dorf. Buchstäblich ihr auf den Fuß folgend die Amerikaner, die – sehr unmilitärisch ausgedrückt – den russischen Truppen das Salzkammergut vor der Nase weggeschnappt hatten. Es war Anfang Mai 1945.

Mit den Amerikanern kam auch unser Nachbar, der Bauer Scharfhuber, wieder zurück. Plötzlich stand er da.

»Mensch, du lebst«, rief ich freudig. »Gott sei Dank!«

»Ja ja«, sagte er, »ich war doch gar nicht richtig weg.«

Was sollte denn das bedeuten – nicht richtig weg? Bei näherer Betrachtung meines Gegenübers fiel mir auf, dass der Scharfhuber-Bauer lange nicht so ausgemergelt aussah wie wir. »Wo warst du denn«, fragte ich.

»Dort droben auf dem Berg«, gab er zur Antwort und deutete irgendwohin Richtung Himmel. »Ich habe beobachtet, wie du gearbeitet hast. Wie du geschwitzt und geschuftet hast.«

Na, der hatte Nerven.

Die wahre Geschichte jedoch war nicht ganz so übermütig, wie des Bauern flotte Sprüche vermuten ließen. Zusammen mit anderen Männern aus dem Dorf, die auch noch auf den letzten Drücker eingezogen werden sollten, hatte er sich in den Bergen verschanzt. Dort lebten sie von rechtzeitig in einer Hütte verstecktem Proviant und verbotenerweise erlegtem Wild. Davon hatte er uns auch etwas mitgebracht, und so konnten wir das langersehnte Kriegsende mit einem Festbraten willkommen heißen.

Nun also saßen meine drei Kollegen vom Film da und warteten auf mich. Sie hatten die Köpfe schon voller Pläne, und ich sollte ein Teil davon sein. Aber zunächst einmal gab es viel zu erzählen.

Paul Kemp, mit dem ich 1938 erstmals und danach noch in einigen Filmen zusammengearbeitet hatte, schilderte, wie er fast als letzter seines Filmteams Prag verlassen hatte. Gemeinsam mit Siegfried Breuer war er in einem klapprigen Lkw drei Tage bis Bad Ischl unterwegs.

Ich konnte berichten, dass ich, kurz nachdem ich Prag verlassen hatte und in Grundlsee eingetroffen war, nach Berlin beordert wurde. Bis zur bitteren Neige fanden dort im Funkhaus an der Masurenallee die Wunschkonzerte des Reichsrundfunks statt. Schon mehrmals zuvor hatte man mich aufgefordert, daran teilzunehmen, aber ich konnte stets auf laufende Theater- oder Filmarbeiten verweisen und dem Ganzen so entgehen. Aber diese Argumente galten nun nicht mehr. Die Theater waren am 1. September 1944 geschlossen worden und meine Filmarbeit in Prag war 1945 beendet. Das wussten die Organisatoren in Berlin und ließen deswegen auch nicht locker. »Nein, ich kann nicht«, wiederholte ich, »ich bin krank, und außerdem braucht mich meine Familie.«

Ein lächerlicher und unglaubhafter Vorwand sei das, hörte ich aus Berlin, woraufhin der nächste Anruf schon entschiedener war. Ohne viel Federlesens gab man mir zu verstehen, dass ich durchaus auch abgeholt werden könnte, falls ich nicht freiwillig käme.

Resigniert fuhr ich mit dem Zug nach Berlin, lieferte meinen Auftritt ab, verzichtete auf die Übernachtung im Hotel und bestieg direkt die letzte Bahn, um nach Grundlsee zurückzugelangen. Was für eine friedliche Abgeschiedenheit empfing mich in den Bergen. Wie gespenstisch mutete dagegen das ausgebombte Berlin mit seinen qualmenden Häuserskeletten an.

Das war mein letzter öffentlicher Auftritt im Dritten Reich gewesen, auf den ich zu gerne verzichtet hätte. Danach hatte ich auf keiner Bühne mehr gestanden und auch noch keinen Gedanken daran verloren, meine künstlerische Arbeit in naher Zukunft wieder aufzunehmen. Jetzt war erst einmal die Zeit, in der wir froh waren, dass die Familie am Leben und der Krieg vorbei war. Es war die Zeit, in der wir mit leuchtenden Augen und ungeduldigen Fingern die amerikanischen Care-Pakete öffneten, die wir als Holländer bekamen, und die Kostbarkeiten, die darin waren, mit den Einheimischen teilten und tauschten.

Aber Lingen, Kreuder und Kemp hatten schon wieder Flöhe im Allerwertesten, konnten ihren Tatendrang kaum mehr zügeln. Theo Lingen lebte mit seiner Frau, der ehemaligen Sängerin Marianne Zoff, geschiedene Brecht, in Strobl in der Nähe von Bad Ischl und hatte sich bereits um die Bespielbarkeit des dortigen Lehár-Theaters gekümmert. Peter Kreuder schwärmte von dem angesehenen Bruckner-Orchester, das er in Linz aufgespürt hatte, und von den Festspielen in Aussee, die es noch gar nicht gab, die er aber zu veranstalten gedachte. Und Paulchen Kemp freute sich über die Gründung der Künstlergemeinschaft Bad Ischl, an der Theo Mackeben und seine Frau Loni Heuser, Lingen und Kreuder, Sigi Breuer und dessen Frau Eva-Maria Meineke beteiligt waren.

»Du musst unbedingt mitmachen, Jopie!« Alle drei redeten auf mich ein.

Ich war unschlüssig. Vor wem sollten wir denn singen? Waren die Menschen wirklich schon bereit für bunte Abende? Und wollte ich schon wieder zurück auf die Bühne?

Was für eine Frage. Natürlich wollte ich. Das war doch mein Beruf, den ich liebte! Und dass auch das Publikum sich wieder amüsieren und immer noch ablenken lassen wollte, erfuhren wir gleich nach den ersten Auftritten.

Monatelang hatte mein Frack im Schrank gehangen. Jetzt hing er an mir. Viel zu weit war er mir geworden. Notdürftig schnürte ich ihn auf dem Rücken zusammen und stellte mich auf der Bühne immer schön frontal zu den Zuschauern. Obwohl es doch eigentlich ganz unwichtig war, ob der Frack richtig saß oder nicht. Es spielte auch keine Rolle, dass manche Säle, in denen wir auftraten, nicht geheizt werden konnten. Die Herzlichkeit der Menschen, die in großer Anzahl erschienen waren, verströmte genügend Wärme.

»Würschteltourneen« nannten wir diese Tingelauftritte. Aber nicht nur, weil wir oben auf der Bühne genauso arme Würschtel waren wie die Leute unten im Zuschauerraum, sondern weil die Abendgagen meist in Naturalien ausbezahlt wurden. Unter günstigen Umständen konnten das auch amerikanische Zigaretten sein, die damals besonders hoch im Kurs standen.

Wir gastierten mehrfach in Aussee und Bad Ischl. In Salzburg veranstaltete der »Bund antifaschistischer Künstler« einen großen Festabend. Zweimal traten wir im August 1945 dort in der Felsenreitschule auf. Das Programm begann mit dem ersten Satz aus Beethovens fünfter Symphonie, gespielt vom Mozarteum-Orchester, eine Gedicht-Lesung folgte und eine symphonische Festdichtung. Den zweiten Teil des Abends bestritten wir etwas beschwingter mit Melodien von Franz Lehár, Robert Stolz und Emmerich Kálmán, der nun, nach dem Untergang Nazi-Deutschlands, wieder gespielt werden durfte. Lingen, Kreuder und Kemp

Salzburg, August 1945: Vorderseite des Programms zum Festabend des »Bundes antifaschistischer Künstler«, bei dem ich mitwirkte

waren natürlich dabei, außerdem Susi Nicoletti, Magda Schneider, Hans Moser, Eva Gencsy und einige andere. Eine kleine Bemerkung auf dem Programmzettel beschreibt treffend die damaligen Tücken des Alltags: »Programmänderungen – sowohl der Reihenfolge als auch der Anzahl der auftretenden Künstler nach – unter Berücksichtigung möglicher Verkehrs- und Beförderungsschwierigkeiten vorbehalten.« Es war eben alles ein bisschen provisorisch.

Bei einem Gastspiel in Graz lernte ich Fritz Muliar kennen, der am dortigen Theater engagiert war. Ein paar Jahre später, 1949, spielte ich mit ihm am Raimund-Theater in Wien die Operette *Bel ami* von Rudolf Kattnigg. Das Libretto von Fritz Eckhardt hatte – am Rande bemerkt – mit dem Stoff, den wir fünf Jahre später verfilmten, nicht viel zu tun.

Eine Woche vor der Premiere musste Muliar für einen jungen Kollegen einspringen. Wir probten bei mir zu Hause. Muliar war fabelhaft. Aber die Aufführung war kein Erfolg und wurde schon nach fünfzig Vorstellungen, was damals wenig war, abgesetzt. Statt dessen stand die *Lustige Witwe* wieder auf dem Spielplan und sollte die Zuschauerreihen und die Kasse des Raimund-Theaters wieder füllen.

Es ist in meinem Fall nicht verwunderlich, dass es ebenfalls die *Lustige Witwe* war, mit der ich 1946 zum ersten Mal nach dem Krieg wieder ein längeres Engagement hatte und somit dem Nomadenleben, das unsere vielen Auftritte mit sich brachten, nach einigen Monaten ein Ende setzte.

Graf Danilo hatte den Krieg unbeschadet überstanden und war froh, dass die Bühnenscheinwerfer wieder erstrahlten. Auch wenn er einen neuen Regisseur vorgesetzt bekam. Mich. Damit erfüllte ich mir wahrlich keinen Herzenswunsch, sondern fügte mich den eingeschränkten finanziellen und personellen Gegebenheiten, die ich am Wiener Freilichttheater am Heumarkt, das mich engagiert hatte, vorfand. Wohin man auch blickte, war Mangel. Wonach man auch fragte, es fehlte. In allen Lebensbereichen.

Dass diese *Lustige Witwe* 1946 in Wien nicht meine einzige Inszenierung blieb, ist kein Hinweis darauf, dass ich als Regisseur auf zu neuen Ufern wollte. Sicherlich spielte meine ewige Neugier eine Rolle – das tut sie heute immer noch –, aber die ganze Wahrheit ist wohl, dass ich noch drei weitere Anläufe brauchte, um zu begreifen, dass ich mich im Grunde mit all dem gar nicht herumärgern wollte, womit sich ein Regisseur naturgemäß plagen muss: Wunschbesetzungen, die man nicht kriegen kann, weil sie zu teuer sind, Bühnenbilder, die aus demselben Grund verkleinert werden, Probenräume, Probenzeiten und und und … So habe ich nach den musikalischen Inszenierungen der *Hochzeitsnacht im Paradies* 1952 in Düsseldorf und *Meine Schwester und ich* 1955 in München sowie dem Schauspiel *Das Lied der Taube* 1954 am Reinhardt-Seminar in Wien den Regiestuhl freigemacht und mich wieder hun-

166

dertprozentig darauf konzentriert, als Schauspieler die Nerven anderer Regisseure zu strapazieren.

Es war im Winter 1945/46, als auch schon wieder das erste Nachkriegs-Filmangebot ins Haus flatterte. Das Kuriose: Eine russische Produktion sollte es sein. Drehort Budapest. Außer mir sollten Theo Lingen und Hans Moser dabei sein. Geworden ist es am Ende nichts. Ein gutbezahltes Nichts allerdings. In der damaligen Zeit war die Gage mindestens so wichtig wie die schauspielerische Aufgabe. Und außer der Gage winkten die Diäten: ein amerikanischer Dollar pro Tag.

Die Fahrt im Bummelzug nach Budapest war aufwühlend. All diese Menschen, die kein Zuhause mehr hatten, die mit ihren verbliebenen Habseligkeiten kreuz und quer durch Europa fuhren. Beinahe Lebensmüde standen selbst bei eisiger Kälte auf den Trittbrettern oder saßen auf den Dächern der übervollen Züge. Sie strandeten irgendwo auf Bahnhöfen, ruhten sich ein wenig aus und ließen sich dann weitertreiben. Und in Budapest das gleiche Bild. Tausende liefen durcheinander, die wenigsten hatten ein Ziel.

Auch unsere Tage in der ungarischen Metropole verliefen ziemlich desorientiert. Gedreht wurde nicht, und so hatten wir nichts weiter zu tun, als täglich unseren Dollar abzuholen. Die restliche Zeit verbrachten wir mit Spaziergängen durch die völlig zerstörte Stadt. Budapest hatte es ähnlich schlimm erwischt wie viele Städte in Deutschland. Bei ihrem Rückzug hatten die Deutschen alle Brücken über die Donau in die Luft gejagt, und nach amerikanischen Bombardierungen lagen mindestens drei Viertel der Gebäude in Schutt und Asche. Nun hatten die sowjetischen Truppen das Zepter in die Hand genommen.

Warum ausgerechnet in diesem heillosen Durcheinander auch noch ein Film gedreht werden sollte, wird immer ein Geheimnis der russischen Produzenten bleiben. Offenkundig war, dass es nicht klappte und wir einige Tage später schon wieder im Zug retour nach Österreich saßen. Nur eine lächerliche kleine Szene hatte ich gedreht. Die jedoch wurde fürstlich entlohnt, denn man zahlte uns die Gagen und Diäten aus.

Wie Knecht Ruprecht traf ich mit einem vollbeladenen Schlitten wieder bei meiner Familie in Grundlsee ein. Der »Vorhof des Himmels« war tief verschneit und sah aus wie eine Zauberlandschaft.

Von einem Teil der Geldes hatte ich für uns alle warme Wintermäntel gekauft, der Rest wurde bis in den Sommer gestreckt. Bis dahin war ich wieder Bauer und Naturmensch – und glücklicher Familienvater. Es waren schöne, intensive Wochen mit Wiesje und den Kindern. Doch sie konnten nicht ewig dauern, schon allein weil unsere Ersparnisse stetig zusammenschmolzen.

Und so wusste ich, dass ich mich – wenn nicht bald eine gute Fee erschiene, die mir drei Wünsche erfüllte – wohl nach einem neuen Engagement umsehen musste. Nun, die gute Fee hatte wohl andere Pläne, schickte aber immerhin die *Lustige Witwe* vorbei, mit der ich dann im Spätsommer 1946 in Freilichtaufführungen in Wien gastierte.

Im selben Jahr stand ich auch wieder vor der Kamera, und es wurde tatsächlich ein Film daraus – die musikalische Komödie *Wiener Melodien* mit der jungen und begabten Elfie Mayerhofer, die ich von unserer gemeinsamen *Fledermaus* 1939/40 am Münchner Gärtnerplatztheater her kannte. Nach *Es fing so harmlos an*, 1943/44 in Prag gedreht, war Theo Lingen zum zweiten Mal mein Regisseur. Mitgespielt hat er diesmal allerdings nicht.

Diesem Film, wie auch meinen nachfolgenden Theaterengagements, wohnte eine gewisse künstlerische Stagnation inne. Ob ich nun den *Graf von Luxemburg* spielte, mit dem wir auch das von den Amerikanern gerade geräumte Wiener Stadttheater wiedereröffneten, oder den *Zarewitsch* – ich wurde das Gefühl nicht los, dass die Musiktheater und die musikalischen Filmproduktionen auf der Stelle traten. Während im Schauspiel Künstler und Publikum geradezu nach neuen Stücken gierten und die unter den Nazis verbotenen Autoren neu und wiederentdeckten, blieb bei der Operette alles beim alten.

Womöglich ist es gar nicht richtig, diesen Standpunkt zu verallgemeinern. Für meine Person war er auf jeden Fall zutreffend. Und ganz ausschließen kann ich nicht, dass dieser Mangel an kreativem Pioniergeist schon damals den schleichenden Abstieg der Operette in der Gunst der Zuschauer einläutete. Was natürlich nicht heißt, dass sie über Nacht von der Bildfläche und aus den Spielplänen der Theater verschwand. Auch ist nicht plötzlich das Publikum weggeblieben. Im Gegenteil. Aber eine Kunstgattung will gehegt und gepflegt werden. Und es ist doch eine bedauerliche Tatsache, dass es heute in Deutschland keine Bühne mehr gibt, die sich des Genres der Operette annimmt, so wie sie im 19. Jahrhundert entstand: als frecheres, gewandtes Pendant zur Oper, als Zeitströmungen aufgreifende Spielart der kleinen Komischen Oper, in der dem gesprochenen Dialog ein bedeutender Stellenwert zukommt.

So habe ich die Operette immer aufgefasst und tue es noch heute. Ein Operettenlibretto ist, selbst wenn es keine geistigen Höhenflüge unternimmt, viel mehr als nur die Grundlage für die Musik. Ein Text, und sei er noch so oberflächlich, muss ernst genommen werden, wenn seine »Botschaft« beim Publikum ankommen soll. Und er muss zu verstehen sein, auch wenn er gesungen wird. Darum habe ich mich immer sehr bemüht.

Im besten Falle sind in der Operette Schauspiel- und musikalische Szenen eine verschmolzene Einheit. Die Übergänge müssen fließend und organisch sein, so dass sich das eine geradezu zwangsläufig aus dem anderen ergibt. Das bedeutet, dass es nicht in erster Linie darum geht, ein Lied, ein Duett oder ein Ensemble schön zu singen – das versteht sich eigentlich von selbst –, sondern wahrhaftig zu gestalten. Die Wahrhaftigkeit aber geht verloren, wenn Schauspiel und Musik auseinanderfallen, was leider häufig geschieht. Gesprochene Szenen werden dann mehr und mehr zu stiefmütterlich behandelten Bindegliedern zwischen zwei Liedern reduziert. Die alleinige Konzentration gilt der Musik, dem Gesang und nicht der Aufführung in ihrer Gesamtheit.

Wenn ich als Zuschauer eine solche Vorstellung sehe, ist für mich die Schmerzgrenze erreicht. Logik und Natürlichkeit fallen einer hochartifiziellen Spielweise zum Opfer, und alles wirkt verkrampft und übertrieben. Dann geht man mit einem leeren Gefühl nach Hause, denn zwischen Künstlern und Publikum hat nichts stattgefunden.

Die Grundlagen zu meiner Arbeitsweise und Rollenauffassung wurden schon während meiner Ausbildung gelegt. Daher rührt bestimmt auch meine Einstellung zur Bedeutung des Schauspielens in der Operette. Und wenn ich damals in der zweiten Hälfte der vierziger Jahre zunächst zwar keine Herausforderung in Form von neuen Bühnenrollen zu bestehen hatte, so steckte ich meine Energie in die Vervollkommnung der bereits gespielten.

Nach den bedrückenden Impressionen der kriegsgebeutelten Städte und ihrer Bewohner, die ich bei vielen Gastengagements sah und traf, beruhigte die Heimkehr ins Salzkammergut mit seiner unversehrten Natur meine Gedanken immer wieder. Allmählich normalisierte sich unser Leben am Grundlsee. Die Mädchen gingen zur Schule, und unsere Versorgungslage erschien Wiesje und mir nicht mehr allzu besorgniserregend.

Kummer brachte uns eine traurige Nachricht aus Holland. In nur drei Worten – »Pa dood stop Moe« – telegrafierte uns meine Mutter, dass mein Vater gestorben war.

Jetzt war ich also allein mit meiner Erinnerung an das gelbe Haus in Amsterdam. Das gelbe Haus, in dem sich die Schauspielschule befunden hatte. Noch heute sehe ich uns dort stehen, meinen Vater und mich. Den Kaufmann mit seinem jüngsten Sohn. Er hatte meine große Sehnsucht erspürt und nicht einen Augenblick lang von mir erwartet, dass ich diesen Traum aufgab.

170

Werkzeug der Propaganda oder:
Meine schwierige Liebe zu Holland

Robert Jungbluth plante kurz nach Kriegsende in Wien eine große Veranstaltung mit mir. Einen musikalischen Abend im »Goldenen Saal« des Musikvereins, wo sonst die Wiener Philharmoniker zu spielen pflegen. Um diesen Saal mieten zu können, brauchte Jungbluth die Genehmigung der alliierten Beauftragten. Doch diese waren anfangs skeptisch. Nicht so sehr die Russen, wie Jungbluth erzählte, besonders die Amerikaner und Franzosen hätten Bedenken gehabt, Künstlern Auftritte zu ermöglichen, deren politische Vergangenheit während des NS-Regimes noch nicht hinlänglich durchleuchtet war.

Jungbluth kannte mich gut genug, wusste aus vielen vertrauensvollen Gesprächen, die wir in Prag geführt hatten, um meine Haltung. Er wusste, dass ich kein Nazi war.

Und er wusste, dass mich die Nazis, möglicherweise entgegen der öffentlichen Wahrnehmung, auch nicht als einen der ihren betrachteten. Mit eigenen Augen hatte er gesehen, wie die Hitlerjugend die Filmplakate von *Immer nur Du!* mit schwarzen Farbbeuteln bewarf.

Diese persönliche Erfahrung und die Kenntnis meiner Einstellung machten es Jungbluth nicht schwer, die geäußerten Bedenken zu entkräften. Das Konzert in Wien konnte stattfinden und geriet zu einem außergewöhnlichen Erfolg.

Indem ich dies erzähle, möchte ich die Position der Alliierten nicht vom Grundsatz her in Frage stellen. Wie könnte ich? War doch nach den Greueltaten der zurückliegenden Jahre, die in ihrem ganzen Ausmaß ja erst nach dem Zusammenbruch des Nazi-

Regimes zur schrecklichen Entdeckung gelangt waren, Argwohn nicht nur angebracht, sondern notwendig. Viel tiefer aber als bei den Franzosen oder Amerikanern saß das Misstrauen bei meinen eigenen Landsleuten in Holland. Noch Jahre – sogar Jahrzehnte – später *wollten* sie mir nicht verzeihen, dass ich im Land des Besatzers Karriere gemacht und mit meiner Arbeit dort sogar Heiterkeit verbreitet hatte. Viele *konnten* mir wohl auch nicht verzeihen – manche taten es bis heute nicht. Zu grausam waren die Verletzungen, die die Deutschen dem holländischen Volk zugefügt hatten.

Es schmerzte, aus meiner Heimat zu hören, ich sei kein Holländer mehr, sondern längst Österreicher oder Deutscher. Dennoch war und bin ich sehr wohl imstande, die Verbitterung der Menschen zu verstehen, die unter der deutschen Besatzung gelitten hatten. Und das waren viele.

Mein Herz aber spricht keine andere Sprache. Ich weiß, dass es, solange ich lebe, immer für Holland schlagen wird. Um so schwerer fiel es mir, mich an die betrübliche Vorstellung zu gewöhnen, dort nicht mehr aufzutreten. Seit bald vierzig Jahren habe ich nicht mehr auf einer holländischen Bühne gestanden. Auf den großen Erfolg an der Stadsschouwburg Amsterdam, wo ich 1960 den »Bettelstudent« spielte, folgte 1964 die Ernüchterung. In dem amerikanischen Musical *The Sound of Music* übernahm ich die Hauptrolle des österreichischen Baron von Trapp, der mit seiner Familie vor den Nazis nach Amerika flieht. Vorwürfe wurden laut, dass ich, der die ganzen Jahre über in Deutschland gearbeitet hatte, einen so aufrechten Nazi-Gegner und Verfolgten spielte. Ausgerechnet ich mit »meiner Vergangenheit«.

Mit meiner Vergangenheit … Wenn die Sprache darauf kommt, mache ich mich immer wieder aufs neue angreifbar. Womöglich auch jetzt. Die einen halten es für verkehrt, darüber zu sprechen. Für die anderen ist es falsch, es nicht zu tun. Und wieder andere stricken aus Gerüchten und Halbwissen eine eigene Geschichte.

»Ich habe nichts getan, also muss ich mich auch nicht rechtfertigen« – lange Zeit war das mein Standpunkt. Wie falsch dieser Gedanke ist, habe ich mehr als einmal eindrucksvoll erleben müssen. Eindrücke, auf die ich gerne verzichtet hätte. Heute weiß ich, dass die Maxime anders lautet: Wer nichts sagt, hat etwas zu verbergen. Weder habe ich etwas zu verbergen, noch habe ich etwas vergessen.

Also: 1934 ergriff ich die große Chance, Karriere zu machen. Eine Karriere, wie sie in Holland nicht möglich gewesen wäre. Engagements in Wien, dann in Berlin und gleich darauf große Rollen beim Film – wer hätte das ausgeschlagen? Ich war jung und ehrgeizig genug, um viel erreichen zu wollen. Und ich hörte auf die Worte erfahrener und wohlmeinender Kollegen wie Siegfried Arno, der mir meine berufliche Zukunft in schillernden Farben ausmalte. Ich spielte Theater und drehte einen Film nach dem anderen. Arbeiten wollte ich und die Möglichkeiten nutzen, die sich mir boten. Weiter nichts. Politische Glaubenbekenntnisse irgendwelcher Art habe ich nie abgegeben, denn Politik interessierte mich nicht und die Leute, die sie machten, auch nicht.

Mit der *Lustigen Witwe* am Münchner Gärtnerplatztheater »avancierte« ich dann zu Hitlers Lieblings-Danilo. Die Ironie der Geschichte dabei war, dass der Intendant des Theaters, Fritz Fischer, eindringlich davor gewarnt wurde, mich zu engagieren. »Sie können den Heesters nicht nehmen«, soll der Theateragent Wolf gesagt haben. Schließlich wüsste Fischer doch genau, dass Hitler in die Vorstellung kommen würde. Mich dann als Hauptdarsteller zu sehen – das könnte nur Ärger geben.

Also holte sich der resolute Theaterchef bei Staatsminister Adolf Wagner persönlich die explizite Genehmigung, mir – der noch kurz zuvor von Goebbels mit einem Filmverbot belegt worden war – die Rolle geben zu können.

Hitlers Vorliebe für die *Lustige Witwe* und mich als Danilo machte es mir immer schwerer, die Nähe zu den Mächtigen zu meiden.

173

Wenn er seine Lieblingsoperette sehen wollte, wurde ich bestellt oder eingeflogen. Wie ein Hofnarr? Mag sein.

Offizielle Anlässe, Begrüßungen und Empfänge versuchte ich zu umgehen. Auf Schritt und Tritt wurde man bei solchen Gelegenheiten fotografiert, und es war nicht mehr zu übersehen, dass diese Fotos zu propagandistischen Zwecken eingesetzt wurden. Propaganda-Auftritte mit den Nazi-Führern Hollands, zu denen ich wiederholt aufgefordert wurde, konnte ich mich entziehen, da ich zu den genannten Terminen immer mitten in Filmarbeiten steckte, wo ich unabkömmlich war.

Nicht verweigern konnte ich im Mai 1941 eine Besichtigung des KZ Dachau. Hierzu wurde nicht ich alleine, sondern das gesamte Solisten-Ensemble und die Intendanz der »Staatsoperette am Gärtnerplatz«, wo wir gerade Benatzkys *Axel an der Himmelstür* spielten, beordert. Keiner war mutig genug, zu sagen: »Nein, das tun wir nicht« – und keiner so illoyal den Kollegen gegenüber, für sich alleine eine Ausrede zu erfinden –, als eines Abends die SS erschien, um uns mitzuteilen, dass wir zum Zweck eines »Lagerbesuchs« am nächsten Morgen gemeinsam abgeholt würden.

Es ist dieser Tag, der 21. Mai 1941, den man mir gerade in meiner Heimat übelgenommen und vorgeworfen hat. Es ist aber auch dieser Tag, um den eine große Unwahrheit entstand, die immer wieder publiziert wurde. Ich hätte in Dachau gesungen, hieß es, ein Konzert für die SS-Offiziere gegeben.

Es gibt zahllose Fotos, die an diesem Tag gemacht wurden. Natürlich gibt es die, denn auch diese inszenierten Besuche waren reine Propaganda-Instrumente. Aber diese Bilddokumente zeigen eines nicht – dass ich dort aufgetreten wäre. Dass ich im Konzentrationslager für oder vor jemandem gesungen hätte.

Das können sie auch nicht zeigen, weil es nicht stimmt.

Und doch stellte die Presse diese Behauptung auf. Sie wurde mehrmals veröffentlicht – in Holland, in Österreich und in Deutschland.

Und ich? Was habe ich getan, um diese falsche Anschuldigung zu entkräften? Nichts, oder nicht viel. Nicht genug offenbar.

Ich habe mich nicht zu Wort gemeldet, mich nicht zur Wehr gesetzt, nichts richtiggestellt. Es sei denn, ich wurde in Interviews danach gefragt. Dann habe ich natürlich gesagt, was wahr ist und was nicht. Aber ich habe nie von mir aus die Initiative ergriffen. Vielleicht habe ich zu sehr den Ratschlag derer befolgt, die mir empfohlen haben, das Thema nicht aufzubauschen.

Aber selbst wenn ich Stellung genommen hätte, wer hätte mir geglaubt?

Sicher nicht meine Landsleute in Holland.

Sie hätten mir nicht geglaubt, dass ich genau nicht der »vergessliche Holländer« bin, wie ein Journalist noch vor zwei Jahren seine Geschichte über mich betitelte.

Sie hätten mir nicht geglaubt, dass ich einfach ein Holländer bin, der in Deutschland und in Österreich als Schauspieler und Sänger zu einer Zeit große Erfolge hatte, in der das dunkelste Kapitel der deutschen Geschichte geschrieben wurde.

In dem Maße, in dem meine Beliebtheit beim Publikum wuchs, wurde ich von der Politik benutzt. Natürlich nicht nur ich, sondern viele meiner Kollegen aus allen künstlerischen Bereichen ebenso.

Wie verhält man sich als Künstler in einer Diktatur? Wenn man nicht mutig genug ist zu offenem Widerstand. Und wenn man sich, wie in meinem Fall, seiner Verantwortung für Frau und Kinder bewusst ist, von denen man Gefahren und Schaden fernhalten will.

Der österreichische Kulturhistoriker, Theaterkritiker, Schriftsteller und zeitweise auch Schauspieler Egon Friedell, der sich 1938 das Leben nahm, hat seine Gedanken über unseren Beruf einmal so formuliert: »Selbstverständlich kann und muss der Schauspieler ein sogenannter denkender Künstler sein. Er muss genau wissen, was er tut, aber nur in den Einzelheiten. Über die allgemeinen menschlichen und seelischen Grundlagen seines Berufes darf er

175

nicht nachdenken, sonst geht es ihm wie dem Nachtwandler, der – sowie er zum Bewusstsein seines Zustandes gebracht wird – sofort vom Dach stürzt und sich das Genick bricht.«

Mich nur auf meine Arbeit konzentrierend, auf die Rolle, die ich gerade spielte oder probte, versuchte ich die Gratwanderung zwischen dem beruflichen Ruhm und der fast nicht möglichen Unabhängigkeit in einem totalitären Staat, in dem nichts dem Zufall überlassen wurde.

Ein falscher Schritt, ein falsches Wort und alles gerät ins Wanken. Wie schnell das gehen konnte, hatte Goebbels mir ja gezeigt, als er mich 1938 zu jener Unterredung in sein Ministerium zitierte.

Und meine Verhaftung nach dem Einmarsch der deutschen Truppen in Holland machte mir ein für allemal klar, in was für einem sensiblen Gefüge wir uns bewegten. Jeder laut geäußerte Gedanke musste zuvor gründlich abgewogen und bedacht werden, was oft dazu führte, dass man ihn besser doch für sich behielt.

Stumme Opposition. Verhindert hat sie nichts. Aber hat sie deshalb begünstigt?

Das Schlimmste, was einem Schauspieler damals passieren konnte, war die Mitwirkung in einem politisch motivierten Propagandafilm. Mich traf dieses Los Gott sei Dank nicht.

Doch die Instrumentalisierung der Popularität war nicht abwendbar. So wenig wie die organisierte Besichtigung des KZ Dachau. Propaganda nach innen und außen. Niemand sollte so weit gehen, zu unterstellen, dass wir um die Verbrechen und die unsäglichen Grausamkeiten wussten, die an Orten wie diesem verübt wurden. Wir ebenso wenig wie die anderen »Besuchergruppen«, die man dort durchführte, das Schweizer Rote Kreuz zum Beispiel. Wir wurden benutzt, um uns und der Öffentlichkeit die Harmlosigkeit dieser Einrichtungen zu demonstrieren, um auch im Ausland aufkommende Zweifel im Keim zu ersticken. Wir bekamen ein »normales« Häftlingslager gezeigt, oder was man sich darunter vorstellte. Wohnbaracken, Wirtschaftsgebäude, Wachgebäude, einen Appellplatz. Es gab für uns in der Situation und in der Zeit keinen Anhaltspunkt, etwas anderes darin zu erkennen.

Soviel mir auch daran liegt, es zu ändern, habe ich doch das Gefühl, dass so mancher, besonders in Holland, seine Meinung über mich beibehalten wird. Ich habe in Deutschland gearbeitet, in Deutschland Erfolg gehabt. Ich habe nicht laut genug gesagt, dass ich gegen die Nazis bin, also war ich für sie. Im besten Falle hält man mich für einen Opportunisten, der ich beileibe nicht bin.

Immer wieder wurde von holländischer Seite interveniert, als ich für internationale Auszeichnungen, darunter einen österreichischen Professorentitel, vorgeschlagen wurde. Und im Jahr meines neunzigsten Geburtstags gab mir ein holländischer Journalist eine persönliche und sehr verletzende »Kostprobe« davon, was er, wohl in meinem Heimatland nicht als einziger, dachte.

Für ein Interview reiste er eigens zu uns nach Starnberg, brachte Honigkuchen mit und war ausnehmend freundlich. Wir setzten uns an den Tisch, ich schenkte Wein ein und verließ kurz das Zimmer, um etwas zu holen. Als ich zurückkam, war sein Glas leer. Er stellte seine Fragen, wir unterhielten uns und er ging wieder. Ein gutes Gefühl hinterließ er bei mir nicht. Wie recht ich damit hatte, las ich ein paar Tage später, als sein Artikel erschienen war.

Er habe den Wein aus dem Glas in die Flasche zurückgeschüttet, schrieb er. Von einem Mann wie mir wolle er keinen Wein trinken, denn – und so lautete auch die Überschrift – »Heesters hat mehrmals für die SS gesungen«. Die Courage, mir derartiges ins Gesicht zu sagen, hat er nicht aufgebracht. Aber zu Hause an seinem Schreibtisch war er mutig!

Allein der Gedanke daran ist quälend.

Als vor ein paar Monaten ein Redakteur derselben Zeitung, der linksliberalen »Volkskrant« in Amsterdam, wieder ein Interview wollte, habe ich lange überlegt. Sollte ich mich noch einmal wissentlich demütigen lassen?

Oder sollte dies vielleicht gar nicht die Motivation für das neue Interview sein?

Sie war es in der Tat nicht. Unvoreingenommenheit und die umfassende Kenntnis vieler Publikationen, wie des *Dossier Heesters* von Marinus Schroevers oder Bernd Polsters Buch *Swing Heil,* flossen in den Artikel ein – Veröffentlichungen, die meine Haltung und mein Verhalten während der NS-Zeit unverfälscht darstellen.

Die Überschrift dieses Berichts in der »Volkskrant« bestand aus nur einem Wort: »Wiedergutmachung«.

So froh ich darüber auch bin, dass offenbar die holländische Presse beginnt, einen anderen, versöhnlichen Ton anzuschlagen, so werde ich wohl dennoch in Interviews meine Zurückhaltung, was dieses Thema anbelangt, nicht ganz aufgeben können. Zu persönlich sind die Erfahrungen und Emotionen, die damit verknüpft sind, um sie vor der oder für die Öffentlichkeit darzulegen und sie in ein paar Sätzen wiederzugeben.

Gerne würde ich, daran denke ich oft, auf meine alten Tage noch einmal in meine Heimat Holland fahren. Und dann zu wissen, bei meinen Landsleuten willkommen zu sein – das wäre mein inniger Wunsch.

Von gesprengten Schablonen, verfehlten Zielgruppen und meinem gesunden Pessimismus

Ein paar Jahre lang blieb das Salzkammergut der Ort, an dem wir damals lebten. Das kleine Haus in Grundlsee war sicher das Beste, was uns passieren konnte, besonders für unsere Kinder Wiesje und Nicole. Viel zu viele Menschen leiden noch heute an den traumatischen Spuren, die der Krieg in ihren damals noch jungen Seelen hinterlassen hat. Durch den Umzug nach Grundlsee konnten wir den Mädchen die schlimmsten Eindrücke ersparen.

1948 war dann die Zeit reif für den nächsten Umzug. Wir mieteten eine Wohnung in Wien.

Von Rudolf Steinboeck bekam ich ein interessantes Filmangebot. Das ist insofern bemerkenswert, als Steinboeck bis Kriegsende Dramaturg und Oberspielleiter am Theater in der Josefstadt war und 1945 zum Direktor dieses renommierten Theaters ernannt wurde, gewählt von den Mitgliedern des Hauses und den zuständigen Behörden. Er war enger Mitarbeiter und »Zögling« des Max-Reinhardt-Nachfolgers Heinz Hilpert, der das Haus über die Hitler-Zeit gerettet hatte.

Dass ein Theaterleiter mir einen Film anbot, war an sich schon recht ungewöhnlich. Hinzu kam aber noch, dass es sich um eine Produktion des »Filmstudios des Theaters in der Josefstadt« handelte und die Mitwirkenden zum Großteil Ensemblemitglieder an der »Josefstadt« waren: Vilma Degischer, für jedermann mindestens aus der Sissi-Filmtrilogie als Romy Schneiders Schwiegermutter Erzherzogin Sophie ein Begriff, Erik Frey, Ernst Stankowsky, der später die Schreibweise seines Familiennamens in Stankovski abwandelte, und natürlich Rudolf Steinboeck als Regisseur.

Bei diesem Projekt handelte es sich aber nicht um die Aufzeichnung einer Theaterinszenierung oder die Verfilmung eines Bühnenstückes, sondern um eine unterhaltsame Gesellschaftskomödie, die speziell fürs Kino konzipiert war. Eine Nachkriegsgeschichte im Nachkriegseuropa. Meine Rolle war die eines holländischen Reiseschriftstellers, der samt Wohnwagen und liebesbekümmerter Sekretärin durch die Lande fährt. Sicherlich hat den Zuschauern auch die Liebesgeschichte, die sich zwischen den beiden anbahnt, gefallen. Vor allem aber sahen sie da jemand auf der Leinwand, der stellvertretend für sie alle sein Fernweh stillte und seine Reisesehnsucht erfüllte. Denn die Touristenkarawanen in Richtung Rimini und Capri setzten sich erst etliche Jahre später in Bewegung.

In Österreich hieß der Film *Liebe Freundin*, in Deutschland lief er unter dem Titel *Zweimal verliebt*. Einen zweiten Film drehten Rudi Steinboeck und ich nicht gemeinsam. Vielmehr widmeten wir uns einer viel spannenderen Zusammenarbeit – dem Theaterspielen. Allerdings musste ich dieses Mal ein wenig zu meinem Glück gezwungen werden.

Ich traf Steinboeck in Wien auf der Straße. Er fiel gleich mit der Tür ins Haus: »Ich habe eine wunderschöne Rolle für dich, Jopie.«

»Wo?« fragte ich. Schließlich wusste ich ja, dass er seine erstklassige Josefstädter Mannschaft auch außerhalb des Theaters einsetzte.

Falsch gedacht. »Na, bei mir an der Josefstadt«, antwortete er, als wäre alles andere undenkbar.

Eine Wand aus Angst und mangelndem Selbstvertrauen stand plötzlich vor mir. Unsichtbar, aber unüberwindlich.

Die Josefstadt. Wiens ältestes, traditionsreichstes Theater. Wer hier spielte, gehörte zu den Besten der Zunft: Hugo Thimig und seine Kinder Helene, Hermann und Hans Thimig, Paula Wessely und ihr Mann Attila Hörbiger, Rudolf Forster, Ernst Deutsch, Tilla Durieux, Hilde Krahl, Hans Moser, Fritz Kortner, Albert Bassermann, Gustav Waldau … Max Reinhardt hatte 1924 an diesem Haus sein »Theater der Schauspieler« begründet. Steinboeck sah sich dem ebenso verpflichtet wie der Beseitigung des literarischen Vakuums, das sich in den Jahren der NS-Herrschaft gebildet hatte.

An diesem Theater sollte ich spielen? Ich, der im Bewusstsein des Publikums ein Operettenprotagonist war. Einer mit holländischem Akzent obendrein. Ich traute mich nicht.

»Nein, Rudi, es tut mir leid. Aber ich habe so viele Termine.« Etwas Plausibleres fiel mit nicht ein. »Und außerdem«, log ich weiter, »ist meine Mutter krank. Ich muss mich um sie kümmern.«

Steinboeck machte keine Anstalten, mich überreden zu wollen, und ich hatte die Geschichte schon abgehakt, als ich ihm ein paar Wochen später wieder begegnete. Zuerst erkundigte er sich, ob meine Mutter wieder gesund sei.

»Meine Mutter?« fragte ich erstaunt. »Aber die war doch gar nicht kra…« Ertappt! Oh, Heesters, wenn du dich schon so einer fadenscheinigen Ausrede bedienst, solltest du es dir wenigstens merken.

Steinboeck lachte. Die Situation war wirklich komisch, hatte ich doch meine eigene Notlüge entlarvt. Der Josefstadt-Direktor aber schien sich darüber zu freuen, dass es nun keine Ausflüchte mehr für mich gab.

Jetzt war ich dran. Ich musste spielen. Es sei denn, ich wollte tatsächlich nicht. Aber dem war ja nicht so. Ich fürchtete nur, Publikum und Presse könnten meinen Ausflug ins Charakterfach für einen Ausrutscher halten und mir meine Rolle schon von vornherein nicht glauben.

Es ging um John van Drutens Komödie *Das Lied der Taube*. Dieses Stück des in England geborenen, in Amerika lebenden Autors hatte Steinboeck ausgewählt und wollte selbst Regie führen. Van Drutens Werk ist fester Bestandteil der amerikanischen Bühnenliteratur und steht in einer Komödientradition, die von Oscar Wilde bis Neil Simon reicht. Die deutsche Fassung von *Das Lied der*

Taube stammte von Alfred Polgar, ein Name, der für geschliffene Dialoge und todsichere Pointen stand.

Meine Partnerinnen in diesem Dreipersonenstück waren Aglaja Schmid und Helly Servi. Es geht darin um den US-Soldaten Bill Page, der für ein paar Urlaubstage wieder in die zivile Welt geworfen wird. Das war meine Rolle.

Am 20. August 1948 hatten wir Premiere und nach der Vorstellung wusste ich: Regisseur und Theaterchef Steinboeck hatte recht und ich unrecht. Der Beifall der Zuschauer war fulminant. Auch die Presse bestätigte uns tags darauf, dass wir gut gearbeitet hatten. Derartig hymnische Kritiken bekommt ein Schauspieler so selten in seiner Karriere, dass ich nicht ohne Stolz ein paar Auszüge zitieren möchte:

»Wie aus dem berühmten Operettenstar Johannes Heesters ein feiner Ensembleschauspieler wird«, schrieb zum Beispiel die »Welt am Abend« »ohne Gesang, ohne Mätzchen, ohne Pose, ist kein Experiment, ist eine Leistung.«

Im »Neuen Österreich« stand: »Der Zarewitsch erwies sich als ein durchaus ernstzunehmender Schauspieler, sparsam, ja man möchte sagen, keusch in der Wahl seiner darstellerischen Mittel. Alles in allem: kein Liebhaber, sondern ein Mensch. Johannes Heesters ist wirklich der große Junge, der aus der Männerwelt des Krieges in die blanke Patentwohnung eines jungen Mädchens schneit. Er begabt den Urlauber mit einem spröden Humor, einem schlaksigen Anticharme, der bestrickender wirkt als schwerenöterische Routine. Und einmal treibt er die Beschränkung, die den Meister zeigt, so weit, dass er ein Lied vor sich hin trällert, ganz so wie ein gewöhnlicher Sterblicher, als könnte er gar nicht singen.«

In der »Wiener Zeitung« war zu lesen: »Es gibt wohl gegenwärtig keinen Star, der sich so unstarhaft gibt, von solch überwältigender, selbstverständlicher Liebenswürdigkeit ist und sein bildhübsches Äußeres nur als angenehme Beigabe zu großem künstlerischen Können gelten lässt. Die ausgezeichnete schauspielerische

DAS LIED DER TAUBE

(THE VOICE OF THE TURTLE)

Komödie in drei Akten von J o h n v a n D r u t e n

Deutsche Fassung von A l f r e d P o l g a r

Regie: R u d o l f S t e i n b o e c k

Bühnenbilder: O t t o N i e d e r m o s e r

Sally Middleton	Aglaja Schmid
Olive Lashbrooke . . . . :	Helly Servi
Bill Page	Johannes Heesters

Spielt im Jahre 1943 während eines Weekends Anfang April

Schauplatz in allen drei Akten:

Eine Wohnung in einem der besseren Stadtteile New Yorks

Technische Einrichtung: K a r l D w o r s k y   Beleuchtung: F r a n z P r i b i l

Küchen- und Badezimmereinrichtung: Unternehmung für sanitäre und heiztechnische
Anlagen Karl Jäger, VI., Liniengasse 4
Kühlschrank: Firma Hans Finsterle, VII., Neubaugasse 8
Moderner Hausrat: Werkstätten Karl Hagenauer, I., Opernring 21
Pelzcape: Pelzhaus Josef Foggensteiner, I., Rathausstraße 17
Pyjama und Damenwäsche: Damenmodellwäschesalon Rositta, I., Kärntnerstraße 17
Damenhüte: Roberta Hutmodelle, I., Seilergasse 1

Beginn: 19.30 Uhr   Ende 22 Uhr

Pause nach dem zweiten Akt

Nach einigen Charakterrollen im Film bot mir nun auch die Sprechbühne mit der
Rolle des US-Soldaten Bill Page eine Aufgabe jenseits des Operettenklischees: Theaterzettel der Wiener Erstaufführung von John van Drutens »Das Lied der Taube«
am 20. August 1948 am Theater in der Josefstadt.

Leistung und die charmant-lässige Art, mit der er die ihm famos
passende Uniform trägt, dürften dazu beigetragen haben, neuerliche Verheerungen in weiblichen Herzen auszurichten.«

Die »Weltpresse«: »Johannes Heesters erscheint erstmalig als Charakterschauspieler auf der Bühne. Ein voller und ganz großer Erfolg. Er ist diskret, männlich, liebenswürdig und von einer Herzenskultur und Ritterlichkeit, die diesem Helden des Films und der Operette auch auf der Sprechbühne einen ersten Platz sichert. Er lässt in dieser Rolle keinen Wunsch offen.«

»Der Abend«: »Johannes Heesters spielt diesen Bill bezaubernd. Hätte er nicht längst alle Ruhmesgipfel, die ein berühmter Operettentenor erreichen kann, erreicht, müsste man sich um seine Karriere nicht sorgen. Er wäre auch auf diesem Gebiet des Bonvivants ziemlich konkurrenzlos. Charme, Geschmack, Persönlichkeit und eine herzerfrischende Nettigkeit machen Johannes Heesters zu einem so bestechenden Schauspieler, dass man selbst eine kleine Unsicherheit als reizvoll empfindet.«

»Wiener Kurier«: »Als Soldat feiert Johannes Heesters ein überaus glückliches Debut auf der Sprechbühne in Wien; wie nett und unaufdringlich er diesen großen Jungen spielt, der doch ein ganzer Mann ist, lässt bedauern, dass solch ein Ausflug auf die Sprechbühne spät erfolgt, und hoffen, dass er sich bald wiederholt.«

Und schließlich »Die Presse«: »Heesters ist auch ein echter Schauspieler und obendrein ein Mensch von heute. So liegen ihm diese nur halb zu Ende gesprochenen Dialoge wie keinem zweiten. Nie kommt ein unechter Ton von seinen Lippen, keine Bewegung wirkt ›gestellt‹, und wenn er lacht, dann lacht er wirklich. Film und Operette haben ihn zu großen Triumphen geführt, aber gleichzeitig schablonisiert. Rudolf Steinboeck gebührt das große Verdienst, den männlichen Liebhaber mit echtem Humor im Herzen aus solcher Schablone endlich gelöst zu haben.«

Ich kenne keinen Schauspieler, der sich über gute Kritiken nicht freut. Ich kenne nur ein paar Kollegen, die so in sich ruhen, dass Kritiken – egal, ob gute oder schlechte – sie in keiner Weise anfechten. Ich beneide sie sehr um diese Gabe und bin selbst weit davon entfernt. Es ist mir keineswegs gleichgültig, was über mich geschrieben oder gesagt wird. Das bedeutet jedoch nicht, dass ich nur positive Rezensionen als gute Rezensionen anerkenne. Nicht selten sind negative Kritikpunkte besonders hilfreich, eröffnen neue Sichtweisen und bereichern die eigene Gedankenwelt, in der man sich bei der Erarbeitung einer Rolle bewegte.

Eines allerdings sollten Kritiken nicht sein: ungerecht. Ich würde mir wünschen, dass die Leute, die solch unsachliche Kritik äußern – ob von Berufs wegen oder nicht, spielt dabei keine Rolle –, ein bisschen mehr darüber nachdenken, was sie bei einem Künstler damit anrichten.

Schon in jungen Jahren habe ich einen Instinkt dafür entwickelt, was gerecht ist und was nicht. Wann und wo auch immer mir Ungerechtigkeit begegnete, wurde ich kämpferisch – solange sie mich nicht selbst betraf.

Ich erinnere mich an eine Geschichte in Holland, als ich noch bei Bouwmeester engagiert war. Kurz vor Beginn einer Operetten-Vorstellung, wir standen schon auftrittsbereit hinter der Bühne, gab es einen Krach zwischen dem Chef und einer jungen Tänzerin. Er beschimpfte sie, obwohl sie gar nichts getan hatte. Ich empfand das als ungerecht und wollte es nicht einfach so geschehen lassen.

»Sie hat keine Schuld«, mischte ich mich ein.

»Halten Sie den Mund«, schrie Bouwmeester mich an.

»Aber ich sage, was ich denke«, hielt ich dagegen. »Und wenn Ihnen das nicht passt, kann ich ja gehen.«

Natürlich rechnete ich nicht damit, dass er nun tatsächlich sagte: »Na, dann gehen Sie!« Sagte er aber. Was blieb mir übrig? Ich ging. Ein paar Minuten, bevor die Vorstellung begann, verließ ich das Theater.

Fast überflüssig zu erwähnen, dass dies einen erheblichen Einschnitt für meine berufliche Entwicklung mit sich brachte, denn Bouwmeester schmiss mich unumwunden raus.

So hatte ich zwar vorübergehend kein Engagement, folgerte daraus aber nicht, mich von nun an nicht mehr zu Wort zu melden, wenn ich es für richtig hielt. Allerdings lernte ich schon, mein Verhalten ein bisschen mehr an den Konsequenzen auszurichten, die für mich persönlich daraus entstehen konnten.

Ganz anders verhält es sich, wenn ich selbst Gegenstand ungerechten Verhaltens werde. In solchen Fällen verlischt mein Kampfgeist und ich fühle mich wehrlos und verletzbar. Zwei Geschehnisse aus jüngerer Vergangenheit mögen hierfür beispielhaft sein.

Im Frühjahr 2001 erhielt ich ein Fernsehangebot. Mündlich und schriftlich versicherte mir die Produktionsfirma mehrmals, ich sei die Idealbesetzung für die Figur eines alten Herrn, der im Altersheim das Ende seiner Tage herbeisehnt. Einige Jugendliche, die dort arbeiten – so geht die Geschichte – versuchen, ihn wieder mit ein wenig Freude zu erfüllen. Aber er lehnt diese Nähe brüsk ab. Die jungen Menschen lassen nicht locker, und langsam beginnt der Widerstand des alten Herrn zu bröckeln. Mit zunehmender Vertrautheit beobachtet er, dass einer der jungen Männer in ein Mädchen verliebt ist, aber nicht wagt, sich zu offenbaren. Es ist, als würde der Alte in einen Spiegel schauen, in dem seine eigene Vergangenheit wieder auftaucht. Denn auch er hat einmal die Liebe seines Lebens verloren, weil er nicht zu seinen Gefühlen stand. Er erzählt den Jugendlichen von der Frau, die er einst liebte, und sie schmieden, ohne ihn einzuweihen, einen Plan. Warum sollen zwei alte Menschen, die so viel füreinander empfunden haben, sich nicht noch einmal begegnen, bevor ihre Zeit abgelaufen ist?

Die jungen Leute spüren die frühere Angebetete auf und arrangieren ein Treffen. Erst jetzt, da alles organisiert ist, erzählen sie dem alten Herrn davon. Neu belebt und voller Vorfreude zieht er seinen besten Anzug seit langem wieder einmal an. Doch als ihn die Postillons d'amour abholen wollen, finden sie ihn auf seinem Bett liegend, friedlich für immer eingeschlafen.

Nicht nur weil ich dieses Drehbuch in seinem Zusammenspiel aus Rührung, Tragik und Humor besonders gelungen finde, erzähle ich hier davon, sondern weil die Kenntnis der Geschichte meine Bestürzung über das, was nun passierte, nachvollziehbarer macht.

Nachdem ich das Buch gelesen hatte, sagte ich zu, die Rolle zu spielen, und machte mich daran, meinen Text zu lernen.

Auch der zeitliche Ablauf war schon geplant, Drehtermine waren besprochen und festgelegt. Etwa einen Monat später dann ein Anruf des Produktionsleiters. Er redete ein bisschen um den heißen Brei, sagte nichts Konkretes, aber es reichte, um mich zu verunsichern. Nach ein paar weiteren Telefonaten war die Sache klar: Man nahm mir die Rolle wieder weg.

Ich konnte es überhaupt nicht fassen. Und was ich als sogenannte »Begründung« präsentiert bekam, erwischte mich absolut unvorbereitet. Die zuständige Programmleitung eines großen Fernsehsenders klassifizierte mich als »für die Zielgruppe nicht bekannt genug«.

Abgesehen davon, dass ich dieses Argument inhaltlich anzweifle, ist es auch völlig unlogisch: Wenn sich eine Geschichte um einen sehr betagten Mann dreht, der im Altersheim wohnt und der – zumindest am Anfang der Handlung – vom Leben nichts mehr wissen will, muss ich diese Rolle dann nicht auch mit einem entsprechend alten Schauspieler besetzen? Ich will es einmal überspitzt formulieren: Muss wirklich Stefan Raab einen Altersheim-Bewohner spielen, damit der Sender seine Zielgruppe zufriedenstellt? Ich finde das schade.

Abgesehen davon, dass ich darüber sehr enttäuscht war, stimmt mich gerade die Art und Weise, wie hier vorgegangen wurde, nachdenklich. Weder mein Alter noch meine Bekanntheit werfe ich in die Waagschale, da ich der Überzeugung bin, dass jeden anderen Schauspieler, der sich auf eine Rolle vorbereitet und gefreut hat, so eine plötzliche Absage im letzten Augenblick gleichermaßen kränkend getroffen hätte.

Ich erwarte also keine Sonderbehandlung für Johannes Heesters, sondern nicht mehr, aber auch nicht weniger als einen fairen Umgang unter Profis. Ist es ein Zeichen der Zeit, dass das schon fast etwas Besonderes geworden ist? Konkurrenz und Geld statt Respekt und Charakter? Es geht eben ums Geschäft, mahnt der Realist in mir. Und das Geschäft macht manchen hart und rücksichtslos.

Dass es Menschen gibt, die sogar vor dem Versuch einer Verunglimpfung nicht zurückschrecken, musste ich ein paar Monate zuvor erleben. Ein Vorkommnis, das unsere ganze Familie über Wochen beschäftigen und in Atem halten sollte. Ein Verhalten, das jeden Anstand vermissen ließ, unterzog unser Nervenkostüm einer harten Probe und zeigte mir die Grenzen meiner Belastbarkeit auf.

Das Landestheater Linz gab bei einem Autor namens Andreas Jungwirth ein Stück in Auftrag. Herausgekommen ist dabei ein Werk mit dem Titel *Heesters in den Sträuchern*, das am 14. Januar 2001 uraufgeführt werden sollte (und wurde). Allein die Nachricht über dieses Vorhaben versetzte die Familie in große Aufregung. Dazu muss man wissen: »Heesters« heißt auf holländisch »Sträucher«. Schon ein Titel mit diesem gewollt witzigen Wortspiel ließ nichts Gutes ahnen. Allen Grund zu Skepsis und Sorge hatten wir aber vor allem, weil weder Theater, noch Autor, noch Verlag im Vorfeld mit uns in Kontakt traten. Das machte uns misstrauisch und wir befragten prophylaktisch die Anwälte, wie es sich juristisch mit der Verletzung des Persönlichkeitsrechts verhalte.

Auch versuchten wir, an ein Manuskript des Stückes zu gelangen, was nicht einfach war. Über den liebenswürdigen Eckhard Schulz, Geschäftsführer der Dramatiker-Union, nahmen wir Kontakt mit dem Theater auf. Nach wiederholter Anforderung wurde lediglich eine Inhaltsangabe geschickt. Ihr war zu entnehmen, das Stück, eine Farce in drei Akten, handle vom »Nicht-sterben-Können«, von der »Last des Alterns« und den »Schattenseiten eines überlangen Lebens«.

Als schließlich nach mehreren weiteren Anfragen auch das Manuskript des Stückes in unseren Händen war, mussten wir feststellen, dass diese – wohlwollend betrachtet – beinahe philosophischen Gedanken im Stück überhaupt nicht zu finden waren. Vielmehr erschöpft es sich in Plattheiten und Geschmacklosigkeiten. Es beginnt damit, dass »Heesters« seinen siebenundneunzigsten Geburtstag begeht und niemand Notiz davon nimmt. Die erwarteten Gäste erscheinen nicht, und in der »Kronenzeitung« findet sich nur eine vierzeilige Notiz.

Die außer »Heesters« anwesenden Leute sollen wohl Symbolfiguren sein und werden von ihm allesamt getötet. Zusätzlich tauchen der leibhaftige Tod und ein SS-Arzt auf. »Heesters« rechnet mit allen und allem ab. »Eine Seele ist nur ein Kleid«, heißt es dazu im Text. »Was das Kleid ausfüllt, ist nur Fleisch. Man kann es lieben, man kann es umfassen, man kann es begehren, man kann es töten. Umfasst und begehrt habe ich mein ganzes Leben. Ich bin ein alter Mann, ich habe das Recht zu wissen, wie es ist, zu töten.«

Und als »Heesters« dann auch noch selbst blutend zusammenbricht, sagt die »Haushälterin«: »Dann würde ich meine Zunge in seinen halboffenen toten Mund … Ich würde in dieser toten Höhle seine tote Zunge suchen … meine Zunge in seinem Mund hängen lassen und warten, wie die seine langsam auskühlt.«

Wenn unsere Fassungslosigkeit noch zu steigern war, dann durch die Lektüre dieser Unappetitlichkeiten, die sich seitenweise so fortsetzten. Entwürdigend. Ich war bestürzt über diese Gefühlsignoranz und über die Verzerrung von öffentlicher Beobachtung in persönliche Verachtung. Der Verfasser bediente sich meines Namens, auch Teilen meiner beruflichen Biografie, meines privaten Lebens, meiner Person, um sie zu entstellen und der vollkommenen Absurdität preiszugeben.

Als die Uraufführung dieses Un-Werks näherrückte, sah sich auch der Autor genötigt, mir einen Brief zu schicken. Sachlich und kurz angebunden schrieb er unter anderem: »Der Titel verweist auf

189

die Begegnung Heesters' mit sich selbst – er entdeckt (…) eine ihm selbst und vor allem seinen Bewunderern unbekannte Seite, die für ihn ebenso erschreckend sein mag wie für die, die Heesters als zweidimensionales Film- oder Fernsehbild kennen.« Wie will er eine unbekannte Seite von mir entdecken, da er mich doch überhaupt nicht kennt und nichts, aber auch gar nichts von mir weiß?

Können wir, müssen wir eine solch beleidigende Respektlosigkeit hinnehmen? Nein.

Dennoch haben wir nichts unternommen. Immer wieder riefen Journalisten an, die eine Stellungnahme wollten. Unsere Antwort lautete stereotyp: Kein Kommentar. Auf keinen Fall wollten wir dem Theater, dem Stück und dem Autor unverdiente Aufmerksamkeit verschaffen. Bange Tage der Unsicherheit folgten. War es richtig, sich herauszuhalten?

»Das Stück erhebt keinen Anspruch auf Realität«, hatte der Autor in seinem Brief noch geschrieben. »Es schafft eine Figur und stellt keine Privatperson auf die Bühne.« Und weiter: »Mein Stück nimmt die Legende Heesters als Modell für eine Parabel über das Alter.«

»Diese Deutung«, las ich erleichtert nach der Uraufführung in einer Kritik, »steht allerdings nur in der Zeitung des Linzer Theaters. Aus der Aufführung herauslesen lässt sie sich nicht. Das Stück entpuppt sich rasch als lähmendes Wort-Ungetüm, das sich nicht um die Gesetze der dramatischen Kunst schert und folglich scheitert.«

Schadenfreude zählt eigentlich nicht zu meinen dominanten Eigenschaften. Aber in so einer Situation bin auch ich nicht frei davon: Das Stück ist durchgefallen und schnell wieder von der Bildfläche verschwunden.

Alle mir bekannten Veröffentlichungen hatten diesen negativen Grundtenor. Daher beschränke ich mich darauf, nur noch diesen halben Satz einer Kritikerin zu zitieren, die es für »ethisch fragwürdig« hält, »›Altern, Sterben und Tod‹ am Beispiel eines noch lebenden und dazu noch immer berühmten Künstlers zu thematisieren«.

Den öffentlichen Vorwurf, mit der Verwendung meines Namens und meiner Person auf größere Publicity spekuliert zu haben, wies der Autor in Linz weit von sich. Warum nur hat er dann der angeblich fiktiven Figur nicht auch einen fiktiven Namen gegeben? Im Grunde ist jeder Gedanke daran verschwendete Zeit.

Und der vollkommene Misserfolg lässt die Beteiligten womöglich über Sinn und Unsinn ihres Tuns nachdenken. Ich kenne keinen von ihnen persönlich – ebensowenig wie sie mich. Und doch wünsche ich ihnen nicht, im Alter einmal eine derart bittere Kränkung zu erleben.

Wäre ich nicht von Natur aus ein bisschen pessimistisch veranlagt, durch solche Erlebnisse könnte ich es werden. Sie zeigen mir, dass wir Menschen immer mehr die Achtung voreinander verlieren. Um einen Vorteil zu erlangen, nehmen wir in Kauf, einen anderen zu kränken. Diese Art des zwischenmenschlichen Umgangs ist sicher keine Erfindung des 21. Jahrhunderts, aber ich werde das Gefühl nicht los, dass heutzutage besonderer Ehrgeiz in diese Disziplin investiert wird.

Ich habe mir meinen gesunden Pessimismus nie ausreden lassen, denn er hat mir bestimmt den einen oder anderen Reinfall erspart. Um aber gegen jede Enttäuschung immun zu sein, bin ich wohl nicht pessimistisch genug.

Eine Jungfrau in Hollywood
und ein Tierarzt im Dauereinsatz

Die Bühne ist meine Droge. Selbst in der Zeit fast durchgängiger Dreharbeiten konnte ich vom Theater nicht lassen. Ich war süchtig nach dem Unmittelbaren, das es nur am Theater gibt, der Einzigartigkeit des Augenblicks, dem Unwiederholbaren.

Wo, wenn nicht auf der Bühne, üben wir unseren Beruf in seiner reinsten Form aus?

Wo, wenn nicht auf der Bühne, war und ist, wenigstens für mich, der Ort der größtmöglichen künstlerischen Entfaltung?

In meinem persönlichen Rückblick wird *Das Lied der Taube* immer einen einmaligen Platz einnehmen. Ein Einzelfall ist dieses Stück nicht geblieben. Tatsächlich war es mein Wiederbeginn am Sprechtheater, wenn auch nicht mit den großen Klassikern, wie ich mir das als Anfänger in Holland ausgemalt hatte, sondern mit zeitgenössischen Gesellschaftskomödien wie *Da capo* oder *Unsere liebste Freundin*. Stücke, die ich mehr und mehr für mich entdeckte. Rollen, die wie für mich geschaffen waren: meinem Alter entsprechend – ich war schließlich keine dreißig mehr –, meinen Neigungen, meinem Interesse an Figuren mit Tiefgang, aber mit Humor, mit Selbstironie und vor allem mit einer interessanten Geschichte.

Zufall oder nicht, meist waren es amerikanische Autoren, die diese Stücke schrieben, die uns Schauspielern geschliffene, geistreiche Dialoge in den Mund legten und denen es gelang, jene unverwechselbare komödiantische Schwerelosigkeit einzufangen, die wir so liebten an den Filmen von Ernst Lubitsch und Billy Wilder. Wie von leichter Hand dahingezaubert wirkt das, was in Wahrheit beinhart erarbeitet ist.

Wenn ich es recht bedenke, ist es wohl doch kein Zufall, dass Samuel Tayler, Autor der Komödie *Unsere liebste Freundin*, mit Billy Wilder zusammengearbeitet hat. Gemeinsam schrieben sie das Drehbuch zu *Sabrina*. Unvergessen in diesem Film Audrey Hepburn und Humphrey Bogart, dessen Rolle viele Jahre später in einer Neuverfilmung des Stoffes Harrison Ford übernahm.

1997 hatte ich das Vergnügen, diesen wunderbaren Hollywood-Schauspieler persönlich kennenzulernen. Wir bekamen beide einen »Bambi« verliehen. Es war sehr rührend, als er nach meinem Auftritt zu mir sagte: »Ich kenne keinen Mann in Ihrem Alter, der so singen kann wie Sie. Und einen jüngeren eigentlich auch nicht.«

Eine bestimmte subtile Mischung aus Humor und Ernsthaftigkeit gibt für mich den Ausschlag bei der Beurteilung eines Stückes, bei der Auswahl einer Rolle. Mich reizen nicht die lauten, plakativen Charaktere, sondern die dezenten und dadurch viel interessanteren, die, leicht verschoben, ebensogut Helden einer Tragödie sein könnten. Das ist für mich Boulevardtheater im besten, im eigentlichen Sinn.

Auch *Da capo* von Harry Kurnitz gehört in diese Kategorie der komödiantischen Schauspiele. Kurnitz hat ebenfalls mit Billy Wilder Drehbücher geschrieben, so für den großartigen Marlene-Dietrich-Film *Zeugin der Anklage*. Außerdem lieferte Kurnitz die Drehbuchvorlage zu *Hatari!*, einem Film, bei dem jeder zuerst an Dschungel und Großwildjagd denkt. Aber wer genau hinschaut, sieht feingezeichnete zwischenmenschliche Verbindungen. Männerfreundschaften, Liebesgeschichten, Rivalität und Missverständnisse unter Rauhbeinen und Zartbesaiteten, die sich köstliche Rededuelle liefern. Prototyp eines Rauhbeins mit weichem Kern war John Wayne. An seiner Seite der junge Hardy Krüger.

Der war noch einige Jahre jünger, gerade erst vierundzwanzig, als ich Anfang 1953 das erste und auch einzige Mal mit ihm arbeitete. Wir drehten zusammen einen Film. Nicht in Wien, nicht in Babelsberg, nein – in Hollywood. Im Alter von mittlerweile fast fünfzig machte ich mich doch noch auf den Weg in die große Traumfabrik. Natürlich nicht auf gut Glück, sondern dem Ruf des Regisseurs Otto Preminger folgend. Er verfilmte das erfolgreiche Broadway-Stück *The Moon Is Blue* von F. Hugh Herbert, das auch auf allen deutschsprachigen Bühnen unter dem Titel *Wolken sind überall* lief. Es sollte sowohl in englischer Originalfassung als auch in deutscher Version gedreht werden, was nicht nur die Sprache, sondern auch die Besetzung betraf.

Preminger kam nach Wien, um Pendants für das schon feststehende US-Ensemble zu suchen. Und er fand Johanna Matz für Maggie McNamara, Hardy Krüger – der schon 1950 die deutsche Theater-Erstaufführung an den Münchner Kammerspielen mit Bruni Löbel und Ernst Fritz Fürbringer gespielt hatte – für William Holden und mich für David Niven.

Ich wusste viel von Otto Preminger. Nur persönlich kennengelernt hatte ich ihn noch nicht. Er war bereits über England nach Amerika emigriert, bevor ich Holland verlassen hatte. Preminger war Wiener, assistierte Max Reinhardt, inszenierte und leitete als damals jüngster Direktor für eine Spielzeit bis zu seinem Weggang das Theater in der Josefstadt. Seine internationale Karriere baute er in Hollywood als Schauspieler, unter anderem in Billy Wilders Kriegsfilm *Stalag 17*, vor allem aber als Regisseur auf. Er begann als Assistent von Ernst Lubitsch und ließ bald eigene Filme folgen. *Fluss ohne Wiederkehr* mit Marilyn Monroe und Robert Mitchum ist einer der lyrischsten Western, die ich kenne. *Exodus* mit Paul Newman steht für Premingers persönliches und politisches Engagement in seinen Filmen.

Als turbulent-ironische Komödie fiel *The Moon Is Blue* oder *Die Jungfrau auf dem Dach*, wie der Film in deutscher Version hieß, etwas aus der Reihe. Carl Zuckmayer hatte für uns brillante Dialoge geschrieben, und doch wurde unsere Fassung meist als spröde und weniger charmant bezeichnet als die amerikanische. So ganz kann ich das nicht verstehen. Schon öfter habe ich dazu schmunzelnd bemerkt: »Man sieht uns den Ärger an, den wir beim Drehen hatten.« Das ist selbstverständlich ein Scherz, denn in dem Fall wären wir ja schlechte Schauspieler.

Aber in der Tat: Im Atelier flogen wirklich manchmal die Fetzen. Es gab ein paar Reibereien, bis wir aufeinander eingespielt waren. Allein der Umstand, dass beide Besetzungen ständig anwesend zu sein hatten, war sonderbar. Zumal wir viel Konzentration darauf verwenden mussten, uns im Kopf von den bereits gesehenen amerikanischen Szenen, die immer vor unseren gedreht wurden, wieder freizumachen.

Die »Welturaufführung« der *Jungfrau auf dem Dach* fand am 19. Juni 1953 anlässlich der Berliner Filmfestspiele in grandioser Kulisse statt: vor über zwanzigtausend Zuschauern in der ausverkauften Berliner Waldbühne, dem damals größten Freilichtkino Europas. Nach dem Krieg waren das die dritten Filmfestspiele in Berlin. Die Waldbühne, in der Nähe des Olympiastadions gelegen, wurde 1950 wieder eingeweiht. Aus diesem Anlass hatte ich an diesem sehr atmosphärereichen Ort ein Konzert gegeben.

Alles in allem war die Arbeit in Amerika auf jeden Fall eine prägende Erfahrung. Als lehrreich und interessant ist sie mir in Erinnerung geblieben. Als weiter Blick über den Tellerrand, der jedoch keine weltbewegend neuen Erkenntnisse für den Beruf brachte. Aber ist das nicht schon Erkenntnis genug?

Mit meiner damaligen Filmpartnerin Johanna Matz hatte ich schon vor unserem Hollywood-Abstecher gearbeitet. Wir drehten 1951 zusammen eine Verfilmung des unverwüstlichen *Weißen Rössl* von Ralph Benatzky. Hannerl Matz als patente Wirtin und ich als Dr. Siedler, der stets das »Balkonzimmer Nr. 5« reserviert. Unser Regisseur Willi Forst trommelte uns nicht am vielbesungenen Wolfgangsee zusammen, sondern am Kochelsee am Fuß der bayerischen Alpen, wo es viel ruhiger war. Der Wolfgangsee war damals, vor Ausbruch der großen Auslandsreiselust, so von Touristen überlaufen, dass Forst befand, es sei nicht möglich, dort vernünftig zu arbeiten.

Vor wenigen Monaten hätten wir ihm zeigen können, dass es doch geht: Am malerischen Ufer des echten Wolfgangsees stand ich mit Hansi Hinterseer für seine Fernsehsendung aus dem Salzkammergut vor der Kamera. Wir sahen beide richtig fesch aus in unseren Lederhosen und den zünftigen Leinenhemden.

Entdeckt wurde der charmante Herzensbrecher Hansi Hinterseer von dem Plattenproduzenten Jack White. Nach Beendigung seiner aktiven Sportlerlaufbahn als hochdekorierter Skirennfahrer nahm Hansi das Angebot, eine Platte im Studio aufzunehmen, zunächst eher skeptisch und zögerlich an. Doch schon bald zeichnete sich ab, dass er sich schnurstracks in die Herzen der Leute singen würde. Und heute füllt er bei seinen Live-Auftritten riesige Hallen. »Wenn ich kurz vor einem Konzert hinter der Bühne auf meinen Auftritt warte«, hat er mir jetzt erzählt, »fühle ich mich genau wie früher vor einem Abfahrtslauf oben am Startplatz. Dieselbe Nervosität. Dasselbe Lampenfieber.«

Über mein Verhältnis zum Skifahren habe ich schon berichtet. Folgerichtig stand ich auch nie vor einem Abfahrtslauf an einer Startrampe. Und doch weiß ich sehr gut, was Hansi Hinterseer meint. Es sind, das gebe ich zu, durchaus masochistische Züge, die sich da an uns Schauspielern offenbaren, aber es ist genau dieses, sich paradoxerweise mit der Zeit noch steigernde Lampenfieber, das wir brauchen wie die Luft zum Atmen.

In einer Sendung über den Wolfgangsee durfte natürlich eine Kollegin nicht fehlen: Waltraut Haas, seit der *Rößl*-Verfilmung 1960 die wohl bekannteste Rößl-Wirtin. Zahlreiche Rollen, die sie außerdem gespielt hat, konnten nichts daran ändern, dass sie unauflöslich mit »Frau Josepha Vogelhuber« in Verbindung gebracht wird. Ihr »Zahlkellner Leopold« war damals Peter Alexander.

Waltraut Haas und ich machten drei Filme zusammen. Unsere letzte gemeinsame Arbeit war 1961 unter der Regie von Géza von

Cziffra *Junge Leute brauchen Liebe*. Für die nächsten fast fünfundzwanzig Jahre sollte dies mein letzter Kinofilm sein. Künstlerisch war er nicht gerade von gewichtigem Kaliber, und doch erinnere ich mich gerne an ein herzerfrischendes Ensemble: Cornelia Froboess, gerade achtzehnjährig, Peter Weck, Bill Ramsey, Senta Berger, ebenfalls noch unverschämt jung.

Dass es auch wirklich unerfreuliche Dinge gibt, die die Erinnerung an einen Film wachhalten, obgleich sie mit ihm und dem Team gar nichts zu tun haben, darüber kann ich ein Lied von Emmerich Kálmán singen … *Die Csárdásfürstin*, verfilmt 1951. Meine Partnerin war Marika Rökk, Regie führte ihr Mann Georg Jacoby. Der Film war ein großer Kinoknüller, traf genau die Bedürfnisse des Publikums, und niemand ahnte, was uns während der Dreharbeiten widerfahren war. Ort der gesammelten Katastrophen war Sizilien, nahe des Ätna, wo die Außenaufnahmen entstanden.

Georg Jacoby machte den Anfang: Magen-Darm-Infekt. Zwei Kolleginnen folgten mit der gleichen Diagnose. Noch war kein Arzt vonnöten. Die mitgebrachten Medikamente und Hausmittel halfen.

Dass es weit und breit gar keinen Arzt gab, zumindest keinen Humanmediziner, stellten wir erst fest, als Marika tatsächlich einen gebraucht hätte. Sie war am Strand auf einen Seeigel getreten und bekam eine Blutvergiftung. Die notwendige Penicillinspritze verpasste ihr ein Tierarzt.

Der hätte sich besser gleich häuslich bei uns niederlassen sollen, denn er bekam noch mehr zu tun. Kollege Walter Müller fiel vom Esel und der trat zu allem Übel auch noch zu. Dann konnte der Regisseur keine Anweisungen mehr geben, weil eine Wespe ihn in die Zunge gestochen hatte. Das reinste Lazarett!

Es kam mir schon merkwürdig vor, dass mir so gar nichts passierte. Aber meine »Sorgen« erwiesen sich als unbegründet, denn auch ich kam nicht ungeschoren davon. Ich sollte reiten. Eine romantische Felsenstraße entlang, im leichten Galopp der Kamera entgegen. Das klappte gut, und meine Chancen standen nicht schlecht, als einer der wenigen aus der Mannschaft mit heilen Knochen davonzukommen.

Das Pferdchen und ich hatten es fast geschafft, als plötzlich neben seinem Kopf ein Scheinwerfer explodierte. Verständlicherweise erschrak das Tier und warf mich ab. Weniger Verständnis hatte ich jedoch dafür, dass es mir dann noch auf dem Schienbein herumtrampelte. Aber es war unser letzter Drehtag. Schon tags darauf sollte es mit dem Schiff zurück nach Rom gehen. Also machten wir weiter. Ich konnte mich soweit konzentrieren, dass ich die Schmerzen nicht spürte. Außerdem trug ich Stiefel, die die Schwellung zunächst noch aufhielten. Erst im Hotel offenbarte sich dann die Schwere der Verletzung.

Wieder trat der Tierarzt auf den Plan. Aber viel tun konnte er nicht. Schmerzen und Schwellung blieben.

Dem Pferd übrigens fehlte nichts.

Von Rom aus flogen wir nach Deutschland zurück. In Hamburg sollten die Studioszenen gedreht werden. Die fielen erst mal aus. »Drei Wochen Bettruhe«, verordnete der Facharzt. »Keinesfalls auftreten.« Danach stand mir ohnehin nicht der Sinn. Eine Blutvergiftung hatte das Ganze verschlimmert, und die Ärzte trauten sich gar nicht mir zu sagen, wie es wirklich stand. Aber ich hörte, wie sie vor meiner Zimmertür sogar von Amputation sprachen. Das war wohl das Schlimmste, was hätte eintreten können. Gott sei Dank blieb ich davon verschont.

Irgendwann hatte die Zwangspause ein Ende, ich durfte und musste wieder ran. Die Katastrophengeschichte dieser Filmarbeiten war damit aber noch nicht beendet. Bei einer der letzten Einstellungen hatte ich mich über ein Sofa zu beugen, auf dem Marika saß – und da: Hexenschuss! Womöglich begünstigt durch das wochenlange Liegen. Zum Glück aber waren wir jetzt fertig. Wer weiß, was sonst noch alles geschehen wäre.

Mit dem Ehepaar Rökk/Jacoby drehte ich noch zwei weitere musikalische Kinostreifen. 1953 *Die geschiedene Frau* nach der Operette von Leo Fall und 1958 *Bühne frei für Marika*. Diese Arbeiten haben wir alle bei bester Gesundheit überstanden.

Nur wenige der Filme, die ich in jenen Jahren angeboten bekam und spielte, ragten aus der Menge des Üblichen, Bekannten, schon Dagewesenen heraus. *Bel ami* 1955 natürlich. Und 1959 *Die unvollkommene Ehe*, meine einzige Arbeit mit Paula Wessely, von deren Ausdrucksstärke und herbem Charme ich tief beeindruckt war. Sie hat gar nicht so viele Filme gedreht, wie es ihr Ruhm vermuten lässt. Der beruht vor allen Dingen auf ihren Theaterrollen, ihrer auf der Bühne zur vollen Entfaltung kommenden hochdifferenzierten Darstellungsweise und ihrer sprachlichen Nuancierungskunst. Der »Wessely-Ton« war unverkennbar. Adolf Wohlbrück, Gustaf Gründgens, Willy Birgel, Willi Forst, Rudolf Forster und vor allem ihr Ehemann Attila Hörbiger waren Paula Wesselys Filmpartner. Ich sah eine Auszeichnung darin, nun auch mich dazuzählen zu können. Mit Mitte Fünfzig fühlte ich mich zwar als gestandener Schauspieler, war aber doch begierig wie ein Eleve, diese große Protagonistin des Wiener Burgtheaters bei der Arbeit zu erleben oder besser: ihre Aura zu ergründen.

Das tat ich im wahrsten Sinne. Eines Tages, als ich an ihrer Garderobe vorbeiging, bemerkte ich, dass die Tür halb offen stand und hörte sie reden. Ich warf einen Blick hinein. Die Wessely stand vor dem Spiegel und machte Sprechübungen: »Gar gnädig gibt Gott Gaben an Geld und Gut.« Sie war so konzentriert, dass sie mich gar nicht bemerkte. Nun nahm sie einen Korken in den Mund und begann, damit ihre Rolle durchzusprechen. Ich war perplex. Die »Duse des Films«, wie sie genannt wurde, die Schauspielerin, von der es in England hieß, sie sei die größte Europas, schwebte nicht in höheren Sphären, getragen von ihrer Begabung und ihrem Erfolg, sondern trainierte immer noch wie eine Anfängerin. Mit größter Disziplin, allerdings auch mit beinahe beschämender Perfektion. Vor dieser vollkommenen Hingabe an den Beruf verbeuge ich mich respektvoll und pflichte der bedeutenden Theaterschauspielerin Therese Giehse bei, die über Paula Wessely gesagt haben soll, sie trage »die große Leidenschaft, die heilige Flamme, in sich«.

Eine solche Beherrschung der Schauspielkunst ist sicherlich eine Ausnahmeerscheinung. Aber Talent ist nur ein Teil des Ganzen. Konzentration, lernen, üben – all das gehört dazu und ist nicht weniger wichtig.

Die Erinnerung an Paula Wessely, die vor dem Spiegel ihre Rolle durchspricht, ist mir sehr gegenwärtig. Auch weil sie zeigt, wie wichtig es ist, das Handwerkszeug, das man während der Ausbildung mitbekommt, später nicht mit dem Abschlussdiplom in der Schublade verschwinden zu lassen, sondern es einzusetzen. Tagtäglich.

Wehmütig beobachte ich heute bei jungen Schauspielern, dass sie schon zufrieden sind, wenn ihnen ein gewisses Talent attestiert wird. Verantwortungslos belässt man sie in dem Glauben, das sei ausreichend, um den Schauspielerberuf auszuüben. Aber ist Talent mehr als eine Voraussetzung? Nein.

»Um ganz oben dabei zu sein, ist Talent nicht genug. Dazu gehört harte Arbeit, perfekte Vorbereitung, Technik und Training, Training, Training. Man muss volle hundert Prozent geben. Und wenn man oben bleiben will, sogar noch mehr.« Dieser Satz könnte von mir sein. Ist er aber nicht. Der Box-Weltmeister Dariusz Michalczewski hat ihn gesagt und natürlich auf die Arbeit eines Boxers bezogen. Jedes Wort würde ich für den Schauspielberuf unterstreichen. Nur dass der Boxer auf gezielte Schläge setzt und wir auf Worte.

Ein vernünftiger, brauchbarer Umgang mit Text und Sprache ist auch eine Frage der richtigen Technik. Wenn ich zum Beispiel auf der Bühne flüstere und trotzdem in der letzten Reihe des Theaters verstanden werde, hat das nichts mit der Qualität eines Tontechnikers zu tun, denn der Einsatz von Mikrofonen im Schauspiel ist, weiß Gott, der Anfang vom Ende. Die Sprechtechnik des Schauspielers ist das Entscheidende, darauf kommt es an: leise und trotzdem hörbar. Laut, aber nicht pathetisch. Artikulieren und nicht deklamieren. Zeit und Atem haben, um Sätze zu Ende zu sprechen und sie nicht von der Mitte an fallenzulassen.

Richtig mit einem Text umgehen, bedeutet also, ihn zunächst mit Verstand und Herz zu begreifen und ihn dann mit der erlernten und immer wieder trainierten Technik des Sprechens dem Rollencharakter entsprechend zu formen und zu gestalten.

Eine Reihe weiterer Facetten machen einen guten Schauspieler aus. Unmöglich, sie alle hier aufzuzählen. Körperlichkeit gehört auch dazu. Die Fähigkeit, sich im imaginären Bühnenraum natürlich zu bewegen. Ich meine damit nicht getanzte, sondern ganz alltägliche Bewegungen. Gehen, sich hinsetzen oder einfach nur dastehen. Selbstverständlich spielt die persönliche Ausstrahlung eine entscheidende Rolle – das Charisma –, und Bühnenpräsenz muss hinzukommen. Sicher, beides ist nicht erlernbar, allerdings beides auch nicht ausreichend.

Nicht nur als stolzer Großvater, sondern vor allem als alter Schauspieler mit einiger Berufserfahrung möchte ich in diesem Zusammenhang von einer jungen Künstlerin erzählen, die mich erst vor kurzem auf der Bühne tief bewegt hat: meine Enkelin Saskia Fischer, Nicoles Tochter. In Wien und in New York absolvierte sie eine solide Ausbildung: Schauspiel, Gesang und Tanz. Und sie bringt das, was sie gelernt hat, in perfekten Einklang mit dem, was sie geerbt hat.

Für ein Hamburger Theater hat sie das Solostück *Heute abend: Lola Blau* von Georg Kreisler erarbeitet. Von einem Pianisten begleitet singt sie, tanzt sie und spielt so anrührend und packend, dass selbst der sonst sehr kritische Großpapa nur Worte des Lobes hervorbringt. Damit befinde ich mich in völliger Übereinstimmung mit dem Publikum und sogar mit den Journalisten, die über Saskias Vorstellung berichteten.

Wird mir für eine Schauspielrolle Tiefe und Intensität attestiert, habe ich bisher gescherzt: »Das habe ich von meiner Tochter.« Jetzt würde ich diesen Satz korrigieren und sagen: »Das habe ich von meiner Tochter, die es wiederum von ihrer Tochter hat.«

Und da wir schon dabei sind – auch der erste Satz dieses Kapitels bedarf einer Korrektur: Die Bühne ist nicht nur meine, sondern unsere Familiendroge.

Verfrühtes Glückwunschtelegramm von Willy Brandt, Herbert Wehner und Helmut Schmidt zu meinem 70. Geburtstag

Lebwohl, Danilo! Adieu, Dr. Hansen!
Abschiede

Achttausend Theaterauftritte«, verkündete Joachim Fuchsberger bei der Bambi-Verleihung 1997, bei der ich den Ehren-Bambi bekam und von ihm mit einer zauberhaften Laudatio bedacht wurde. Noch einmal versicherte er für die Ungläubigen: »Achttausend Theaterauftritte, wenn nicht noch mehr.« Nachgezählt habe ich nie. Wird schon gestimmt haben, denn auf »Blackys« Recherchen ist Verlass. Das war schon in den guten alten Edgar-Wallace-Filmzeiten so.

Drei Dinge möchte ich dazu bemerken.

Erstens: Diese Zahl stimmt nicht mehr. Seit 1997 sind noch ein paar hundert Vorstellungen dazugekommen.

Zweitens: 1997 hatte ich sechsundsiebzig Berufsjahre hinter mir. Das sind genau 27 740 Tage, ohne Berücksichtigung der Schaltjahre. Was bedeutet, dass ich sechsundsiebzig Jahre lang etwa jeden dritten Tag auf der Bühne gestanden habe. In der Praxis sah das freilich anders aus. Längere Phasen, in denen ich en suite spielte, wechselten sich mit ein paar theaterfreien Wochen ab.

Und drittens: Dass eine so hohe Zahl überhaupt zustande kommt, hat vor allem mit zwei Rollen zu tun, die ich über Jahrzehnte gespielt habe: den Danilo in der *Lustigen Witwe* und den Dr. Hansen in der *Hochzeitsnacht im Paradies*.

In beide Figuren bin ich immer wieder gerne geschlüpft. Wie bei Kälte in einen wärmenden Mantel. Ich fühlte mich gut aufgehoben und geschützt. Doch auch den besten Mantel lässt man eines Tages lieber im Schrank hängen, weil er nach den vielen Jahren nicht mehr hundertprozentig passt.

So ging es mir nach Tausenden von Vorstellungen der *Lustigen Witwe* und der *Hochzeitsnacht im Paradies* mit diesen beiden Rollen.

Silvester 1938/39 habe ich mit dem Danilo begonnen. Über einunddreißig Jahre später, am 1. September 1970, spielte ich bei Rolf Kutschera im Theater an der Wien meine letzte Vorstellung der *Lustigen Witwe*. Dachte ich.

Es wurde ein Abschied auf Raten. Gleich einem Jojo kam er immer wieder hoch, der pontevedrinische Graf Danilo. Mein Freund Rolf Kutschera hatte es mir nicht anders prophezeit. »Du kannst jetzt so viele Abschiedsvorstellungen geben, wie du willst, aber du wirst sehen: Den Danilo wirst du nicht los.« Er holte kurz Luft und fügte schnell hinzu: »Weil du ihn auch noch zehn Jahre spielen kannst. Mindestens!«

Ich war sechsundsechzig, als wir dieses Gespräch führten. Allmählich begannen mich Zweifel zu beschleichen, ob ich in meinem Alter diesen lebenssüchtigen Frauenhelden eigentlich noch glaubhaft verkörpern *konnte*. Ich fragte mich auch, wie lange ich ihn noch verkörpern *wollte*. Natürlich bemühte ich mich um Ehrlichkeit auf der Bühne – das tat ich immer – und versuchte nicht, den ewig gleichbleibend Jungen zu spielen. Ich ließ Danilo mit mir älter werden, was auch die schauspielerische Aufgabe immer wieder reizvoll machte.

Aber sollte ich nicht aufhören, solange es noch schön war, solange es noch Spaß machte und vor allem: bevor das Publikum auf die Idee kam, Danilo in den Ruhestand zu verabschieden?

Rolf Kutschera argumentierte als Theaterdirektor: »Niemand ist in dieser Rolle je besser gewesen als du, Jopie.«

Ich sagte nichts dazu, denn mit Komplimenten dieser Art habe ich ja die bekannten Schwierigkeiten.

Kutschera legte nach: »Und wer sollte dir in dieser Rolle nachfolgen? Ich kenne keinen.«

Nun war er aber nicht nur Direktor eines weltbekannten, traditionsreichen Theaters, sondern vor allen Dingen ein Freund, und als solcher wusste Rolf Kutschera sehr genau, welche Gedanken in meinem Kopf kreisten. Von Auftritt zu Auftritt wurde mir klarer, dass ich einen Entschluss zu fassen hatte. Den Entschluss, einen entscheidenden Abschnitt meines Berufslebens, meines Lebens überhaupt, zu beenden und die Rolle des Danilo an den sprichwörtlichen Nagel zu hängen. Das war keine Laune, keine plötzliche Erkenntnis, sondern ein langsames Bewusstwerden, das mich eine lange Zeit beschäftigte. Zuerst unterschwellig, dann immer deutlicher.

Ich war auf der Suche nach Antworten:

Würde ich etwas vermissen?

Sollte ich doch noch ein paar Jahre weiterspielen?

Wie viele Erinnerungen waren so eng an die *Lustige Witwe* und an die *Hochzeitsnacht im Paradies* geknüpft.

Das erste Wiedersehen mit dem Publikum in Deutschland nach dem Krieg zum Beispiel. Mit der *Lustigen Witwe* gastierte ich in Hamburg. Über hundert Vorstellungen der *Hochzeitsnacht im Paradies* spielte ich im Winter 1949/50 auf einer Tournee, die mich durchs ganze Land führte, das kein ganzes Land mehr war, seit im Mai 1949 die Teilung Deutschlands beschlossen wurde. Die Bundesrepublik Deutschland wurde gegründet, wo ich damals gastierte, und unmittelbar darauf die Deutsche Demokratische Republik, deren Grenze ich 1953 erstmals überschritt. Als es noch keine Mauer, keine Selbstschussanlagen, keinen Todesstreifen gab.

Ich drehte gerade in Göttingen den Film *Liebeskrieg nach Noten* unter der Regie von Karl Hartl. Dessen Frau Marte Harell war meine Partnerin. Auch Paul Kemp war wieder dabei und Peter Kreuder, der die *Noten* geschrieben hatte, nach denen sich der *Liebeskrieg* abspielte. Wie so oft, wenn Kreuder, Kemp und ich beieinander waren, verbrachten wir auch die drehfreie Zeit zusammen.

In einem Anflug von lausbübischer Abenteuerlust unternahmen wir eines Tages mit dem Auto eine kleine Tour, der zwei Volkspolizisten hinter der DDR-Grenze ein unvermitteltes Ende setzten. Noch war zwar nicht die Zeit der schweren Geschütze, aber einen triftigen Grund, warum man das Gebiet der DDR betrat, sollte man schon vorzubringen haben. Und genau den wollten die beiden Männer in Uniform auch von uns wissen. Allein, wir hatten keinen, zumindest keinen, den man ernsthaft hätte nennen können.

Da Kreuder und Kemp beharrlich schwiegen, suchte ich alleine krampfhaft nach einer rettenden Idee und begann, das schien mir ziemlich geschickt, holländisch zu sprechen. Ich tat so, als wären wir irrtümlich, ganz und gar unbeabsichtigt, über die Grenze gefahren. Die Antwort kam in reinstem Sächsisch: »Sie brauchen mit uns nicht holländisch zu sprechen, Herr Heesters. Wir kennen Sie!«

Das klang zwar nicht gerade so, als würden sie im nächsten Moment nach einem Autogramm fragen, aber die »Vopos« traten immerhin zur Seite, ließen uns wenden und unbehelligt zurückfahren. Ich schätze, dass wir Kindsköpfe erst an diesem Tag tatsächlich begriffen haben, dass Deutschland nun aus zwei Staaten bestand, die keinen engen Kontakt zueinander suchten.

Fast zwanzig Jahre später trat ich in Ost-Berlin im *Kessel Buntes* auf, der großen Unterhaltungssendung des Deutschen Fernsehfunks. Viele internationale Kollegen waren dabei. Im vollbesetzten Friedrichstadtpalast, wo die Show aufgenommen wurde, brandete der Applaus auf, als ich die Leute wissen ließ: »Heut' geh' ich ins Maxim …«

1972 war das. Zwei Jahre nachdem ich im Theater an der Wien meine letzte Vorstellung der *Lustigen Witwe* gespielt hatte – die de facto doch nur eine der zahlreichen vorletzten war. »Heesters, bleiben!« riefen die Zuschauer damals im Chor, als sich der Vorhang schloss. Sie hatten sich daran gewöhnt, dass ich über Jahre jeden

Sommer ein Danilo-Gastspiel an der Donau gab. Wer trennt sich schon gerne von liebgewonnenen Gewohnheiten?

Auch ich hatte eine Träne im Knopfloch. Im Knopfloch meines Kostüms, das durch liebevolle Pflege, viele, viele Erinnerungen und noch mehr Optimismus der Marke »Das ist doch fast wie neu« zusammengehalten wurde. Es handelte sich nämlich um mein Originalkostüm, das ich zur Premiere 1938 trug, die pontevedrinische Tracht aus dem zweiten Akt der *Lustigen Witwe*. Alfons Rothärmel, Kostümdirektor des Münchner Gärtnerplatztheaters, hatte es angefertigt und zusammen mit einer Menge weiterer Kostüme vor der Zerstörung im Krieg gerettet, und als ich 1949 wieder in München gastierte, hing es in meiner Garderobe und sah vollkommen tadellos aus.

Ich trug es fortan bei jedem Danilo-Auftritt in München und derer gab es noch sehr viele. Den letzten am 6. Oktober 1964. Nach der Vorstellung trat der damalige Intendant Kurt Pscherer auf die Bühne. Das Ensemble, die Musiker, das Publikum – alle blieben auf ihren Plätzen. Pscherer hielt eine kleine Rede und kam auch auf mein Kostüm zu sprechen. Er wandte sich mir zu und sagte: »Ich möchte dir zum Abschied von unserem Haus ein Geschenk machen. Keine Blumen, keinen Ring, keinen Lorbeerkranz und keine goldene Uhr, sondern dieses Kostüm. Der Mann, der es damals vor achtundzwanzig Jahren für dich geschneidert hat, wird es dir übergeben. Trage es weiterhin und vergiss uns hier in München nicht.« Wie könnte ich!

Natürlich war auch diese letzte Vorstellung in München nur eine vorläufig letzte. Noch einmal stand ich in diesem Kostüm auf der Bühne des Gärtnerplatztheaters, spielte zwar keine ganze Vorstellung, ließ mich aber zur Feier meines fünfundachtzigsten Geburtstages einmal mehr ins Maxim locken.

Und wenn ich jetzt erzähle, dass ich nur wenige Jahre zuvor, 1984, an der Wiener Volksoper noch fünf Vorstellungen der *Lustigen Witwe* gab, stelle ich meine eigene Entschlussfestigkeit rest-

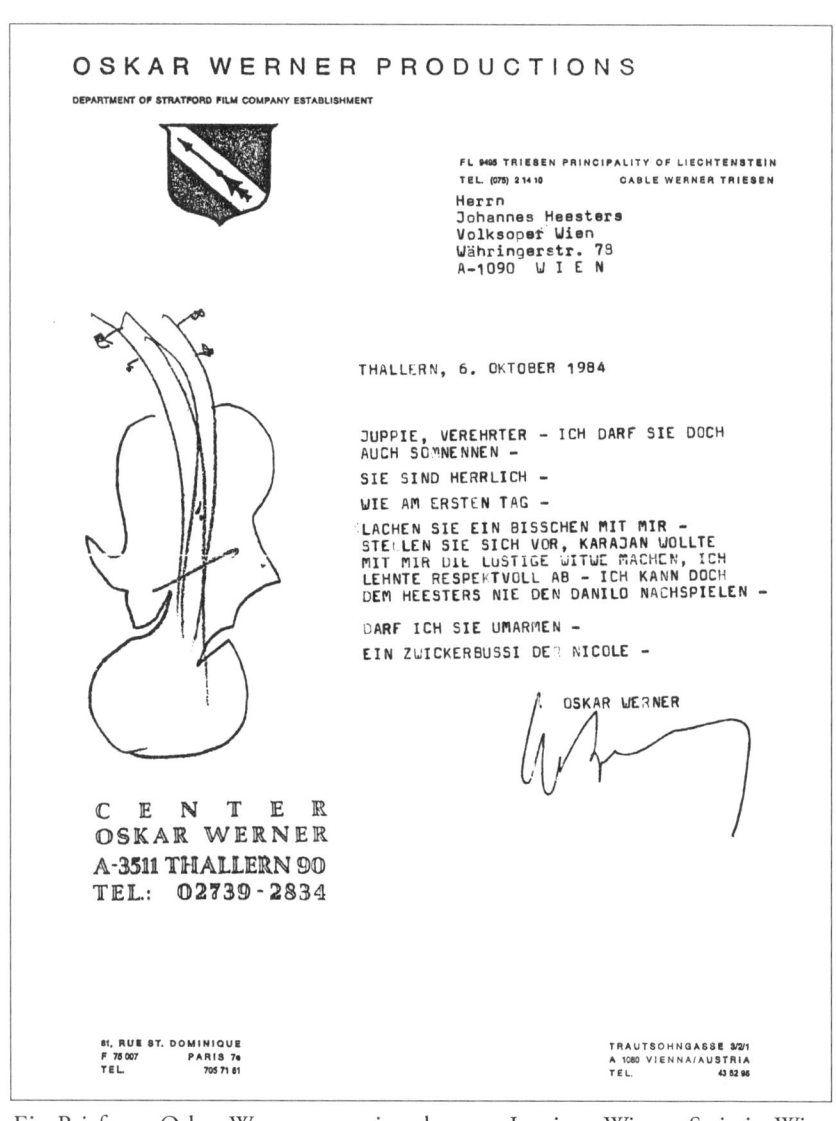

OSKAR WERNER PRODUCTIONS

DEPARTMENT OF STRATFORD FILM COMPANY ESTABLISHMENT

FL 9495 TRIESEN PRINCIPALITY OF LIECHTENSTEIN
TEL. (075) 2 14 10   CABLE WERNER TRIESEN

Herrn
Johannes Heesters
Volksoper Wien
Währingerstr. 78
A-1090 W I E N

THALLERN, 6. OKTOBER 1984

JUPPIE, VEREHRTER - ICH DARF SIE DOCH
AUCH SO NENNEN -

SIE SIND HERRLICH -

WIE AM ERSTEN TAG -

LACHEN SIE EIN BISSCHEN MIT MIR -
STELLEN SIE SICH VOR, KARAJAN WOLLTE
MIT MIR DIE LUSTIGE WITWE MACHEN, ICH
LEHNTE RESPEKTVOLL AB - ICH KANN DOCH
DEM HEESTERS NIE DEN DANILO NACHSPIELEN -

DARF ICH SIE UMARMEN -

EIN ZWICKERBUSSI DER NICOLE -

OSKAR WERNER

C E N T E R
OSKAR WERNER
A-3511 THALLERN 90
TEL.: 02739-2834

81, RUE ST. DOMINIQUE
F 75 007   PARIS 7e
TEL.   705 71 81

TRAUTSOHNGASSE 3/2/1
A 1080 VIENNA/AUSTRIA
TEL.   43 52 96

Ein Brief von Oskar Werner zu meiner letzten »Lustigen Witwe«-Serie in Wien
1984

los in Frage. Es ist die Wahrheit. Ich habe mit achtzig Jahren fünf
»Abschiedsvorstellungen« als Danilo in Wien gespielt. Es waren die
allerletzten. Aber das glaubt mir ja sowieso niemand …!

Beinahe so oft wie als Danilo trat ich als Dr. Hansen in der *Hochzeitsnacht im Paradies* auf, nur dass ich in diesem Falle konsequenter aufhörte. Nachdem besonders in den fünfziger Jahren eine schier schwindelerregende Erfolgsserie des Stückes begann und es kaum ein großes Theater in Deutschland gab, an dem wir es nicht gespielt hatten, erschien mir 1974 der Zeitpunkt gekommen, lebwohl zu sagen: »Adieu, Dr. Hansen! Zweiunddreißig Jahre sind genug.«

Das war nach der zweiten Verfilmung fürs Fernsehen.

Die erste war beinahe noch Pionierarbeit, ein Fernseh-Versuch im Rahmen des täglichen Abendprogramms auf dem Sender »Paul-Nipkow-Berlin«, der 1937 den Sendebetrieb aufnahm und von 1941 bis 1944 unter dem Titel *Wir senden Frohsinn – wir spenden Freude* bunte Programme, Theateraufführungen, Konzerte vor allem für Soldaten und Verwundete ausstrahlte. Wir spielten die *Hochzeitsnacht im Paradies* im Kuppelsaal des Reichssportfeldes, verfolgt und aufgezeichnet von drei monströsen Kameras.

Und so riesengroß die Kameras, so klein – gerade mal zwanzig Zentimeter quer – waren die Bildschirme der Empfangsgeräte, die in den »öffentlichen Fernsehstellen« der Post, in Kasernen und Lazaretten sowie an einigen stark frequentierten Orten aufgestellt wurden. Ein paar hundert Menschen drängten sich um eine Handvoll Apparate. Aber es war Fernsehen.

Bis es sich allerdings, neben Theater und Kino, zu einem dritten Betätigungsfeld für uns Künstler entwickelte, vergingen noch einige Jahre. 1956 entstand für den Süddeutschen Rundfunk eine TV-Fassung von Benatzkys *Meine Schwester und ich*. Partnerin an meiner Seite war Anneliese Rothenberger. Danach verabschiedete ich mich von dieser musikalischen Komödie, nicht aber vom Fernsehen und auch nicht von Anneliese Rothenberger, in deren eigener Show ich später die Freude hatte aufzutreten.

Die Entwicklung des neuen Mediums war furios. Bald gab es ein zweites Programm und schon kurze Zeit später erste Sendungen in

Farbe. Es wurden Shows gedreht, Krimis, Episodenfilme, Bühnenstücke, herausragende Theaterinszenierungen, Opern, Operetten und Ballette, Serien und Spielfilme ausgestrahlt. Die Zahl der stolzen Besitzer eines Fernsehgerätes stieg sprunghaft. Ich bekam immer wieder neue Angebote, bewahrte mir aber eine gewisse Zurückhaltung und blieb wählerisch. Und nach wie vor war ich darauf bedacht, das Gleichgewicht zwischen Bühne und Film oder Fernsehen zu halten.

Nicht nur auf der Mattscheibe, auch auf dem Theater hatte sich Neues, manche würden sagen Umwälzendes, getan. In der ersten Hälfte der fünfziger Jahre setzte ein Mann auf Österreichs Musikbühnen eine mittlere Revolution in Gang, die das traditionsliebende Publikum zunächst im Mark erschütterte, dafür aber junge Zuschauer in Scharen in die Theater lockte: Marcel Prawy, geschätzter Freund und Wegbegleiter, unübertroffener Opern-Experte mit Leib und Seele, wurde der Wegbereiter einer neuen Gattung am deutschsprachigen Theater: dem Musical.

Nach dem Krieg war Prawy aus dem Exil in Amerika, wo er engster Mitarbeiter und Freund Jan Kiepuras und Marta Eggerths war, nach Wien zurückgekehrt. Mitgebracht hatte er seine Begeisterung für das, was er auf amerikanischen Bühnen gesehen hatte – neue Ausprägungen und Erzählweisen, neue Geschichten, neue Musik – eine neue Form des Musiktheaters. Und neue Namen – George Gershwin, Cole Porter, Leonard Bernstein.

Von Cole Porter stammt *Kiss me, Kate*, Prawys erste Wahl für eine Inszenierung an der Wiener Volksoper, deren Chefdramaturg und Produktionsleiter er inzwischen war. Doch heftige Stürme der Empörung bliesen ihm entgegen. Man warf ihm vor, Oper und Operette verdrängen zu wollen. Deren Anhänger formierten sich bereits zum Widerstand. So schrieb zum Beispiel das Orchester der Volksoper in einem offenen Brief: »Küss mich niemals, Kätchen!«

Aber nichts lag Marcel Prawy ferner als die ihm unterstellten Absichten. Mit dem Musical wollte er das bestehende Musiktheater bereichern, und das gelang ihm auf beispiellose Weise. Wiens erste Musical-Premiere Anfang 1956 war ein durchschlagender Erfolg. Etliche sollten nachkommen. Denn nun nahm sich Prawy als erster im deutschsprachigen Europa des Werkes von Leonard Bernstein an. Die legendäre Aufführung der *West Side Story* an der Wiener Volksoper 1968 bleibt wohl einer der Höhepunkte der Musical-Geschichte überhaupt.

Doch Prawy ließ und lässt nicht nur die Werke für sich sprechen, sondern übernimmt auch selbst die Rolle des Kommunikators, des Conférenciers, und überzeugt dabei mit Intelligenz und unerschöpflichem Wissen. Seine Gesprächsrunden und Einführungsmatineen, Musiksendungen und Veröffentlichungen sind so reich an Kenntnis und Liebe zur Musik, dass man als Zuhörer oder Leser nicht umhinkommt, dazuzulernen. Marcel Prawy ist kein Wissenschaftler, aber/sondern ein Wissen-Schaffer.

Noch im Jahr der Wiener Premiere von *Kiss me, Kate* konnte auch ich einen Beitrag zur Verbreitung der Prawyschen Musical-Botschaft in Deutschland leisten. Im Herbst 1956 spielten Lola Müthel und ich die Hauptrollen in Cole Porters Welterfolg, inszeniert von Willy Duvoisin. Am Gärtnerplatztheater in München, jenem Haus, das mir acht Jahre später von Staatsintendant Kurt Pscherer als künstlerische Heimat angeboten wurde. Ich erinnere mich noch genau, was er sagte an jenem Danilo-Abschiedsabend: »Du bist viel herumgekommen, hast viel gesehen, warst immer für dein Publikum da, aber ein echtes Zuhause hast du nie gehabt. Ich biete dir heute abend dieses Theater als Zuhause an. Komm zu uns, wann immer du Lust hast, und spiele bei uns.«

Pscherers Worte rührten mich, und ich weiß wohl, wie er sie gemeint hat. Die meiste Zeit unseres Lebens verbringen wir freischaffenden Künstler wie Vagabunden, Gaukler, fahrendes Volk. Theaterengagements irgendwo zwischen Hamburg und Wien,

Dreharbeiten hier, Auftritte dort. Pscherer hatte recht. Ich bin viel herumgekommen und habe mich immer bemüht, meinem Publikum nichts schuldig zu bleiben.

Aber ich hatte immer ein Zuhause. Das einzige wahre Zuhause, das ich aus tiefstem Herzen so nenne: meine Familie. Meine Frau und unsere Kinder. Menschen, die ich liebe und die mich lieben. In deren Mitte ich nach jeder beendeten Arbeit zurückkehrte.

Noch zweimal hat die Familie im Lauf der Jahre ihren geographischen Standort verlegt. Die Wohnung in Wien tauschten wir bald gegen ein schönes Haus in der Cottagegasse.

In das Haus nahe des Starnberger Sees, das ich ein paar Jahre später kaufte, sind unsere Kinder, die mittlerweile zu eigenständigen jungen Frauen herangewachsen waren, nicht mehr mit uns eingezogen. Und doch blieb dieses Haus Bezugspunkt der Familie.

Denn der war immer dort, wo Wiesje war. Nach ihrem Tod im Sommer 1985 lagen Stille und Trauer über dem Haus.

Simone, meine zweite Frau, erfüllte es behutsam und liebevoll wieder mit Leben.

Von Frauen, die vor dem Spiegel stehen, und solchen, die viel Brot essen. Eine Liebesgeschichte

Als wir nach Starnberg zogen, nutzte ich meine Freizeit dazu, unser Heim und unseren Garten zu verschönern. Das war ein angenehmer Ausgleich, und die körperliche Arbeit an der frischen Luft tat mir gut.

Einmal holte ich in der Kiesgrube Steine für unsere Terrasse. Ein Bauer sprach mich an und fragte nach einem Autogramm. Ich versprach, eins zu bringen, was ich auch tat, und es stellte sich heraus, dass er es gar nicht für sich haben wollte, sondern für seine Nachbarin, die Wirtin Maria Weber. Zu schüchtern sei sie, vertraute mir der Bauer an, um selbst danach zu fragen.

Einige Zeit später kehrten meine Frau Wiesje und ich im Gasthof Weber ein und lernten Maria kennen. Von Schüchternheit keine Spur. Unter ihrem feschen Dirndl schlug ein großes Herz, fröhlich und gastfreundlich.

Dabei hatte das Leben es nicht immer gut mit ihr gemeint. Ihr Mann, den sie erst kurz vor Ausbruch des Zweiten Weltkriegs geheiratet hatte, wurde eingezogen und starb 1955. Sie blieb mit den Kindern, der älteste Sohn Ludwig war gerade vierzehn, allein. Aber Maria stand ihren Mann und traf die richtigen Entscheidungen. Sie verpachtete die Landwirtschaft und kümmerte sich um den Gasthof.

Ohne die Einwilligung des Bürgermeisters, der nach dem Tod ihres Mannes zum Vormund bestimmt wurde, einzuholen, überschrieb sie ihrem erst zwanzigjährigen Erstgeborenen den gesamten Besitz. »Damische Kuh« soll der Bürgermeister sie damals genannt und ihr zeitlebens nicht verziehen haben.

1977, ich spielte *Gigi* am Theater des Westens, lud ich Maria nach Berlin ein. »Aber«, sagte ich, »du musst im Dirndl kommen.« Maria war Feuer und Flamme, ließ sich ein neues Dirndl schneidern und bestieg zum zweiten Mal in ihrem Leben ein Flugzeug. Zweimal war sie in der Vorstellung. Tagsüber zeigte ich ihr die geteilte Stadt. Der Blick über die Mauer nach Ost-Berlin berührte sie so sehr, dass ihr Tränen in die Augen stiegen. Die ehrliche, unverfälschte Empfindung einer bescheidenen Frau aus Oberbayern.

Seit diesen Tagen in Berlin nannten wir die Weber-Wirtin nicht mehr einfach Maria, sondern nur noch Maria Theresia. Nicht weil sie so königlich war, sondern weil wir ihr damit zeigen wollten, dass sie für uns jemand Besonderes ist. Eigentlich dachte ich daran, sie Maria Magdalena zu nennen, aber meine Frau war dagegen. »Zu heilig«, wandte sie ein. Also Maria Theresia.

Noch heute nenne ich sie so. Vor kurzem ist sie neunundachtzig geworden – das junge Ding. Obwohl sie vorgibt, nicht mehr zu arbeiten, weiß sie genau Bescheid im Gasthof Weber, der sich im Lauf der Zeit natürlich verändert hat. Kürzlich wurden die Gästezimmer ausgebaut und eingerichtet, und Maria Theresia konnte über den Stand der Bauarbeiten stets minuziös Auskunft geben.

Ich erzähle dies alles ein bisschen ausführlich, da mich mit Maria Theresia seit nunmehr fast fünfunddreißig Jahren eine herzliche Freundschaft verbindet. In ihrem Gasthof war ich nie der berühmte Schauspieler, sondern einfach der Jopie aus dem Nachbarort, der öfter mal mit dem Fahrrad vorbeikam auf ein kühles Bier, einen köstlichen Schweinebraten und ein Pläuschchen.

Als ich den Entschluss fasste, meiner zweiten Frau Simone Rethel einen Heiratsantrag zu machen, zog ich Maria Theresia ins Vertrauen. »Hast du schon gehört, dass ich eine Freundin habe?« fragte ich zögernd.

»Nein«, sagte sie.

»Ich möchte sie gerne heiraten«, setzte ich mein Bekenntnis fort.

214

»Wenn du sie liebst, spricht doch nichts dagegen«, urteilte Maria Theresia.

Aber ich hatte ja noch nicht alles berichtet: »Weißt du, sie ist sehr jung ...«

Nun legte sie ihre Hand auf meinen Arm, sah mir tief in die Augen und sagte mit entwaffnender Selbstverständlichkeit: »Weißt du, Jopie, die wird auch älter.«

Tja, da hatte meine liebe Maria Theresia es wohl wieder einmal auf den Punkt gebracht. Und als ob das nicht deutlich genug gewesen wäre, zitierte sie noch ihren verstorbenen Mann, der fünfzehn Jahre älter war als sie und auf die Frage, warum er denn so eine junge Frau geheiratet hätte, immer antwortete: »Eine Junge steht lange vor dem Spiegel. Eine Alte würde in der Zeit einen Laib Brot aufessen.«

Erst vor wenigen Wochen, als wir uns an diese Geschichte erinnerten, gestand Maria Theresia, dass sie mir damals etwas verheimlicht hatte: Noch bevor ich ihr von Simone erzählte, hatte sie schon davon gehört. Der Dorftratsch ruht nicht. Da sie sich daran aber nicht beteiligte und mich nicht verletzen wollte, verschwieg sie mir, dass und was die Leute tuschelten.

Ihr Ratschlag war trotzdem ehrlich und ernst gemeint, und ich nahm ihn an: Am 25. Januar 1992 haben Simone und ich geheiratet.

Die Geschichte unserer Liebe ist – zu einem Teil jedenfalls – Simones Geschichte. Deswegen habe ich sie gebeten, hier aufzuschreiben, wie alles begann ...

– Mein Vater hat sich immer einen Sohn gewünscht. In einem Geschäft hatte er nämlich eine schöne Eisenbahn gesehen. »Es muss ein Junge werden«, sagte er danach zu meiner hochschwangeren Mama.

Als ich klein war, schenkte er mir Spielzeugautos und eben Eisenbahnen. Er hatte großen Spaß daran, sie in Einzelteile zu zerlegen und sie dann wieder zusammenzubauen. Ich später auch. Selten spielte ich mit Puppen. Nicht gerade typisch für ein Mädchen.

Und so hatte wohl auch niemand damit gerechnet, dass ich mich mit elf Jahren unsterblich verlieben würde. Ich am allerwenigsten.

Ich sah IHN im Fernsehen, starrte wie gebannt auf den Bildschirm und fragte meine Mutter: »Wer ist das?«

»Johannes Heesters«, sagte sie.

Johannes Heesters.

Von da an war Jopie in meinem Leben. Ich begann, alles über ihn zu sammeln. Fotos, Zeitungsartikel, Filme, Platten, einfach alles. Auch meine Freundinnen und Klassenkameraden beauftragte ich, die Zeitschriften zu durchforsten und stellte zur Belohung reichlich Schokolade in Aussicht.

Die anderen Kinder schwärmten für die Beatles, für die Rolling Stones. Ich für Jopie. Dabei war ich gar nicht unbedingt in ihn als Sänger verliebt. Ich hatte ihn ja als Schauspieler entdeckt, in der Fernsehaufzeichnung von *Da capo*, wenn ich mich richtig erinnere. Mir gefiel diese Mischung aus Lausbub und elegantem Herrn. Und sein Akzent. Überhaupt habe ich ein Faible für Akzente. Immer wieder hörte ich mir »Luuuftschlösser der Liebe« an und war entzückt darüber, wie er »Wööölkchen« sagte statt »Wölkchen«.

Die Wände meines Zimmers waren mit seinen Fotos vollgehängt.

Einmal hatte ich sogar einen wunderbaren Traum: Wir Kinder verließen gerade die Schule. Da stand er in einem goldenen Lederanzug vor uns allen, aber er sah mich an und nahm mich hoch. So wie man ein kleines Kind hochhebt. Mich hatte er auserwählt.

In einem Sommer verbrachten wir die Ferien am Gardasee. Dort lernte ich ein Mädchen aus Holland kennen. Die erste und alles entscheidende Frage, die ich ihr stellte, war: »Kennst du Johannes Heesters?«

1965, über vier Jahre später, sah ich Jopie endlich leibhaftig. Er gastierte in der *Lustigen Witwe* am Gärtnerplatztheater in München. Leicht zu erraten, wer unter den Zuschauern saß: ich natürlich, die Jüngste im Publikum und zum ersten Mal in einem »richtigen« Theater.

In der Pause versuchte ich, mir ein Autogramm zu holen, und gelangte tatsächlich zur Künstlergarderobe. »Johannes Heesters« stand an seiner Tür, die für mich aber leider Endstation war. Jemand reichte mir ein signiertes Foto heraus, aber es gelang mir nicht, auch nur den kleinsten Blick auf Jopie zu werfen. Also wartete ich nach der Vorstellung am Bühneneingang. Das Hütchen keck in den Nacken geschoben, so kam er heraus. Und während er noch ein Foto für mich unterschrieb, sah er mich an: »Ach, du bist ja ein Mädchen. Ich dachte, ein Junge.« Er sah mich noch mal an: »Aber ein hübsches Mädchen.« Diesen kurzen Moment wiederholte ich in Gedanken millionenmal. Er hatte mit mir gesprochen. Ich konnte es kaum fassen.

Nun wollte ich aber auch sehen, wie es dort eigentlich aussah, wo Jopie arbeitete. Und so bat ich eines Vormittags meine Mama, mit mir noch einmal zum Gärtnerplatztheater zu gehen. Die Kulissentüren hinter der Bühne standen weit offen. Ich kletterte hoch und stand plötzlich mitten auf dieser riesigen Bühne. Nur ich, ganz allein.

Und da passierte es.

Ich hatte Theaterluft geschnuppert. Ich sah Kulissen von hinten, den Schnürboden. Mir kam es vor, als hätte ich ein Geheimnis gelüftet. Staunend stand ich da, bis mich die Bühnenarbeiter in die Wirklichkeit zurückholten. »Was willst du denn hier?« fragten sie belustigt und schickten mich weg.

Von da an wusste ich: Das war es! Ich will zum Theater! Indirekt hat also Jopie auch damit zu tun, dass ich Schauspielerin wurde.

Dieses Erlebnis habe ich am 11. Mai 1965 in mein Tagebuch notiert.

Wieder waren große Ferien, und ich fuhr nach Holland zu meiner Freundin Mirjam. Seit wir uns am Gardasee kennengelernt hatten, verbrachten wir fast alle Urlaube gemeinsam. Sie lebte mit ihrer Familie in Amsterdam. Von dort war es nicht weit nach Zandvoort, wo Jopie ein Haus hatte. Das hatte ich gelesen. Wir schlugen das Telefonbuch auf. Tatsächlich, er stand drin.

Nun waren wir Mädchen ja in einem Alter, in dem alles wie ein großes Abenteuer ist. Es war sehr spannend.

Mirjam rief dort an. Sie meldete sich: »Hier ist die Filmfirma Soundso. Wann ist Herr Heesters zu erreichen?«

»Ende nächster Woche.«

Wir legten auf, sahen uns an. Die hatten nicht mal gemerkt, dass eine Kinderstimme am Apparat war.

Mit einem Solex, das ist ein Fahrrad mit Motor – so etwas dürfen Kinder schon fahren –, tuckerten wir also nach Zandvoort. Obwohl es nur einige Kilometer waren – für uns war es eine große Reise und sehr aufregend. Wir kamen am Rathaus vorbei. Traumhaftes Wetter. Ein Brautpaar kam gerade heraus. Sie warfen den Schaulustigen Bonbons zu, das musste doch Glück bringen!

Anders als wir erwartet hatten, lag Jopies Haus nicht in einer noblen Villengegend. Vielmehr war es eines dieser typischen holländischen Reihenhäuschen am Strand, vor dem wir nun unser »Lager« aufschlugen. Wir hatten uns richtig ausgerüstet: Kofferradio, Proviant und Decken. Da saßen wir also.

Plötzlich ging die Tür auf. Er trat heraus. Unter einem Arm trug er ein großes Bild, unter dem anderen einen Entsafter.

Wir waren so aufgeregt und konnten es kaum fassen: Es war tatsächlich Jopie. Da erfasste eine Böe das riesige Bild. Jopie drehte sich einmal um die eigene Achse, und schon standen wir neben ihm: »Können wir irgendwie helfen?«

Noch bevor er »Nein, danke« sagen konnte, hielten Mirjam und ich das Gemälde fest. Jopie lächelte: »Ich ziehe gerade um.« Der Wind wehte ihm die Haare ins Gesicht.

Wir schleppten die Sachen bis zur Haustüre. Zum Abschied fragte er noch, woher wir kommen. Wie aus der Pistole geschossen sagte ich: »Aus München!«

»In München spiele ich bald wieder Theater. Kommt doch einmal in die Vorstellung!«

Einmal? Fünfmal habe ich mir *Unsere liebste Freundin* in der Kleinen Komödie angesehen. Jopies Partnerin war Susanne von Almassy, die ich sehr bewunderte. Heute darf ich sie zu meinen Freundinnen zählen.

Inzwischen gehörte auch ich zur Riege der Schauspieler. Axel von Ambesser hatte mich entdeckt und auch gleich den ersten Film, Wilhelm Buschs *Fromme Helene*, mit mir gedreht. Danach befolgte ich seinen Rat und ging zur Schauspielschule.

Als Kollegin, wenn auch erst im Anfangsstadium, fasste ich mir eines Tages ein Herz und ging nach der Vorstellung in der Kleinen Komödie zum Bühneneingang. Ich setzte mich aufs Treppengeländer und wartete. Als Jopie herauskam, sagte ich fachmännisch: »Das haben Sie gut gemacht.« Er lächelte. (Viel später sagte er mir, dass er das besonders rührend und amüsant fand.) Ich erinnerte ihn an Zandvoort, und er entsann sich gleich der Geschichte mit dem großen Bild und dem starken Wind.

Er fragte, ob ich einen weiten Heimweg hätte und ob er mich nach Hause fahren könne. Wir machten einen Spaziergang durch Schwabing, vorbei am Werneck-Schlösschen, wo einst Paul Klee lebte. Stolz zeigte ich ihm die Gaslaternen, die die Schwabinger Straßen beleuchteten.

In einem kleinen Bierlokal, es hieß »111 Biere«, haben wir noch ein Glas getrunken. Ich saß neben Jopie! Das konnte doch nicht wahr sein. Nun wagte ich nicht mehr, ihm ins Gesicht zu sehen. Mit einem Mal war mein Mut gewichen. Jopie erzählte viel. Er sprach über Tänzer und welche Hochachtung er vor ihnen hätte, wieviel sie arbeiten und trainieren müssten für eine doch nur so kurze Karriere.

Ich war plötzlich sehr gehemmt. Jopie bemerkte das und sagte: »Simone, du musst dem Menschen, mit dem du sprichst, in die Augen sehen.« Das habe ich seitdem immer beherzigt.

Einmal, kurz vor meiner Schauspielprüfung, durfte ich Jopie sogar vorsprechen. Einige Szenen hat er richtig mit mir gearbeitet und mir wertvolle Tips gegeben. Die Prüfung habe ich dann auch bestanden …

In den Jahren danach verfolgte ich meinen beruflichen Weg und lebte – von ein paar zufälligen Begegnungen abgesehen – mein Leben ohne Jopie. Ich lernte viele Menschen kennen, auch andere Männer, aber meine Liebe zu Jopie war immer in meinem Herzen.

Einmal verleitete sie mich sogar, etwas zu tun, was mir gar nicht lag: singen nämlich – und auch noch im Fernsehen. Das Angebot in der TV-Show *Jetzt schlägt's 13* mitzuwirken, ein paar Sketche zu spielen und eben auch ein Lied zu singen, nahm ich nur an, weil ich hörte, dass auch Jopie dabeisein würde. Nur aus Liebe war ich bereit, eine künstlerische Blamage in Kauf zu nehmen. Ganz so schlimm wurde es dann zum Glück doch nicht. Und heute lachen wir beide, wenn wir daran zurückdenken.

Erneut verging eine lange Zeit, bis ich Jopie wiedertraf. Diesmal in Südfrankreich, wo ein gemeinsamer Freund ein Haus hatte. Jeden Sommer lud er einige Freunde dorthin ein. Es waren sehr lustige Tage und ich merkte, dass die Zeit meinen Gefühlen für Jopie nichts anhaben konnte.

Nach dem Tod seiner Frau Wiesje zog Jopie sich zurück, ging selten unter Leute. Enge Freunde besuchten ihn in Starnberg. Einer von ihnen war und ist Bob Franco. Eines Tages rief er mich an und fragte, ob ich ihn nicht bei einem Besuch begleiten wolle. Ich wollte.

Ich glaube, meine Heiterkeit hat Jopie gutgetan, ihn vielleicht sogar ein bisschen angesteckt. Wir trafen uns nun öfter, gingen zusammen ins Theater und in die Oper, hörten uns gegenseitig Texte ab.

Mit der Zeit wurde unsere Beziehung enger. Die Leute begannen über uns zu reden. Missgünstig und auch boshaft. Deshalb hatte ich zunächst Bedenken, Jopies Heiratsantrag anzunehmen. Würde es nicht dadurch nur schlimmer werden? Unsere Freundin Barbara Schroth, die Witwe von Carl-Heinz Schroth, gab mir einen Rat: »Heirate ihn. Du wirst anders behandelt.« Barbara wusste, wovon sie sprach, denn auch sie war erheblich jünger als ihr Mann.

Es gibt nichts, was ich an Jopie nicht mag. Er hat sich die Neugier aufs Leben bewahrt, ist spontan geblieben. Wir haben so viel Freude aneinander und miteinander. Und auf die immer wiederkehrende Frage »Haben Sie es je bereut, Johannes Heesters geheiratet zu haben?« kann ich nur antworten: »Natürlich nicht! Ich würde es sofort wieder tun!«

Nie, nie hätte ich damit gerechnet, dass sich aus meiner Schwärmerei eine Beziehung entwickeln würde. Wenn wir heute Schulfreundinnen treffen, erzählen sie Jopie immer wieder, wie ich damals ständig nur von ihm sprach. Und sie staunen jetzt noch, was daraus geworden ist. Es ist schon wie ein kleines Wunder. –

… Tja, dem gibt es nicht viel hinzuzufügen. In diesem Jahr haben Simone und ich unseren zehnten Hochzeitstag gefeiert.

Ich erinnere mich an einen Brief, den ich vor unserer Heirat von einem Damen-Kränzchen bekam: »Herr Heesters, wir haben gelesen, dass Sie eine junge Frau heiraten wollen. Schämen Sie sich denn nicht? Was sind Sie nur für ein Mensch?«

Auf diesen Brief habe ich nie geantwortet, aber ich kann den Damen an dieser Stelle versichern: Ich bin ein sehr glücklicher Mensch!

Dieses späte Glück mit Simone ist der größte Segen, der mir zuteil werden konnte. Meine Tochter Nicole hat es wohl am schönsten formuliert: »Es ist ein Engel vom Himmel gefallen, der meinen Vater bei der Hand nimmt und ihn weiter durchs Leben führt.«

Arbeit ist Leben und Zuflucht.
Von Zeiten des Alleinseins
und von der Rückkehr der Liebe

Ich liebe meinen Beruf. Seit zweiundachtzig Jahren. Der Traum meines Lebens ging in Erfüllung, als ich mit siebzehn zum ersten Mal auf einer richtigen Theaterbühne stand.

Was weiß man in dem Alter schon vom Leben?

Nicht viel. Nur eines stand für mich fest: Mein Leben ist die Schauspielerei. Dafür wollte ich alles tun. Alles lernen. Alle Zeit und alle Energie darauf verwenden.

Ich arbeitete leidenschaftlich und viel, war fleißig und ehrgeizig. Zum Schauspiel kam dann das Singen, zum Theater der Film. Zur Arbeit der Erfolg. Und zum Erfolg noch mehr Arbeit.

Nachdem ich geheiratet und eine Familie gegründet hatte, war die Antwort auf die Frage, was das Wichtigste in meinem Leben sei, nicht mehr nur: »Meine Arbeit!«, sondern: »Meine Familie und meine Arbeit!«

In der Wertigkeit meines Lebens hatte der Beruf sowohl Konkurrenz als auch eine neue Sinndimension bekommen, der ich vorher keine so große Bedeutung beigemessen hatte – die Sicherung unserer Existenz. Ging es mir zuvor besonders um künstlerische Herausforderung und Anerkennung, sollte ich nun mit dem, was ich am liebsten tat auf Erden – Theater spielen – auch meine Familie ernähren können. Denn mit meinem Jawort hatte ich mich nicht nur zu einer Liebe bekannt, sondern auch zu einer Verantwortung, die ich übernehmen wollte.

Dieser Verantwortung gerecht zu werden, bedeutete vor allen Dingen beruflichen Einsatz. Die begonnene Karriere ausbauen. Den eingeschlagenen Weg weitergehen. Den Weg nach oben. Ge-

222

säumt von Applaus und Erfolg. Gepflastert mit sehr viel Arbeit und Disziplin.

Und einmal oben angekommen, wird einem erst recht nichts geschenkt. Wer sich jetzt auf den Lorbeeren von gestern und vorgestern ausruht, setzt alles aufs Spiel, was er sich aufgebaut hat. Also arbeitet man weiter und noch mehr als zuvor.

Es gab Zeiten, da es viel Kraft kostete, die Erwartungen nicht zu enttäuschen, die von allen Seiten an mich herangetragen wurden. Die Erwartungen der Intendanten, Regisseure, Produzenten und nicht zuletzt des Publikums. Bei meinen Versuchen, alle zufriedenzustellen, hatten meist die das Nachsehen, die mir schon so oft nachgesehen hatten, dass ich zuwenig Zeit für sie habe. Meine Frau und unsere Kinder.

Wie oft hat der Beruf ein Opfer für die Familie gebracht?

Selten. Fast nie.

Wie oft aber musste die Familie hinter dem Beruf zurückstehen?

Fast immer.

Vereinzelt waren die Augenblicke des Innehaltens, in denen ich diese Fragen überhaupt stellte. Wenn ich als Vater stolz, aber auch wehmütig bemerkte, dass unsere Töchter erwachsen waren und sich ihren eigenen Weg bahnten. Habe ich zuviel von ihrer Entwicklung verpasst?

Oder wenn ich auf der Bühne stand und spielte, obwohl ich wenige Stunden zuvor vom Tod meiner alten Mutter erfahren hatte. Blieb neben der Arbeit noch Platz für Trauer?

Meine Erfahrung war eine andere. Nicht neben, sondern in der Arbeit ist Raum für Trauer. Es ist wohl eine Besonderheit dieses Berufes, dass wir Schauspieler auch das, was uns im Leben beschäftigt, in unsere Arbeit einbringen können.

Die Zeit der langen und schweren Krankheit meiner Frau Wiesje war bitter und schmerzvoll. Ihr Tod hinterließ bedrückende Leere. In dieser Situation bot mir die Arbeit ein schützendes Dach, unter dem ich Zuflucht finden konnte. Ich konzentrierte mich auf neue Aufgaben und fand dabei einen Weg, mit dem Verlust meiner Frau zu leben.

Neue Aufgaben mit zweiundachtzig? Auch das ein Privileg des künstlerischen Berufes, der noch heute spannende Aufgaben für mich bereit hält.

Nach Jahrzehnten der Leinwandabstinenz drehte ich damals zum Beispiel einen Kinofilm mit Otto Waalkes, dem multitalentierten Komiker, der mehr als jeder andere vor (und wohl auch nach) ihm für die Bekanntheit Ostfrieslands getan hat. In *Otto – Der Film* spielte ich einen alten Penner, Experte für teure Weine und was das Leben sonst noch lebenswert macht.

Den weltweit anerkannten Experten für alles Weibliche verkörperte ich auf der Bühne: Casanova. Von Karl Gassauer stammt das Zwei-Personen-Stück *Casanova auf Schloss Dux,* in dem ich, ebenfalls in jener Zeit des Kummers, die Hauptrolle übernahm. Es beschreibt die letzten Tage des alternden Liebhabers unzähliger Frauen, die er in der Dachkammer eines böhmischen Schlosses verlebt. Angewiesen auf die Zuwendungen eines Gönners, verfasst er seine Memoiren und lässt eine resolute Bedienstete, die sich um ihn kümmert, an seinen Erinnerungen teilhaben. Am Ende will er sie heiraten – der Kater lässt das Mausen nicht. Doch just am Tag der Hochzeit trifft ihn der Schlag. Rudolf Steinboeck inszenierte. Meine Partnerin war Louise Martini. Der Premiere in Wien folgten zahlreiche Gastspielengagements, und ich spielte die Rolle des greisen Casanova noch oft in den folgenden Jahren.

Je mehr ich beschäftigt war, desto weniger Zeit blieb zum einsamen Grübeln. Und es kam der Tag, an dem die Stunden des Alleinseins auch zu Hause der Vergangenheit angehörten.

Simone war da.

Mit ihr kehrte die Liebe zurück in mein Leben. Eine Liebe, wie sie nicht nur kaum jemandem in meinem Alter, sondern überhaupt nur wenigen Menschen vergönnt ist. Eine Liebe, die wir beide hüten wie ein kostbares Geschenk. Denn nichts anderes ist sie. Wie oft sitzen wir zusammen, im Haus oder im Garten, und sagen: »Haben wir es nicht wirklich schön …!«

Wir machen uns bewusst, wie glücklich wir sind, und genießen es bei jeder Gelegenheit. Gibt es Augenblicke größeren Glücks, als in der Früh aufzuwachen – und der andere ist da, den man liebt.

Oft werde ich nach dem Geheimnis unserer Beziehung gefragt. Es ist wohl unsere altruistische Liebe. Keiner denkt zuerst an sich. Für mich ist in erster Linie wichtig, ob es Simone gutgeht, ob ihr etwas gefällt oder Freude macht. Umgekehrt denkt Simone genauso.

Und das Wichtigste: Wir respektieren den anderen, so wie er ist.

Wir sind ehrlich zueinander. Wir haben Freude aneinander. Wenn es bei uns laut wird, dann weil wir lachen, nicht weil wir streiten.

Ich genieße es, Simone zuzusehen, wenn sie ein Bild malt, und bin beeindruckt von ihren kunstvollen und ehrlichen Fotografien.

Und wie wir Partner im Leben sind, sind wir es auch in der Arbeit. Mit Simone habe ich sogar am Textlernen Spaß!

Vor ein paar Jahren spielten wir dann zum ersten Mal gemeinsam Theater …

»Das sagt Jopie nicht« oder:
Was schmutzige Wäsche und Theaterproben gemeinsam haben

Ich schnalle ab«, sagte vor ein paar Jahren eine Journalistin nach einem Interview zu mir. Damit wollte sie mir ihre Hochachtung bekunden, dass ich mit zweiundneunzig – so alt war ich – mitten in den Proben zu einem neuen Theaterstück steckte.

Das war Curth Flatows Komödie *Ein gesegnetes Alter*, am 24. Mai 1996 im Theater am Kurfürstendamm uraufgeführt. Ich spielte die Hauptrolle, einen neunzigjährigen Mann, der aus seiner Wohnung vertrieben werden soll und alle Hebel in Bewegung setzt, um dies zu verhindern.

Im Originalmanuskript des Autors hat er mit seinen Bemühungen keinen Erfolg. Aber damit war ich nicht einverstanden. »Ich bleibe in der Wohnung«, sagte ich entschlossen bei einer der ersten Besprechungen in Berlin. Curth Flatow zögerte kurz, versprach aber, sich einen neuen Schluss für das Stück zu überlegen, und es dauerte nur wenige Tage, bis er ihn hatte. Auch ein paar weitere Änderungswünsche hat er berücksichtigt. Nichts Elementares, lediglich einige Formulierungen, die mir nicht lagen. Simone bemerkte dazu jedes Mal treffend: »Das sagt Jopie nicht.« Das musste den Autor ja überzeugen.

Nicht so ohne weiteres überzeugt war er jedoch, als ich ihm Monate zuvor erstmals sagte, dass ich sein Stück gerne spielen würde. Denn geschrieben hatte er es ursprünglich gar nicht für mich, sondern für den inzwischen leider verstorbenen Georg Thomalla.

Bei Dreharbeiten am Luganer See hat »Thommi« wiederum Simone davon erzählt. Aber zunächst sprach er davon, dass er sich nicht mehr kräftig genug fühle, um jeden Abend auf der Bühne zu stehen. Woraufhin Simone erwiderte: »Jopie würde gerne spielen, aber wir finden kein Stück.«

»Natürlich gibt es eins!« Thomalla war begeistert. »*Ein gesegnetes Alter*! Curth Flatow hat es für mich geschrieben. Das muss Jopie lesen!« Er lief zum Telefon, rief den Verlag an und ließ mir das Stück nach Starnberg schicken.

Als Simone zwei Tage später wieder zu Hause war, lag schon der große Umschlag im Briefkasten. Und noch bevor sie ihre Koffer auspackte, setzten wir uns hin und lasen das Buch in einem durch. Binnen weniger Stunden war die Sache für uns entschieden. Dieses Stück wollten wir unbedingt spielen. Wir, weil auch für Simone eine Rolle drin war, die der (Spät-)Studentin Christa, die dem alten Mann bei seinem Kampf gegen die Immobilien-Spekulanten zur Seite steht.

Wir riefen also Jürgen Wölffer an, den Direktor des Theaters am Kurfürstendamm in Berlin, wo das Stück gespielt werden sollte. Bei diesem und mehreren nachfolgenden Gesprächen merkte ich, dass er kalte Füße bekam. Womöglich hatte er gar nicht damit gerechnet, dass ich bei ruhiger Überlegung zu meiner spontanen Absichtserklärung stehen würde. Offensichtlich hatten ihn Zweifel befallen, ob ich das mit meinen zweiundneunzig Jahren bewältigen könnte, eine Hauptrolle mit soviel Text und dann mehrere Wochen en suite spielen. Und nicht nur er war skeptisch. Wenn ich es recht bedenke, waren nur Wölffers Frau Christine, meine Simone und ich davon überzeugt, dass dies zwar keine leichte Aufgabe wäre, wir es aber schaffen würden. Und nicht nur das, sondern dass wir auch Erfolg damit haben würden.

Wieder einmal stellten die Frauen unter Beweis, dass ihnen in puncto Überzeugungskunst und Durchsetzungsvermögen niemand das Wasser reichen kann. Wenn sie an eine Sache glauben, kämpfen sie dafür wie Löwinnen. Mit Intelligenz und Raffinesse erreichen sie ihr Ziel. So auch in diesem Fall. Ich glaube zwar nicht, dass zum damaligen Zeitpunkt schon alle Skeptiker ihre Meinung

227

ins Gegenteil verkehrten. Aber sie zeigten sich zumindest bereit, sich eines Besseren belehren zu lassen.

Nun konnte es also losgehen. Der einzige, der jetzt noch etwas gegen mein Engagement in Berlin einwenden konnte, war mein Arzt. Aber als ich ihn fragte, lachte er: »Hauen Sie ab, Herr Heesters. Machen Sie. Das ist gut für Sie!« Das ließ ich mir nicht zweimal sagen, ging sofort nach Hause und begann meinen Text zu lernen.

Das ging natürlich nicht mehr so einfach vonstatten wie früher. Obgleich zugegebenermaßen Textlernen nie zu meinen Leidenschaften gehörte, wurde es mir jetzt noch dadurch erschwert, dass meine Sehkraft erheblich nachgelassen hatte. Die Lösung des Problems war ein Lesegerät, das die Buchstaben etwa zwanzigfach vergrößert auf einen Monitor wirft, auf dem ich dann meinen Text lese. Das ist eine mühsame Prozedur, denn, bedingt durch die Größe der Buchstaben, erscheinen auf dem Bildschirm nur jeweils ein paar Worte und nicht der Text im Zusammenhang, wie man ihn sonst vor sich hätte. Fast so wie seinerzeit in Wien lerne ich folglich auch heute meine Texte Wort für Wort, nur dass ich jetzt – im Gegensatz zu damals – genau weiß, was die Worte bedeuten und vor allem, wie man sie ausspricht.

Auf diese Weise eignete ich mir also die Rolle an. Täglich saß ich mehrere Stunden an meinem Lesegerät und büffelte. Simone hörte mich ab. Seite für Seite. Tag für Tag. Ständig musste ich das bereits Gelernte wiederholen, denn im Lauf der Zeit hatten sich in meinem Gedächtnis einige Schlupflöcher aufgetan und boten dem frischen Text diverse Fluchtmöglichkeiten. Aber ich setzte dieser Fliehkraft der Worte Fleiß und Disziplin entgegen und obsiegte.

Was für ein erhebendes Gefühl, wenn man es gemeistert hat. Welch ungetrübte Vorfreude, denn ich freute mich wirklich wahnsinnig darauf, wieder Theater zu spielen, wieder diese unvergleichliche Bühnenluft zu atmen.

Doch vor die Premiere hat der Theatergott ja bekanntlich die Proben gestellt und die sollten im Januar 1996 in Berlin beginnen. Für meine Frau Simone und mich hieß das, dass wir mehrere Monate nicht zu Hause am Starnberger See sein würden. Simone packte und packte. Fast stündlich standen zwei prall gefüllte Koffer mehr vor der Tür. Aber wie durch ein Wunder verschwand alles im Kofferraum des Autos.

Für mich bedeutet so eine Abreise immer Hektik und Aufregung. »Jedesmal, wenn wir irgendwohin reisen, geht unsere Ehe in die Brüche«, sagt Simone, wenn ich sie zum hundertsten Mal gefragt habe, ob sie auch nichts vergessen hat. Und sie lacht dabei, denn natürlich geht unsere Ehe nicht in die Brüche. Im Gegenteil. Sobald wir unterwegs sind, ist alles wieder gut und wir sind bester Dinge. Wenngleich sich bei dieser Fahrt nach Berlin in die fröhliche Stimmung auch Lampenfieber mischte. Immerhin war diese Uraufführung für uns beide eine besondere Premiere: Erstmals sollten wir ja gemeinsam auf der Bühne stehen.

»Hier kommt der greise Autor.« Mit diesem Satz betrat am ersten Tag Curth Flatow die Probebühne. Er ist siebzehn Jahre jünger als ich, zusammen brachten wir es auf immerhin 168 Jahre.

Regisseur und Theaterdirektor Jürgen Wölffer eröffnete die Probe mit einem seiner berühmten Scherze: »Damit der Regisseur auch mal das Stück kennenlernt, schlägt Herr Heesters eine Leseprobe vor.«

Wenn die Proben zu einer Theateraufführung beginnen, ist es, als würde man vor einem riesigen Berg schmutziger Wäsche stehen. Sie hat viele Flecken und riecht nicht gut. Doch dann wird sie gewaschen und frisch duftend und sauber auf der Wiese ausgebreitet.

So ist das auch bei unserer Arbeit: Am Anfang reden alle durcheinander, nichts ergibt einen Sinn, nichts klappt, nichts passt zusammen. Aber dann stehen wir auf der Bühne, das Publikum ist da, das Licht geht an, und die ganze Arbeit während der wochenlangen Proben fügt sich zu einem wunderbaren Ganzen. Saubere Wäsche auf einer Wiese.

Wir begannen also, unsere Wäsche zu waschen. Natürlich waren die Proben nicht immer nur fröhlich und leicht. Wenn man so konzentriert und eng zusammenarbeitet, dann können, dann müssen sogar hin und wieder die Fetzen fliegen. Wenn die Premiere immer näher rückt, wird auch ein geduldiger Mensch wie ich ein wenig nervös. Man hat das Gefühl, es geht nicht richtig vorwärts, man wird streng und ungnädig – auch mit sich selbst.

Und dann wieder gibt es diese heiteren, gelösten Momente, zum Beispiel bei der ersten Masken- und Kostümprobe. Die Maskenbildnerin sah mich nachdenklich an. »Was ist«, fragte ich, »was überlegst du?«

»Na, du bist lustig«, sagte sie schlagfertig, »immerhin muss ich mir ja etwas einfallen lassen, damit du nicht aussiehst wie zweiundneunzig, sondern wie neunzig.«

Während dieser Wochen lebten Simone und ich nur für dieses Stück, nur für die Premiere. Alles war auf diesen einen Tag ausgerichtet. Außer den Proben hatten wir auch noch einen Marathon an Presse- und Fototerminen hinter uns gebracht, der in einer Pressekonferenz gipfelte, die aus dem Theaterfoyer ausgelagert werden musste in eine große Empfangshalle. Es hatten sich so viele Journalisten, Fernsehteams und Fotografen angesagt, dass der Platz im Theater nicht ausreichte. Ein Blitzlichtgewitter prasselte auf Simone und mich nieder. Und wenn ich auch von Berufs wegen gerne im Rampenlicht stehe, war ich an diesem Tag doch froh, als es vorbei war.

Aber natürlich war es auch gut, denn nun wusste jeder in Berlin und darüber hinaus, dass »Jopie« Heesters wieder Theater spielt.

Simone machte sich Sorgen, dass die ganze Sache für mich doch zu anstrengend werden könnte. Zumal in jenem Jahr der Sommer in Berlin bereits im Mai begann. Von einem Tag auf den anderen stieg das Thermometer sprunghaft. Alles stöhnte. Ich auch. Aber nicht, weil es mir zu heiß wurde, sondern weil ich mich fragte: Wer um Himmels willen soll denn bei diesem Wetter ins Theater gehen? Meine Sorge nämlich galt nicht mir und meiner körperlichen Konstitution, sondern dem Theater. Wird es auch voll werden? Werden die Zuschauer kommen?

Nun ja, um es kurz zu machen: Sowohl Simones als auch meine Bedenken erwiesen sich als unbegründet. Die Zuschauer strömten. Die Vorauffführungen waren ausverkauft. Stehende Ovationen nach jeder Vorstellung. Und ich meine wirklich *stehende* und nicht *gehende* Ovationen, wo die Leute schon auf dem Weg an die Garderobe sind, um ihre Mäntel zu holen. Nein, das Publikum stand und applaudierte. Und wir genossen es sehr.

Aber es war noch nicht die Premiere – und auf die kam es an.

Wieder war der Saal voll. Das Licht erlosch. Lediglich ein Verfolger strahlte auf den noch geschlossenen Vorhang. Jürgen Wölffer trat in den Lichtkegel und hielt eine kleine Rede. Er sprach davon, wie einmalig das sei, was das Publikum gleich erleben würde. Na hoffentlich nicht zu einmalig, dachte ich. Schließlich sollten ja noch ein paar Dutzend Vorstellungen folgen. Dann lobte er meinen Schwiegersohn Pit Fischer, Nicoles Ehemann, der das Bühnenbild erdacht und entworfen hatte. »Extra auf Jopies Wunsch«, fuhr er nun launig fort, »haben wir eine Treppe in der Dekoration.« So könne jeder sehen, wie gut ich noch zu Fuß sei. Lacher und Applaus für den pointensicheren Theaterdirektor, aber so ganz stimmte die Geschichte mit der Treppe nicht. Für mich war sie notwendiger Bestandteil des Bühnenbilds, und ich war entschieden dagegen, dass sie – wie Pit es in seinem ersten Entwurf mit Rücksicht auf mich vorgesehen hatte – eingeebnet wurde. Also gestaltete er sie so, dass ich völlig problemlos hinauf- und hinuntergehen konnte.

Dann wurde das neue Lied eingespielt, das ich kurz zuvor auf CD aufgenommen hatte. Die Menschen im Theater lauschten still.

Besetzungszettel aus dem Programmheft zur Uraufführung »Ein gesegnetes Alter«
im Theater am Kurfürstendamm, Berlin, am 24. Mai 1996

»... die Jahre flogen dahin, im Herzen blieb ich jung. Erinnerung heißt die Kraft meines Lebens ...«

Bevor das Lied zu Ende ging, stand ich hinter der Bühne bereit zum Auftritt. Ich hörte den Applaus, der der Musik galt. Das Bühnenlicht ging an. Der Vorhang öffnete sich. Auf in den Kampf.

Ich ging auf die Bühne – und war überwältigt. Alle Zuschauer hatten sich von ihren Sitzen erhoben, applaudierten und jubelten mir zu. Dabei hatte ich noch keinen Mucks von mir gegeben. Noch ein Weilchen hätte ich so dastehen und einfach nur diesen wundervollen Empfang genießen können. Aber ich war ja nicht allein. Hinter der Bühne warteten die Kollegen auf ihren Auftritt.

Nur knappe drei Stunden später dasselbe aufwühlende Schauspiel noch einmal: Jubel, rhythmischer Applaus, Blumen flogen auf die Bühne. Wieder und wieder musste ich vor den Vorhang. Mein Herz schwappte über vor Dankbarkeit und Glück.

Besonders dankbar bin ich heute noch meinem verstorbenen Kollegen Georg Thomalla. Er hat mir diese fabelhafte Rolle – und damit ja auch den großen Erfolg geschenkt. Danke, Thommi!

Weltrekord mit 93!
Rückkehr zu den Klassikern oder:
Was Tschechow an meinem Geburtstag tat

Hatte ich vor der Uraufführung von Flatows *Gesegnetem Alter* ein paar Jahre nicht Theater gespielt, so stand ich danach fast ununterbrochen auf der Bühne. Darüber war ich besonders glücklich, denn ich hatte es vermisst, das Theaterspielen. Doch für keines der Stücke, die man mir davor angeboten hatte, konnte ich mich begeistern. Allmählich hatte ich schon die Hoffnung auf eine Rolle wie in *Casanova auf Schloss Dux* oder in *Das Haus am See*, das ich 1981 mit Vilma Degischer in Wien spielte, aufgegeben.

Ich begann sogar, mich an den Gedanken zu gewöhnen, nur noch Fernsehen zu machen. Obwohl auch dort solche Volltreffer wie beispielsweise Neil Simons *Sonny Boys* leider Raritäten sind.

Zwanzig Jahre ist es jetzt schon her, seit Carl-Heinz Schroth und ich uns 1982 dieser beiden tragikomischen alten Zausel annahmen. Rolf von Sydow, unter dessen Regie ich in der Folge noch mehrere Male arbeitete, machte daraus eine sehr schöne und gelungene Fernsehverfilmung. Natürlich sind die zwei in Vergessenheit geratenen Broadwaykomiker Willy Clark und Al Lewis alias »Sonny Boys« auch auf der Bühne echte Glanzrollen für großartige Besetzungen. In Berlin zum Beispiel waren es einmal Harald Juhnke und Wolfgang Spier mit riesigem Erfolg. Juhnkes Karriereende bedaure und beklage ich, da ich ihn für einen der ganz Großen halte. Sehr ernsthaft habe ich schon überlegt, ihn in Berlin zu besuchen, dort, wo er jetzt untergebracht ist. Womöglich hätte er Freude daran. Aber womöglich ist das auch zu naiv von mir gedacht.

Beinahe hatte ich nicht mehr an eine große Theateraufgabe geglaubt, da kam das *Gesegnete Alter* und mit ihm geradezu eine La-

THEATER IN DER JOSEFSTADT
Betriebsgesellschaft m.b.H.

Wien, 14. März 1997

Herrn
Johannes Heesters

K A M M E R S P I E L E

Geliebter Jopie,

Sie hetzen mich von einer Arbeit in die andere -
udn daher kann ich, so leid es mir tut, Dich nicht
körperlich heute abend umarmen.

Ich danke Dir für die vielen schönen vollen Häuser,
die Du unserem Theater erspielt hast. Ich war ganz
stolz, daß ich noch einmal Dein Direktor sein konnte,
aber ich glaube, so wie Du bist, werden wir das ganz
sicher noch ein paarmal wiederholen können.

Grüße auch Deine geliebte Frau und vergiß Deinen
alten Schenk nicht, der sich schon heute älter fühlt
als Du.

Mit vielen Küssen

(Otto Schenk)

THEATER IN DER JOSEFSTADT, 1080 WIEN, JOSEFSTÄDTER STRASSE 26, DIREKTION TELEFON 402 76 31, TELEFAX 402 76 31 60, TELEX 13 18 99
VORVERKAUFS- UND ABENDKASSA TELEFON 402 51 27
KAMMERSPIELE, 1010 WIEN, ROTENTURMSTRASSE 20, VORVERKAUFS- UND ABENDKASSA TELEFON 533 28 33
RABENHOF, 1030 WIEN, RABENGASSE 3, TELEFON 713 60 64
Handelsgericht Wien HR B 39.734

Ein Brief meines Freundes Otto Schenk, als ich »Ein gesegnetes Alter« in Wien
spielte

wine weiterer Engagements und Gastspiele. Wahrscheinlich wäre ich schneller fertig, wenn ich aufzählen würde, wo wir nicht gespielt haben, als umgekehrt: von Hamburg bis München, von Düsseldorf bis Dresden. Die Theaterdirektoren das Landes standen Schlange – ein schönes Gefühl. Otto Schenk, der mittlerweile das Theater in der Josefstadt und die Kammerspiele leitete, holte uns nach Wien, wo das Wiedersehen mit dem Publikum besonders rührend war. Die Sympathie und Zuneigung der Zuschauer waren ohnehin ein Kraftquell für mich, denn zwischen den Aufführungsserien blieb nicht viel Zeit zum Ausruhen.

Im Frühling 1997 spielten wir in Dresden. Ich hätte nicht gedacht, dass dieses Gastspiel mich so weit zurück in meine Erinnerungen führen würde. Seit jeher war Dresden eine wunderschöne Stadt, eine Kunst- und Kulturstadt. Auch jetzt noch – oder wieder. Und doch sah ich Wundmale des Krieges und der Zerstörung, begegnete Menschen, die das Inferno der Bombardierung vom 13. auf den 14. Februar 1945 erlebt und überlebt hatten, deren seelische Wunden zwar nicht zu sehen, aber zu spüren waren. Ich glaube nicht, dass es in Dresden auch nur eine Familie gibt, die von dieser Katastrophe nicht betroffen war. So fest die Dresdner daran geglaubt hatten, dass die Bomben ihre Stadt verschonen würden, so unerbittlich schlug der Krieg auf die Zivilbevölkerung zurück.

Unser Gastspiel vor fünf Jahren war mein erster Besuch in Dresden nach Jahrzehnten. Ich bekam unzählige Briefe von Menschen, die mit mir glücklichere Momente der Jugend verbanden, die mir ihre Geschichte niederschrieben und mich damit sehr berührten. So erzählte eine Dame, dass sie 1943 alle Vorstellungen der *Hochzeitsnacht im Paradies* im Centraltheater in der Waisenhausstraße gesehen habe. »Nach der letzten Vorstellung«, schrieb sie, »begaben sich acht junge Mädchen zum Hauptbahnhof. In der Kuppelhalle stand der Zug, mit dem Sie wegfuhren. Wir riefen alle kräftig: ›Na denn!‹, und Sie kamen zu uns. Mit einem Glas Sekt in der Hand sangen Sie mit Ihrer wundervollen Stimme im kriegsbedingt verdunkelten und menschenleeren Hauptbahnhof ›Ein Glück, dass man sich so verlieben kann‹. Das haben wir nie vergessen. Von den damals anwesenden acht Mädels bin ich allein noch am Leben. Den Angriff überlebte ich an der Kaimauer gegenüber der Florentiner, auf welcher Sie zu Gast waren. Meine sieben Freundinnen verbrannten in der Bombennacht 13./14. Februar 1945.«

Als ich 1943 in Dresden spielte, hatte der berühmte Zirkus Sarrasani noch auf dem Königin-Carola-Platz seinen festen Standort. Und das schon seit 1912. Natürlich besuchte ich eine Vorstellung, und Mitglieder der großen Zirkusfamilie kamen, um sich die *Hochzeitsnacht im Paradies* anzusehen. Unter ihnen auch die Tochter des Direktors, die mich für einen der nächsten Tage einlud. »Was haben Sie gerne zum Frühstück?« fragte sie, und ich antwortete spontan: »Frische Milch!« Denn wo gab es die damals schon?

Eines Morgens, ich wohnte ja im Hotel, klingelte das Telefon und der Portier war dran. »Herr Heesters«, rief er aufgeregt, »schauen Sie schnell aus dem Fenster!«

Was hat er bloß, dachte ich und ging auf den Balkon. Vor dem Hotel ein buntes zirzensisches Bild, eine wahre Zirkusprozession. Familie Sarrasani in farbenfrohen Kostümen mit Pferden, ein paar anderen Tieren und einer Kuh, die ein großes Schild um den Hals trug. Darauf stand: Herr Heesters, ich bringe Ihr Frühstück!

Nicht lange danach haben die Sarrasanis Deutschland verlassen. Der schöne Kuppelbau auf dem Königin-Carola-Platz fiel 1945 ebenfalls den Bomben zum Opfer und wurde später nicht wieder aufgebaut. Auch das eine Erinnerung, der ich 1997 in Gedanken wiederbegegnete.

Eine so lange Tournee, wie wir sie mit dem *Gesegneten Alter* machten, kann praktisch gar nicht ohne Zwischenfälle verlaufen. Das ist fast schon eine Gesetzmäßigkeit.

Keine Tournee ohne Pannen.

Um eine Panne ziemlich dramatischer Art handelte es sich in Frankfurt am Main. Einige sehr bange Tage musste Simone durchstehen, während ich notoperiert im Krankenhaus lag.

Mit Bauchschmerzen nach der Vorstellung fing alles an und als die immer schlimmer wurden, bat ich Simone, einen Arzt zu rufen. Ich, der sonst immer sagt: »Ich brauche keinen Arzt!« Da musste es schon etwas Ernstes sein. Das war es auch. Die Diagnose des Notarztes kam rasch und vor allem bestimmt: Verdacht auf Blinddarmentzündung. Schnell ins Krankenhaus. Simone kam mit.

Doch ich war, wie man sich denken kann, keinesfalls damit einverstanden, in der Klinik zu bleiben. Am nächsten Tag, es war ein Sonntag, hatten wir schon am Nachmittag eine Vorstellung und die sollte nicht meinetwegen ausfallen. Entgegen dem ärztlichen und dem ehefräulichen Rat wollte ich wieder ins Hotel. Simone wusste, dass gegen meinen holländischen Sturkopf sowieso kein Kraut gewachsen war und weder sie noch die Ärzte etwas ausrichten konnten, wenn ich mich einmal entschieden hatte.

Das hatte ich. Wozu schließlich gab es Schmerzmittel?

Davon schluckte ich reichlich und spielte am nächsten Tag die Vorstellung. Im nachhinein kann ich sagen, dass das nicht sehr klug war, denn nun kam es noch viel schlimmer. Ich spielte wie hinter einem Schleier. Durch die starken Tabletten nahm ich meine Umgebung nur noch gedämpft wahr und je länger es dauerte, um so schlechter fühlte ich mich. Völlig geschwächt sank ich am Ende der Vorstellung hinter der Bühne zusammen, hatte nicht mehr die Kraft, mich zu verbeugen. Die Schmerzen wurden unerträglich. Simone richtete noch ein paar erklärende Worte ans Publikum. In der Zwischenzeit traf der bereits alarmierte Notarzt ein. Mit Blaulicht und Martinshorn ging es auf direktem Wege wieder ins Krankenhaus. Aus der Blinddarmentzündung war ein Blinddarmdurchbruch plus Bauchfellentzündung geworden. Niemand wollte mir glauben, dass ich ein paar Stunden zuvor noch auf der Bühne gestanden hatte.

Die kurze Zeit vor der Operation war tatsächlich die einzige, in der selbst mir das Theater vorübergehend weniger wichtig war. Ich nahm Simones Hand und freute mich schon darauf, sie nach der Narkose wiederzusehen. Sie machte sich große Sorgen, das wusste ich. Aber mein Gefühl sagte mir auch, dass alles gutgehen würde. Und so war es auch.

Schon einige Tage nach dem Eingriff konnte ich wieder aufstehen und meine Atemübungen machen. Zwar hatte ich noch Schmerzen, und es dauerte, bis ich wieder richtig essen durfte. Dennoch fühlte ich mich von Tag zu Tag besser und gesünder. Während der ganzen Zeit verließ Simone nicht einen Moment lang die Klinik. Im wahrsten Sinne des Wortes wohnte sie dort mit mir. Ich bin fest davon überzeugt, dass ihre mir so vertraute und selbstverständliche Anwesenheit für meine Genesung mindestens genauso wichtig war wie all die Infusionen und Medikamente. Schulmediziner werden vielleicht einwenden, ich sei zu romantisch. Doch auch nach meinen Augenoperationen und den viel komplizierteren und langwierigeren Eingriffen an den Kniegelenken, wo Simone auch stets bei mir war, haben sogar die Ärzte ausdrücklich betont, wie unentbehrlich ihre Nähe für meine rasche Gesundung gewesen sei.

Claus Hellmer, Direktor des Frankfurter Fritz Rémond Theaters im Zoo, musste gar nicht so viele Vorstellungen absagen lassen, wie er wohl anfangs befürchtet hatte. Denn schon knappe zwei Wochen später spielte ich wieder. Selbstverständlich holten wir alle ausgefallenen Aufführungen nach. Ehrensache. Da an Hellmers Theater der Spielplan weiterlief, mietete er dafür eigens das große Bockenheimer Depot vom Frankfurter Schauspiel an.

Jetzt, da ich blinddarm- und schmerzfrei war, konnte ich wieder richtig loslegen. Immerhin hatte ich einen Ruf zu verlieren. Mit meiner Rolle im *Gesegneten Alter* war ich nämlich ins Guinness-Buch der Rekorde eingerückt: als weltweit ältester – damals dreiundneunzigjähriger – Schauspieler, der über zweihundertfünfzig

Mal in einer Hauptrolle eines Theaterstückes drei Stunden auf der Bühne steht.

Inzwischen sind es wohl an die siebenhundert Vorstellungen dieses Stückes gewesen, die ich in fünf Jahren gespielt habe. Zuletzt im Sommer 2001. Das war zur Eröffnung eines nagelneuen Theaters in Heilbronn, des Komödienhauses. Man fragte mich, ob ich nicht als ältester Schauspieler Deutschlands das jüngste Theater Deutschlands eröffnen wolle. Ich wollte. Und so habe ich als Mittneunziger weit mehr gearbeitet als noch zehn Jahre zuvor.

Obwohl ich mit *Casanova auf Schloss Dux* auch recht fleißig gewesen war. Ich spielte das Stück ja nach der En-suite-Serie in Wien seinerzeit noch weiter auf Tournee, allerdings später mit einer neuen Partnerin: Christiane Hammacher.

Die Umbesetzungsproben leitete ein junger Regisseur, Stefan Zimmermann, der mir sehr sympathisch war. Auch seine Art zu arbeiten und mit uns Schauspielern umzugehen, mochte ich. Also versprach ich ihm: »Wenn du einmal einen Klassiker inszenierst, bin ich dabei!« Und da junge Menschen bekanntlich ein gutes und wir Alten ein nicht ganz so gutes Gedächtnis haben, ließ er keine Gelegenheit aus, mich zu erinnern: »Jopie, denk daran, wir machen einen Klassiker zusammen!«

Es verging einige Zeit. Unterdessen spielten Simone und ich beim Theatersommer in Garmisch-Partenkirchen Michael Endes *Momo*. Eine märchenhafte Geschichte, die Phantasie und Wirklichkeit vereint und in der das Mädchen Momo und der alte Meister Hora gemeinsam gegen die Hast und Lieblosigkeit auf der Welt kämpfen. Ich spielte den geheimnisvollen Hora, und die entzückende Cosma Shiva Hagen war Momo. Damit hatte die Regisseurin Cordula Trantow eine generationenübergreifende Geschichte in einer Generationen verbindenden Besetzung auf die Bühne gebracht.

Ohne es zu wissen, hatte Alfred Biolek den entscheidenden Anstoß dazu gegeben. Gerade als Cordula Trantow das Projekt *Momo* plante, waren wir, Simone und ich, bei Bio in der Sendung. Cordula Trantow sah uns im Fernsehen. Eine Woche später hatte Biolek die drei Damen Hagen zu Gast, Eva-Maria, Nina und Cosma Shiva Hagen. Cordula Trantow sah auch diesen *Boulevard Bio*. Und irgendwann in den nachfolgenden Minuten, Stunden oder Tagen hatte sie die Idee für diese Besetzung. Da kann keiner mehr sagen, Fernsehen sei nicht inspirierend.

Stefan Zimmermanns Plan, mit mir einen Klassiker zu inszenieren, hatte ich zwar nicht vergessen, aber ich war mir nicht mehr sicher, ob es ihm damit ernst war. Bis er eines Tages anrief. Er war in großer Aufregung und hatte in der Tat einen ungewöhnlichen Vorschlag. Tschechows *Kirschgarten* wollte er machen, in einer seltener gespielten Fassung, neu bearbeitet und – jetzt kommt der Clou – als freie Produktion am Metropol-Theater in München.

Aha! Am Metropol-Theater! Das klingt nach einem großen Haus, mit mindestens solchem Etat und natürlich mitten in der Metropole.

Von wegen. Dieses Metropol-Theater liegt weitab am nördlichen Stadtrand Münchens. Es ist klein, und wenn man sich nicht richtig Mühe gibt, findet man noch nicht einmal den Bühneneingang. Früher war es ein Tonstudio. Davor ein Kino.

Aber heute ist es eines der aufstrebenden, kreativsten Theater in der Stadt. Mit einer Atmosphäre, die einen in intimer, antiquierter Umgebung Überraschendes erwarten lässt. Also kein großer subventionierter Theaterbetrieb, sondern ein kleines Haus mit großen Ambitionen, dessen Leiter von der Presse hoch gelobt wird für seine innovative und erfolgreiche Art, Theater zu machen.

Nun also sollte der *Kirschgarten* dort stattfinden. Stefan Zimmermann hatte folgendes im Sinn: Mit Johanna Liebeneiner als Gutsherrin, mir als altem Diener Firs, Simone als Gouvernante und einigen weiteren Kollegen, die ich aber nicht kannte, wollte er diesen Tschechow-Klassiker produzieren und inszenieren. Was fehlte, war nicht unwichtig – Geld. Um eine halbwegs gesicherte

Finanzierung auf die Beine zu stellen, musste er an den Idealismus und die Neugier der Mitwirkenden appellieren. Eine große Gage war zunächst nicht drin, eher eine symbolische. Wenn die Aufführung jedoch erfolgreich sein würde, was ja nicht unmöglich war, und wir damit Gastspiele geben könnten, würde es sich auch finanziell auszahlen. Mit dieser Verheißung übergab er uns das Textbuch und bat uns um wohlwollende Überlegungen.

Ich kannte den *Kirschgarten* und wusste, dass der Firs keine sehr große Rolle war. Aber in der Fassung, wie ich ihn jetzt las, war der alte Diener eine Figur mit außerordentlicher Dimension. Ohne viel Worte verlieh er dem Stück noch mehr Tiefe, als es ohnehin von Tschechow schon mitbekommen hatte.

Apropos Tschechow. Da gibt es eine winzige historische Koinzidenz, die es wert ist, erwähnt zu werden: Am 5. Dezember 1903, dem Tag, an dem ich zur Welt kam, besuchte der russische Dichter Anton Tschechow im Moskauer Künstlertheater die erste Probe zur Uraufführung seines neuen Stückes *Der Kirschgarten* in der Regie von Konstantin Stanislawski. So sind wir also auf den Tag genau gleich alte »Klassiker«, der *Kirschgarten* und ich.

Mit Simone überlegte ich ein Weilchen, bevor wir uns entschieden. Immer wieder äußerte jemand Bedenken. Die reichten von: »Aber der Jopie kann doch keinen Diener spielen« bis hin zu: »Das ist doch kein renommiertes Theater.«

Eben.

Zweimal eben!

Eine Rolle zu spielen, die alles andere als von mir zu erwarten ist, und das an einem Theater, wo es niemand vermuten würde. »Das ist doch das Außergewöhnliche daran«, hätte ich am liebsten allen Zweiflern zugerufen. Wieder einmal brachte es meine Tochter Nicole auf den Nenner: »Küssen möchte ich den Mann, dem das eingefallen ist«, freute sie sich.

Nun, geküsst haben wir ihn nicht, aber zugesagt haben wir, den *Kirschgarten* zu spielen. Und so war nach einigen Wochen Proben am 7. März 2002 Premiere im Metropol-Theater. Unser Erfolg war phantastisch! Unvergesslich das Bild der vor allem jungen Zuschauer, die, weil alles ausverkauft war, auf den Stufen hockten. Unvergesslich und sehr intensiv die Erfahrung von wirklich unmittelbarer Nähe zwischen Bühne und Publikum. Dass die Zuschauer gerade einen Meter vom Bühnenrand entfernt saßen, das war sogar für mich neu! Schön, den Menschen beim Applaus in die Augen schauen zu können.

Auch die Zeitungen schrieben viel und Gutes über uns.

»Heesters im Metropol!« hieß es in großen Lettern. So hätte auch eine Überschrift Anfang der vierziger Jahre lauten können. Nur hätte mich damals noch niemand gefragt, ob ich so eine große Anstrengung auf mich nehmen würde, weil ich den Beifall brauchte. Und selbst wenn, meine Antwort wäre dieselbe gewesen wie heute:

Ich liebe diesen Beruf. Und wenn man etwas liebt, scheut man keine Anstrengung, weil man sie gar nicht als solche empfindet.

Niemand würde mir wohl glauben, wenn ich behauptete, den Applaus des Publikums nicht zu genießen.

Es wäre ja auch gelogen.

Aber: Muss ich wirklich eine Leidenschaft erklären?

Ich denke, nein.

Auch hundert Jahre sind zu kurz.
Epilog

An einer Stelle im *Kirschgarten* sagt Firs: »Früher haben auf unseren Bällen Generäle, Barone, Admirale getanzt – heute lassen wir Postbeamte und Stationsvorsteher rufen, und die kommen nur ungern.«

Das ist die ironische Auslegung eines alten Mannes, der eine Epoche an sich vorbeiziehen sah und nun, da sie beendet ist, mit ihr untergeht.

Auch ich habe in meinem Leben so manches kommen und gehen sehen. Ein ganzes Jahrhundert. Zwei Weltkriege. Große und kleine Krisen. Schreckliches und Schönes. Ereignisse, die die Welt veränderten, und Dinge, über die heute niemand mehr spricht. Wer kann sich zum Beispiel noch vorstellen, wie vor achtzig Jahren Filme gedreht wurden?

Die Kamera wurde mit der Hand gekurbelt, und die Sonne war, wenn nicht die einzige, so doch die wichtigste Lichtquelle. Sie schien durch Glasdächer und -wände ins Atelier. Dazu gab es Kohleleuchten. Wenn sie angesteckt wurden, dauerte es eine Weile, bis sie strahlten. Dann aber musste schleunigst gedreht werden, denn schon nach kurzer Zeit erloschen sie wieder …

Es gibt viele Erinnerungen wie diese, an die ich schmunzelnd zurückdenke. Und so manches, was mir Grund zu Dankbarkeit gibt. Grund zu Demut, aber nicht zu Wehmut.

Denn ich lebe in der Gegenwart, bin offen für die Zukunft. Für das, was ein neuer Tag bringt.

Natürlich weiß ich, dass einmal meine Zeit abgelaufen sein wird und der liebe Gott mich holt. Aber ich denke nicht zuviel über das

Ende nach. Ich bin ein glücklicher Mensch und habe jeden Tag hundert Gründe, mich an meinem Leben zu erfreuen.

Um dessen überdrüssig zu werden,
dafür sind auch hundert Jahre zu kurz.

MEIN LEBEN IN BILDERN

2–5 Meine Eltern: Mutter und Vater (mit meinem Schwiegervater François Ghijs, rechts); Jugendfotos von mir und meiner Frau Wiesje, 1922

6/7 In einer Revue mit
dem Sänger Emile van
Bosch, 1927. –
Oben rechts: Als Franz
Schubert mit Octaaf van
Aerschot, einem meiner
belgischen Theaterdirek-
toren, in »Das Drei-
mäderlhaus« von Hein-
rich Berté, Casino,
Rotterdam 1929

8 »Der Orlow« von
Bruno Granichstaedten:
Zum ersten Mal spielte
ich den russischen
Maschinisten Alex,
der eigentlich der
emigrierte Fürst Alexan-
der ist, 1929 in Den
Haag. Meine Partnerin
war Emmy Arbous.

9/10 Links: Als François Villon in Rudolf Frimls Operette »König der Vagabunden« mit Maria Riener, Carré, Amsterdam 1932. – Rechts: Als Wiesje Ghijs und
ich 1930 in Antwerpen die Operette »Dolly« von Hugo Hirsch spielten, hatten wir
gerade geheiratet.
11 Mit Sylvain Poons in dem holländischen Film »Bleeke Bet« (Blasse Berta), 1934

12–15 Unser Hochzeitsbild, 20. Januar 1930. – Stolze junge Eltern: Mit unserer Tochter Wiesje im Sommer 1932 am Meer. – Unten links: Mit meinem Agenten Starka 1934 in Wien. – Unten rechts: Siegfried Arno (hier mit Ilse Korseck 1931 in einem Film) riet mir, den beruflichen Sprung aus den Niederlanden in den deutschsprachigen Raum zu wagen.

16–18 Links: Mit Ida Haschka in »Servus! Servus!« von Robert Stolz an der Scala, Wien 1935. – Oben: Mit dem »Bettelstudent« von Karl Millöcker trat ich am 22. September 1934 mein Engagement in der Wiener Volksoper an. – Unten: Mit Heinrich Schroth, dem Vater von Carl-Heinz, in dem Film »Die Leuchter des Kaisers, 1935

19/20 Mein Start bei der UFA war die Verfilmung des »Bettelstudenten«. In diesem Operetten-film, der 1935 in die Kinos kam, war Carola Höhn meine Partnerin.

21 Hier wurde mir zum ersten Mal die elegante Herrenmode der dreißiger Jahre auf den Leib ge-schneidert, und der Frack war im Film von nun an meine »Arbeitskleidung«: Mit Friedrich Kra-mer in »Wenn Frau-en schweigen«, 1937.

24 Eine dankbare
Hauptrolle bot
mir der Operet-
tenfilm »Gasparo-
ne«, 1937, mit
(v. l .n .r.) Leo
Slezak, Elsa
Wagner und Edith
Schollwer. ...

←
22/23 »Das Hof-
konzert«, 1936:
Dreharbeiten vor
dem Würzburger
Schloss und
Szene mit Marta
Eggerth

25 ... Bei unserer
Verbeugungs-
tournee bestürm-
ten uns Auto-
grammjäger:
Mit Leo Slezak
und Marika Rökk.

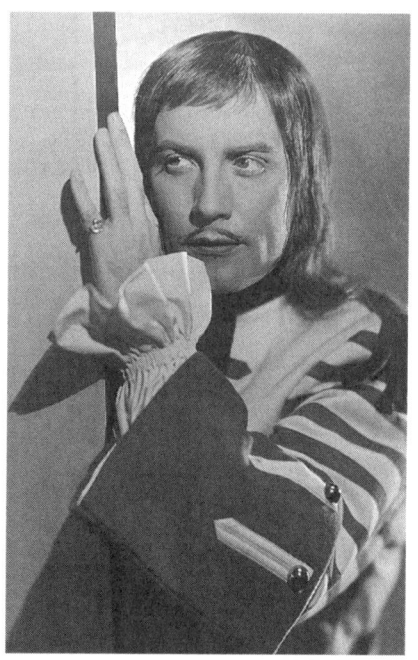

← 26/27 Zwei Gesichter durfte ich in »Nanon«, 1938, mit Erna Sack zeigen.

← 28 Unten: Dieses Foto macht es deutlich: In »Liebesschule«, 1940, mit Luise Ullrich und Viktor Staal geht es um eine Dreiecksgeschichte.

29 Kurz nach der Berliner Premiere von Franz Lehárs »Lustiger Witwe« am 22. Oktober 1940 im Admiralspalast entstanden Schallplatten-Aufnahmen für die Deutsche Grammophon unter der Leitung unseres Dirigenten Werner Schmidt-Boelcke.

258

← 30/31 Oben links: Mit Marte Harell in »Rosen in Tirol«, 1940, nach Carl Zellers Operette »Der Vogelhändler«. – Oben rechts: Mit dem Charakterkomiker Ralph Arthur Roberts hatte ich ich einige Szenen in dem Filmlustspiel »Meine Tante – Deine Tante«, 1939.

← 32 Ein brillanter Darsteller im Theater und im Film war Rudi Godden. Wir drehten zusammen u. a. »Die lustigen Vagabunden«, 1940.

33 Mit Dora Komar in »Immer nur Du!«, 1941

259

34 »Immer nur Du!«, 1941: Revuebild mit Dora Komar ...
35 ... und die Szene »Man müsste Klavier spielen können« in diesem Film

36 »Illusion«, 1941: Mit Brigitte Horney
37 »Glück bei Frauen«, 1944, mit Hertha Mayen

261

38 Als ich in Leipzig gastierte, schenkte mir das Galerie-Publikum dieses Pferd und der Theaterdirektor als Dreingabe die Kutsche: Mit meinen Töchtern Wiesje und Nicole.

39–41 Oben: Mit der dreijährigen Nicole in unserem Haus im Grunewald. – Unten: Mit Frau Sarrasani in Dresden, 1943, und Freund Ben →

262

42 Dreimal »Karneval der Liebe«, 1942: Mit Dora Komar und Hans Moser ...
43/44 ... und zwei Revueszenen mit der Musik von Michael Jary. Meine Partnerin
war wieder Dora Komar. →

45 Zwei Filme, die
während des Bomben-
krieges in Prag entstan-
den: »Frech und ver-
liebt« mit Gabriele
Reismüller und Carl-
Heinz Schroth. Der
Film wurde erst 1948
gestartet. ...

47/48 Oben: Die
opulent ausgestattete
»Fledermaus«, 1944/45
in Prag entstanden,
kam auch erst nach dem
Krieg in die Kinos:
Szene mit Willy Fritsch
und Dorit Kreysler. –
Unten: Hier führte ich
1945/46 das Leben
eines Bergbauern: Das
Refugium der Familie
Heesters in Grundlsee
im Salzkammergut.   →

46 ... Nur einmal
hatte ich die bezaubern-
de Lizzi Waldmüller
zur Partnerin: »Es lebe
die Liebe«, 1944.

49 Ein paar Jahre nach dem Krieg wurde Friedrich Schröders Erfolgsoperette »Hochzeitsnacht im Paradies« verfilmt: Szene mit Gretl Schörg und Claude Farell, 1950, …

50 … und am Theater begann für mich eine Serie von Auftritten in meiner Rolle als Dr. Ulrich Hansen: Hier, ebenfalls 1950, in einer Inszenierung des Wiener Bürgertheaters mit Herta Staal.

51 Drei
Schauspiele-
rinnen, die
vor allem auf
der Bühne
brillierten,
hatte ich in
diesen Jahren
zu Partnerin-
nen: Vilma
Degischer in
dem Film
»Liebe Freun-
din«, 1949,
…

52 … Aglaja
Schmid in
der Komödie
»Das Lied
der Taube«
von John van
Druten,
Theater
in der Josef-
stadt, Wien
1948, …

53 … und
Hilde Krahl
in dem Film
»Wenn eine
Frau liebt«,
1949.

54 »Die Csárdásfürstin«, 1951, war mein vierter Film mit Marika Rökk: Szene mit Walter Müller. – 55/56 »Die Jungfrau auf dem Dach« entstand 1954 in Hollywood: Ankunft in Los Angeles und Szene mit Johanna Matz und Hardy Krüger.

57/58 Auf diesen Film bin ich stolz: Neuverfilmung von Maupassants »Bel ami«, 1955, mit Gretl Schörg (oben) und Christl Mardayn als österreichisch-französische Koproduktion.

59 In eleganter Abendgarderobe zum festlichen Anlass: Mit Hertha Feiler in »Opernball«, 1956

61/62 Oben: Die wunderbare Paula Wessely war meine Partnerin in »Die unvollkommene Ehe«, 1959. – Unten: Cole Porters Musical »Kiss me, Kate« im Staatstheater am Gärtnerplatz, München 1956: Ich zähme die »Widerspenstige« Lola Müthel.   →

60 Liselotte Pulver wüsste offensichtlich gerne, was ich mit Werner Finck zu besprechen habe: »Heute heiratet mein Mann«, 1956, Regie: Kurt Hoffmann.

63 Wien, Cottagegasse: Ein freier Abend mit meinen Töchtern Wiesje und Nicole in den frühen fünfziger Jahren, …

64/65 … wir drei bei der Gartenarbeit und meine Frau Wiesje mit unseren Töchtern vor dem kostbaren Danziger Barockschrank mit Krippe, zahlreichen beleuchteten Figuren und Musik im Innern.

66/67 Zweimal Boulevardtheater vom Feinsten: Mit Gundel Thormann in »Da capo« von Harry Kurnitz. Wir spielten das Stück 1960/61 in München und Berlin (oben). – »Unsere liebste Freundin« von Samuel Taylor mit Vilma Degischer und Susanne von Almassy, Kleine Komödie am Max II-Denkmal, München 1966

276

68–70 Als Baron
von Trapp in
»The Sound of
Music«, Amster-
dam 1964. –
Maschinist Alex
in »Der Orlow«,
Wien/Berlin
1958–1960. –
Staatsintendant
Kurt Pscherer
und Kostüm-
direktor Alfons
Rothärmel über-
reichen mir nach
der Vorstellung
der »Lustigen
Witwe« im
Staatstheater am
Gärtnerplatz,
München 1964,
mein pontevedri-
nisches Kostüm
von 1938.

71–73 Mit Franz
Elkins in »Wins-
low-Boy« von
Terence Rattigan,
Theater in der
Josefstadt, Wien
1964. – Tournee
mit »Alles im
Garten« von
Edward Albee,
1971/72: Szene
mit Ullrich
Haupt. – TV-
Serie »Hallo –
Hotel Sacher …
Portier!«: In der
Folge »Opern-
ball« mit Fritz
Eckhardt, 1973

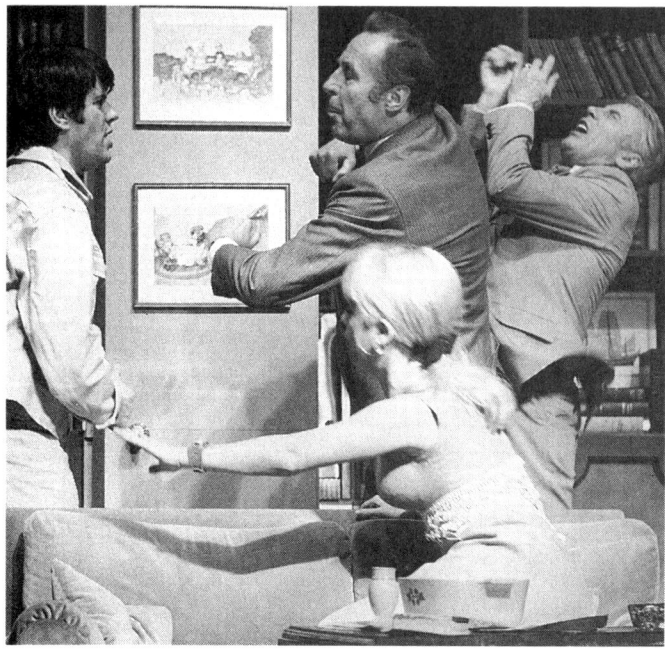

76 Turbulent ging es zu in »Ein Mädchen in der Suppe« von Terence Frisby, Kleine Komödie am Max II-Denkmal, München 1969: In einer Szene mit Gundolf Willer, Chariklia Baxevanos und Wolfgang Lukschy.

←

74/75 Links: Mit Marion Degler in »Gastspiele« von Horney/Firner, Kammerspiele, Wien 1968. – Mit Uschi Glas spielte ich »Unsere liebste Freundin« auch in der Komödie, Düsseldorf 1968. Es war ihr erster Theaterauftritt.

77–80 Treffen mit Wolfgang Rademann in Wien (oben) und mit Harald und Susanne Juhnke sowie René Kollo in Hamburg (Mitte). – Als Gast in den TV-Shows von Anneliese Rothenberger und Peter Alexander (unten)

83/84 Als ich zu den Proben von
»Gigi« von Frederick Loewe 1975
nach Wien kam, holte mich Béla Erny
am Flughafen ab. Er war in dem
Musical als Gaston Lachailles mein
Neffe und Partner in Wien und
München 1978. – Rechts: Mit Bob
Franco als Gaston spielte ich den in
die Jahre gekommenen Schwerenöter
Honoré Lachailles 1976 in Berlin
und 1977 in Hamburg.

←
81/82 Oben: Mit Peter Kraus in
dem TV-Film »Wenn die kleinen Veil-
chen blühen« nach der Operette von
Robert Stolz, 1968. – Unten: Mit
Viktoria Brams in Hermann Bahrs
»Konzert«, Komödie im Bayerischen
Hof, München 1972

281

85–87 Besonders gern stand ich 1981 als Norman in der Komödie »Das Haus am See« von Ernest Thompson auf der Bühne des Wiener Theaters in der Josefstadt. Meine Partnerin war Vilma Degischer.

88/89 Mit dem herrlichen Komödianten Carl-Heinz Schroth spielte ich 1982 Neil Simons unverwüstliche »Sonny Boys« fürs Fernsehen. Mit ihm verband mich eine herzliche Freundschaft. ...

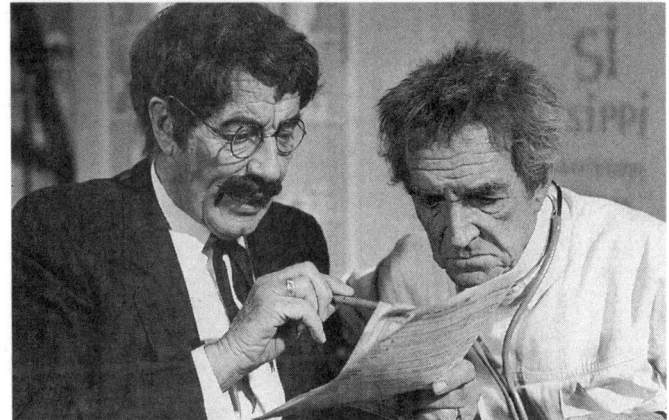

90 ... Anlässlich seines 100. Geburtstags am 29. Juni 2002 besuchte ich seine Witwe Barbara auf seinem Wohnsitz am Orta-See im Tessin, wo man zur Erinnerung an ihn eine lebensechte Skulptur aufgestellt hatte.

283

91 Seit 1970 verabschiedete ich mich von der Rolle, mit der mich das Publikum am meisten identifiziert, dem Danilo in der »Lustigen Witwe«. 1984 sang ich die endgültig letzten fünf Vorstellungen an der Wiener Volksoper.

92 Eine schöne Rolle
bescherte mir 1986
Karl Gassauers Zwei-
Personen-Stück »Casa-
nova auf Schloss Dux«.
Ich spielte den alt ge-
wordenen Lebemann
und Abenteurer in
Wien, Berlin, Ham-
burg, München u. a.
mit Louise Martini ...

93 ... und Christiane
Hammacher.

94/95 Die urbayerische Gastwirtin Maria Weber, von uns liebevoll Maria Theresia genannt, ist uns eine vertraute Freundin geworden. Sie riet mir zur Heirat mit meiner zweiten Frau Simone Rethel. Unsere Trauzeugin war am 25. Januar 1992 Chariklia Baxevanos.

96 Seit der Uraufführung am 24. Mai 1996 im Theater am Kurfürstendamm spielen Simone und ich das Stück »Ein gesegnetes Alter« von Curth Flatow mit Riesenerfolg überall in Deutschland, Österreich und der Schweiz.

97/98 Die Vorstellung »Ein gesegnetes Alter« in der Komödie Winterhuder Fährhaus in Hamburg ist zu Ende. Das Publikum hat sich zu stehenden Ovationen erhoben und jubelt uns zu. – Gegenüber oben: Nach der Premiere in der Kleinen Komödie am Max II in München gratulieren Thomas Fritsch und Carola Höhn.
→

99 Katrin Bühlig drehte mit mir das einfühlsame Porträt »Bevor der letzte Vorhang fällt«. Nach der ersten Vorführung zeigte sich Gerhard Schmitt-Thiel beeindruckt.
→

289

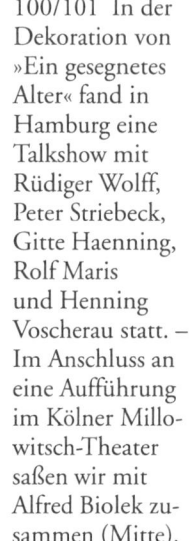

100/101 In der Dekoration von »Ein gesegnetes Alter« fand in Hamburg eine Talkshow mit Rüdiger Wolff, Peter Striebeck, Gitte Haenning, Rolf Maris und Henning Voscherau statt. – Im Anschluss an eine Aufführung im Kölner Millowitsch-Theater saßen wir mit Alfred Biolek zusammen (Mitte).

102 Im Kreis der Tänzerinnen beim »Frühlingsfest der Volksmusik«

103 Ich bin stolz auf meine zweite Frau Simone Rethel, die so professionell malt, fotografiert und eine erfolgreiche Schauspielerin ist.
104 Präsentation von Simones Fotoband »Schönheit des Alters« in der Zoologischen Staatssammlung, München 1998

105 a/b Gegenseitige Bewunderung: Begegnung mit Elisabeth Bergner
106 In der Sendung »Wetten, dass …« am 5. Dezember 1998 gratulierten mir Iris Berben und Harald Juhnke zum 95. Geburtstag. Ich freute mich, als Yehudi Menuhin spontan auf mich zukam.

107/108 Beim Theatersommer Garmisch-Partenkirchen 1999 gastierten Simone und ich in einer Bühnenfassung von Michael Endes »Momo«, in der auch Cosma Shiva Hagen mitwirkte (oben Probenfoto). Ich spielte den Verwalter der Zeit, Meister Hora.

109/110 »Otto – Der Film« kam 1985 in die Kinos. Ich war in einer Episodenrolle dabei. Otto begießt mit mir die Premiere. Unten: Zehn Jahre später stellten wir fürs Fernsehen die Szene nach.

111/112 Mit meinem Produzenten Jack White bei der Produktion unserer CD »Ich werde hundert Jahre alt«, 1998. – Im Juni 2002 lud mich der ehemalige Skistar in seine Sendung »Herzlichst Hansi Hinterseer« ein.

113/114
Oben: Ein
»Bambi« für
mein Lebens-
werk wurde
mir 1997 ver-
liehen. –
Mitte: Jasmin
Wagner,
ehemals
»Blümchen«,
überreicht
mir die vom
Wiener »Ku-
rier« gestiftete
»Romy« in
Platin für
mein Lebens-
werk.

115 Zur
»Romy« gra-
tulieren mir
meine beiden
Wiener Wies-
jes: Tochter
und Enkelin.

116/117 Am 7. März 2002 hatten Simone und ich Premiere mit Anton Tschechows »Kirschgarten« im Münchner Metropol-Theater. Ich war der alte Diener
Firs, sie die Gouvernante Charlotta Iwanowna. Die zentrale Rolle der Gutsbesitze-
rin Ranewskaja spielte Johanna Liebeneiner (unten).

118–120 Meine Großfamilie: Die Enkel Johannes und Saskia Fischer (oben und links), die Kinder meiner Tochter Nicole Heesters und ihres Mannes Pit Fischer – und Wiesje Herold, die Tochter meiner Tochter Wiesje.

121 Meine Tochter, die Schauspielerin Nicole Heesters, mit ihrem Mann, dem Bühnenbildner Pit Fischer

122 Mit meiner älteren Tochter, der Pianistin Wiesje Herold

123 Meine Urenkel Natalja, Janos und Xenja, alle mit einem »ja« im Namen. Sie sind die Kinder von Johannes und Britta Fischer.

Rollenverzeichnis Theater
(soweit feststellbar)

Zusammengestellt von Bernhard Struckmeyer
(Recherche Wien: Astrid Bleier, Recherche Berlin: Lothar Schirmer)

Abkürzungen: JH = Johannes Heesters (dahinter, soweit bekannt, seine jeweilige Rolle) – S = Schauspiel, K = Komödie, L = Lustspiel, ML = Musikalisches Lustspiel, O = Oper, Ot = Operette, Sp = Singspiel, R = Revue, M = Musical, R = Regisseur, UT = Untertitel der Produktion, U = Uraufführung, DE = Deutschsprachige Erstaufführung, OE = Österreichische Erstaufführung, a. G. = als Gast.
Bei Werken des Musiktheaters wird als Urheber nur der Komponist genannt.

De Koninklijke Vereeniging »Het Nederlandse Toneel«, Amsterdam
1921

Wilhelm Meyer-Förster
Alt-Heidelberg (S)
JH (Lakai)

William Shakespeare
Ein Sommernachtstraum (K)
R: Willem Royaards
JH – John Gobau, Paul Huf, Oscar Tourniaire

Victorien Sardou/Emile Moreau
Madame Sans-Gêne (S)
R: Louis van Gasteren
JH (Arnault; Bauer)
Willem Royaards, Louis Saalborn

Joost van den Vondel
Gysbreght van Aemstel (S)
R: Willem Royaards
JH – Willem Royaards, Oscar Tourniaire

300

1922

Edmond Rostand
Cyrano de Bergerac (S)
R: Hubert la Roche
JH (Kadett; Dichter; Marquis)
John Gobau, Paul Huf, Hubert la Roche

Herman Heijermans
De opgaande Zon (S)
(Die aufgehende Sonne)
R: Hubert la Roche
JH (Dienstbote; Abgeordneter)
Anna Sablairolles; Hubert la Roche

Adriaan Willem Gerrit van Riemsdijk
Silva Silombra (S)
R: Louis van Gasteren
JH – Julia Cuijpers, Maria Hamel

1923

William Shakespeare
Das Wintermärchen (S)
R: Willem Royaards
JH (Dion)
Jacqueline Royaards-Sandberg; John Gobau,
Paul Huf

Victorien Sardou
Fedora (S)
R: Louis van Gasteren
JH (Lasinski)
Julia Cuijpers; George Verenet,
Jan Wensma

Paul Hervieu
De fakkelloop (S)
(Der Fackellauf)
R: Louis van Gasteren

301

JH (Jiribin)
Heni Eerens; Louis van Gasteren

William Shakespeare
Ein Sommernachtstraum (K)
R: Willem Royaards
JH (Handwerker)
Jacqueline Royaards-Sandberg; Hubert la Roche,
Louis Saalborn

August Strindberg
Ein Traumspiel (S)
R: Willem Royaards
JH – Enny de Leeuwe, Jacqueline Royaards-
Sandberg; Willem Royaards

Carré,
Amsterdam
1924

Leo Fall
Madame Pompadour (Ot)
R: Max Gabriel
JH (René)
Beppie de Vries; Harry Boda

Oscar Straus
Ein Walzertraum (Ot)
R: Max Gabriel
JH (Leutnant Niki)
Gerhard Leenders, Jules Moes

sowie als österreichischer Kaiser in
Liebe auf Kommando (Ot)

Paleis van Volksvlijt,
Amsterdam
1925

Adolphe Adam
Wenn ich König wär' (O)
JH (Zephoris)

V. Ennem
Koningin van Montmartre (Ot)
(Königin vom Montmartre)
JH – Sophie Köhler-van Dijk

Louis Aimé Maillart
Das Glöckchen des Eremiten (O)
JH (Sylvain)
Beppie de Vries

Emmerich Kálmán
Die Bajadere (Ot)
JH (Prinz Radjami von Lahore)
Lotte Bartschat; Octaaf van Aerschot

sowie in
Robert Planquette
Die Glocken von Corneville (Ot)
und
Louis Ganne
Les Saltimbanques (Ot)
(Die Gaukler)

1926

Rido
Duizend en een Lach (R)
(Tausendundein Lacher)
R: Louis Bouwmeester jr.
JH – Heintje Davids; Siem Nieuwenhuyzen

1927

de Berrie
Feminola (Ot)
JH – Emmy Arbous, Fien de la Mar

Rido
Nou nog mooier (R)
(Jetzt noch toller)
JH – Heintje Davids; Siem Nieuwenhuyzen

1928

Aladar Renyi
Susi (Ot)
JH – Wiesje Ghijs; Jacques van Bijlevelt, Adolf Denis

sowie in
Das Milliarden-Souper (Ot)
R: Ralf Westa
JH – Wiesje Ghijs; Deey Dairmont

1929

Franz Lehár
Der Zarewitsch (Ot)
JH (Der Zarewitsch)
Beppie de Vries

Carré,
Amsterdam

Franz Lehár
Die blaue Mazur (Ot)
JH (Graf Julian Olinski)
Nora de Vos

Casino,
Rotterdam

Heinrich Berté nach Franz Schubert
Das Dreimäderlhaus (Sp)
JH (Franz Schubert)
Wiesje Ghijs (als Hannerl)

Scala,
Den Haag

Der blaue Mantel (Ot)
JH – Wiesje Ghijs; Eddy Karin

Bruno Granichstaedten
Der Orlow (Ot)
JH (Alex, ein russischer Maschinist, eigentlich Fürst Alexander)
Emmy Arbous

Casino,
Rotterdam

Filmkoorts (Ot)
(Filmfieber)
JH – Lotte Bartschat

Franz Lehár
Der Graf von Luxemburg (Ot)
JH (René, Graf von Luxemburg)

Carré,
Amsterdam

Emil van Hullebroek
Seppl (Sp)
JH (Dr. Walter)
Wiesje Ghijs; Jacques van Bijlevelt

Achille Edmond Audran
De pop (La poupé/Die Puppe) (Ot)
JH (Titelrolle)

1930
Scala,
Den Haag

O yes, Kitty (R)
JH – Mia Castelli

Arena,
Rotterdam

De Cabaret Prinses (Ot)
R: Johan Boskamp
JH – Lotte Bartschat; Johan Boskamp

Carré,
Amsterdam

Emmerich Kálmán
Gräfin Mariza (Ot)
JH (Graf Tassilo)
Wiesje Ghijs, Beppie de Vries

305

Scala,
Antwerpen

Hugo Hirsch
Dolly (Ot)
JH – Wiesje Ghijs (als Dolly); Jan Massink

Tivoli,
Rotterdam

Leo Fall
Der liebe Augustin (Ot)
JH (Augustin Hofer)
Pola Cortez

1931

Oscar Straus
Die Teresina (Ot)
R: Octaaf van Aerschot
JH – Lotte Bartschat

Emmerich Kálmán
Dat Viooltje van Montmartre (Ot)
(Das Veilchen vom Montmartre)
JH – Pola Cortez

Scala,
Antwerpen

Oscar Straus
Ein Walzertraum (Ot)
JH (Leutnant Niki)
Wiesje Ghijs (als Franzi)

Emmerich Kálmán
Die Bajadere (Ot)
R: H. Caspeele
JH (Prinz Radjami von Lahore)
Wiesje Ghijs, Manon Latour

Tivoli,
Rotterdam

> M. Knopf
> **Roszi, der Zigeuner** (Ot)
> R: Octaaf van Aerschot
> JH – Lotte Bartschat

1932
Stadsschouwburg,
Amsterdam

> Felix-Bressart-Revue
> JH – Nora de Vos; Felix Bressart

Carré,
Amsterdam

> Rudolf Friml
> **De Vagabond Koning** (Ot)
> (The Vagabond King)
> R: Johan de Meester
> JH (François Villon)
> Nelly Gerritse, Mimi Lebrat, Maria Riener;
> Oscar Tourniaire

> Paul Abraham
> **Die Blume von Hawaii** (Ot)
> JH – Nelly Gerritse, Mimi Lebrat

1933
Scala,
Den Haag

> Leo Ascher
> **Peggy – mijn Kind** (Sp)
> R: Johan Boskamp
> JH – Wiesje Ghijs, Beppie de Vries

> Karl Komjáti
> **Tango der Liebe** (Ot)
> R: Johan Boskamp
> JH – Wiesje Ghijs, Beppie de Vries

1934

Leo Fall
Der fidele Bauer (Ot)
R: Johan Boskamp
JH (Stefan)
Beppie de Vries; Johan Boskamp

Paul Abraham
Die Blume von Hawaii (Ot)
R: Johan Boskamp
JH – Beppie de Fries; Harry Boda

Volksoper, Wien
22. 9.

Karl Millöcker
Der Bettelstudent (Ot)
R: Ernst Wurmser
JH (Symon Rymanowicz)
Elisabeth Sandner, Malva Szterenyi a. G.,
Betty Werner; Eduard Fritsch, Ernst von
Radherny, Berthold Sterneck a. G.

29. 9.

Emmerich Kálmán
Das Hollandweibchen (Ot)
R: Eugen Strehn
JH (Paul Roderich)
Olga Levko-Antosch, Elisabeth Sandner,
Betty Werner; Fritz Imhoff a. G.,
Ernst von Radherny, Richard Waldemar

19. 10. U

Joseph Hellmesberger
Wiener G'schichten (Ot)
R: Eugen Strehn
JH (Edgar)
Louise Kartousch a. G., Pepi Glöckner a. G.,
Betty Werner; Ernst Arnold a. G., Eduard Fritsch,
Hans Ziegler a. G.

21. 11.	Oskar Nedbal
	Polenblut (Ot)
	R: Ernst von Radherny
	JH (Graf Boleslaw Baransky)
	Philis Fehr, Betty Werner; Ludwig Geiger, Richard Waldemar

23. 12. U	Edmund Eysler
	Das ist die erste Liebelei (Ot)
	R: Paul Gutmann
	JH (Graf Josef Clarin)
	Philis Fehr, Mizzi Griebl a. G., Betty Werner, Paula Zitny; Ernst von Radherny, Ludwig Stössel a. G., Ernst Wurmser

1935

13. 1.	Jacques Offenbach
	Orpheus in der Unterwelt (Ot)
	R: Karl Lustig-Prean
	JH (Orpheus)
	Betty Werner; Eduard Fritsch, Hans Marischler, Eugen Strehn, Hans Weiss, Ernst Wurmser

	sowie in
10. 2.	Ludo Philipp
	Valentino, der Liebling vom Broadway (Ot)

13. 4.	Robert Stolz
Scala, Wien	**Servus! Servus!** (Ot)
	R: Rudolf Beer
	JH (Karl Hell, ein berühmter Filmregisseur)
	Ida Haschka, Lizzi Holzschuh, Toni Rießner; Joe Banner, Josef Egger, Max Schipper, Ludwig Stössel

Femina, Wien	Hugo Wiener
	Ein Maharadscha und tausend Frauen (R)
	R: Vilmos Gyimes
	JH (Der Maharadscha von Gaipur)

| 23. 12.
Komische Oper,
Berlin | Joseph Snaga
Die Weltmeisterin (Ot)
JH – Elfie Albrecht, Edith D'Amara, Friedel
Pisetta, Fee von Reichlin; Fritz Lafontaine, Otto
Stoeckel |

1936

| 8. 5.
Theater am Nollen-
dorfplatz, Berlin | Boris Grams
Tatjana (Ot)
R: Harald Paulsen
JH – Else Elster, Fee von Reichlin; Walter Bluhm,
Friedrich Honna, Karl Kahlmann, Robert Thiem |

| 27. 11.
Schiller-Theater,
Berlin | Oskar Nedbal
Polenblut (Ot)
R: Ernst Stahl-Nachbaur
JH (Graf Boleslaw Baransky)
Ima Aldendorf, Olga Limburg, Tatjana Sais, Anni
Steeger, Gretl Theimer; Georg Georgi, Michael
Konstantinow, Fritz Linn, Theodor Mühlen, Erik
Ode, Wolfgang von Schwind, Walter Zipser |

1937

| 21. 12. U
Scala, Wien –
anschließend
Ensemble-Gastspiele
in Graz, Linz,
Salzburg, Prag | Robert Stolz
Der süßeste Schwindel der Welt (Ot)
R: Rudolf Beer
JH (Charlie Parker)
Hertha Feiler, Hilde Harmath, Charlotte
Waldow; Rudolf Beer, Franz Böheim, Theo Frisch-
Gerlach, Paul Morgan, Kurt Netzer, M. Xantho |

1938

| Gastspielunterneh-
men Fritz Hirsch:
März/April
Prinsesschouwburg,
Den Haag; Holland-
sche Schouwburg,
Amsterdam u. a. | Emmerich Kálmán
Gräfin Mariza (Ot)
R: Fritz Hirsch
JH (Graf Tassilo)
Claire Clairy, Hilde von Prix; Paul Harden, Fritz
Hirsch |

31.12.	Franz Lehár
Theater am	**Die lustige Witwe** (Ot)
Gärtnerplatz,	UT: Für das Theater am Gärtnerplatz (nach dem
München	Original »Der Attaché«) bearbeitet in 33 Episoden
	von Fritz Fischer und musikalisch eingerichtet von
	Peter Kreuder
	R: Fritz Fischer
	JH (Graf Danilo Danilowitsch)
	Ruth Gerntholtz, Lisa Herzog; Otto Brüggemann,
	Hans Fetscherin, Gustav Waldau

1939

5. 7.	Ralph Benatzky
Renaissance-Theater,	**Meine Schwester und ich** (ML)
Berlin – anschließend	R: Kurt Richards
Komödienhaus,	JH (Dr. Roger Fleuriot, Bibliothekar)
Berlin	Elvira Erdmann, Carola Höhn/Liane Haid;
	Fritz Braune, Viktor Gehring, Wolf Kersten,
	Ludwig Schmitz, Magnus Stifter

3. 11.	Robert Stolz
Theater an der Reeper-	**Der süßeste Schwindel der Welt** (Ot)
bahn, Hamburg –	R: Hans Walther Sattler
anschließend	JH (Charlie Parker)
Ensemble-Gastspiele	Ilse Drabon, Gretl Stolze, Ernie Wolff; Josef
in Bremen und	Albrecht, Franz Felix, Georg Niemann, Albert
München	Nießler, Joachim Wigger

31. 12.	Johann Strauß
Theater am	**Die Fledermaus** (Ot)
Gärtnerplatz,	UT: Für das Theater am Gärtnerplatz bearbeitet in
München	33 Sträußen von Fritz Fischer und Carl Michalski.
	Dialoge: Jo Hanns Rösler,
	Texte: Hans Fritz Beckmann
	R: Fritz Fischer
	JH (Johann Strauß [im Vorspiel]/Herbert (!) von
	Eisenstein)
	Lisa Herzog, Elfie Mayerhofer; Silvio Carli, Walde-

mar Frahm, Hans Markus, Richard Nagy, Heinrich Thoms, Karl Valentin, Karl Gelfius

1940

9. 4. Theater am Gärtner- platz, München	Ralph Benatzky **Meine Schwester und ich** (ML) R: Fritz Fischer JH (Dr. Roger Fleuriot, Bibliothekar), alternierend mit Waldemar Frahm Dorothy van Bruck, Ruth Gerntholtz; Silvio Carli, Otto Kuhlmann, Richard Nagy
22. 10. Admiralspalast, Berlin	Franz Lehár **Die lustige Witwe** (Ot) R: Georg Jacoby JH (Graf Danilo Danilowitsch) Annette Bach, Carla Carlsen, Jarmila Ksirova, Kate Kühl, Else Reval, Margit Symo; Erich Arnold, Hans Demar, Julius E. Hermann, Carl Meinl, Hubert von Meyerinck, Wulf Rittscher, Leo Siedler, Alberto Spadolini, Helmut Weiss

1941

18. 4. Staatsoperette am Gärtnerplatz, München	Ralph Benatzky **Axel an der Himmelstür** (ML) R: Günter de Resée JH (Ein Reporter = Axel) Elisabeth Biebl, Ilse Gramholz, Edith Meinel, Sigrid Zander; Waldemar Erlbeck, Waldemar Frahm
18. 12. Metropol-Theater, Berlin	Franz Lehár **Der Graf von Luxemburg** (Ot) R. Heinz Hentschke JH (René, der Graf von Luxemburg) Doris Barsch, Vera Comployer, Gretl Dietrich, Margot Driesen, Lotte Hermann, Ira Kieser, Ingeborg von Kusserow, Gerda Michen, Hildegard

312

von Morzelewski, Anneliese Otten, Else Schulz,
Maria Skina; Kurt André, August Angst, Walter
Bethke, Julius Brandt, Lothar Brunner, Gustav
von Ergk, Roland Feig, Walter Krausbauer,
Walter Müller, Leo Siedler, Karl Sroubek, Paul
Westermeier

1942
24. 9. U   Friedrich Schröder
Metropol-Theater,   **Hochzeitsnacht im Paradies** (Ot)
Berlin   R: Heinz Hentschke
                     JH (Dr. Ulrich Hansen)
                     Gretl Dietrich, Ursula Friese, Lotte Hermann,
                     Ingeborg von Kusserow, Gretl Schörg, Hilde
                     Seipp; Julius Brandt, Julius Geißendörfer, Arthur
                     Klaproth, Werner Krausbauer, Hermann Kreimes,
                     Gustav Matzner, Hein Müller, Walter Müller,
                     Otto Nispel, Franz Pollandt, G. H. Schnell,
                     Paul Westermeier

1946
Spätsommer   Franz Lehár
Freilichttheater am **Die lustige Witwe** (Ot)
Heumarkt, Wien   R: JH
                     JH (Graf Danilo Danilowitsch)
                     Menta Breuer, Mizzi Freihardt, Hilde Hagen,
                     Esther Rethy, Mimi Shorp; Max Christian,
                     Wilhelm Heim, Fred Hennig, Ludwig Hussnik,
                     Willy Scherdeck, Joachim v. Stein, Rudolf Valentin

1947
Januar   Franz Lehár
Neues Schauspiel-   **Der Zarewitsch** (Ot)
haus, Wien   R: Alfred Walter
                     JH (Der Zarewitsch)
                     Agnes Buschmann/Lotte Elwen, Mimi
                     Mischka/Inge Stick; Jo Fürst, Franz Luze, Hans
                     Stöckl, Alfred Walter

313

1948

Januar
Stadttheater Wien

Franz Lehár
Der Graf von Luxemburg (Ot)
R: Alfred Walter
JH (René, Graf von Luxemburg)
Maria Fedorova/Friedl Loor, Mimi Stelzer, Inge
Stick/Hilli Reschl; Emmerich Arleth, Felix Neuner,
Alfred Walter

20. 8.
Theater in der
Josefstadt, Wien

John van Druten
Das Lied der Taube (K)
R: Rudolf Steinboeck
JH (Bill Page)
Aglaja Schmid, Helly Servi

Herbst
Landestheater
Salzburg

Franz Lehár
Der Graf von Luxemburg (Ot)
R: Alfred Walter
JH (René, Graf von Luxemburg)
Rose Erburg, Ilka von Kniep, Maria Schleser;
Franz Ringler, Fred Raul

Herbst
Opernhaus Graz

Franz Lehár
Der Zarewitsch (Ot)
R: Otto Langer
JH (Der Zarewitsch)
Lia Held, Franzi Wachmann; Josef Kepplinger,
Otto Langer

1949

18. 1. U
Raimund-Theater,
Wien

Rudolf Kattnigg
Bel ami (Ot)
R: Alfred Walter
JH (Georges Duroy, der »Bel ami«)
Eva Maria Leitner, Anni Korin, Elfriede Ott,
Marianne Schönauer, Gretl Schörg; Hans
Dumfort, Jo Fürst, Eugen Günther, Otto Löwe,
Fritz Muliar, August Rieger, Alfred Walter, Anton
Wegerski

8. 3.	Franz Lehár
Raimund-Theater,	**Die lustige Witwe** (Ot)
Wien	R: Walter Sofka
	JH (Graf Danilo Danilowitsch)
	Erika Drusovic, Hertha Mayen; Hans Dumfort,
	Willi Friedrich/Willi Hauer, Otto Marau, Fritz
	Muliar, Eduard Obsieger

Herbst/Winter	Friedrich Schröder
Deutschlandtournee	**Hochzeitsnacht im Paradies** (Ot)
mit einer Inszenie-	R: Heinz Hentschke
rung des Deutschen	JH (Dr. Ulrich Hansen)
Theaters, München:	Helli Foltin, Lisa Lesco, Gina Torsen;
Neues Theater, Nürn-	Kurt Rackelmann, Max Strecker, Paul Westermeier
berg; Flora-Theater,	
Hamburg ...	

1950

Winter/Frühjahr	Friedrich Schröder
... Fortsetzung der	**Hochzeitsnacht im Paradies** (Ot)
Tournee: Althofbau,	R: Heinz Hentschke
Frankfurt/Main;	JH (Dr. Ulrich Hansen)
Metropol-Palast,	R und Besetzung wie 1949
Stuttgart	

8. 12.	Friedrich Schröder
Wiener Bürger-	**Hochzeitsnacht im Paradies** (Ot)
theater, Wien	R: Franz Stoß
	JH (Dr. Ulrich Hansen)
	Hedy Fassler, Erika Kerd, Friedl Loor, Herta Staal;
	Peter Alexander (als Diener Karl), Max Brod,
	Richard Felix Fortin, Fritz Imhoff, Josef Menschik,
	Ernst Radherny, Johann Sklenka, Axel Skumanz

1952

Januar	H. M. Harwood
Theater in der	**Gute Reise** (L)
Josefstadt, Wien	R: Rudolf Steinboeck
	JH (Frank Button)

Elisabeth Ettl, Eva Kerbler, Pepi Kramer-Glöckner, Erne Seder, Gisa Wurm; Franz Böheim, Wolfgang Hebenstreit, Franz Pfaudler, Gerhard Riedmann, Hans Ziegler

28. 3. Deutsches Theater, München	Friedrich Schröder **Hochzeitsnacht im Paradies** (Ot) R: Heinz Hentschke JH (Dr. Ulrich Hansen) Friedl Loor, Herta Staal, Gina Torsen; Robert Fackler, Waldemar Frahm, Fritz Imhoff, Ernst Schönle
21. 5. Titania-Palast, Berlin	Friedrich Schröder **Hochzeitsnacht im Paradies** (Ot) R: Heinz Hentschke JH (Dr. Ulrich Hansen) Ilse Hülper, Annaluise Schubert, Christl Skoda, Inge Sobek, Herta Staal; Josef Anders, August Angst, Otto Boddin, Harald Farray, Gottfried Geisler, Fritz Gönner, Karl-Heinz Haag, Reinhold Pasch, Theo Sedat, Paul Westermeier (am 22. 6.: 1000. Vorstellung JH als Dr. Hansen)
Herbst Apollo-Theater, Düsseldorf	Friedrich Schröder **Hochzeitsnacht im Paradies** (Ot) R: JH JH (Dr. Ulrich Hansen) Friedel Hardt, Gitta Lind, Annaluise Schubert; Waldemar Frahm

1953

30. 12. Theater in der Josefstadt, Wien	Karin Jacobsen **Wege des Zufalls** (K) R: Rudolf Steinboeck JH (Daniel Kossow) Blanche Aubry/Hedda Ippen, Erni Mangold, Aglaja Schmid; Heribert Aichinger, Otto A. Eder,

Hermann Erhardt, Kurt Heintel, Ernst Nikowitz,
Helmut Qualtinger, Leopold Rudolf/Karl Blühm,
Walter Varndal

1954

2. 9.	Friedrich Schröder
Deutsches Theater,	**Hochzeitsnacht im Paradies** (Ot)
München	R: JH

JH (Dr. Ulrich Hansen)
Friedel Hardt, Gitta Lind, Edith Plate, Annaluise
Schubert; Alfred Fierment, Waldemar Frahm,
Hans Hansen, Walter Klock, Ado Riegler, Karl
Schaidler

1955

13., 18., 25. 8.	Friedrich Schröder
Gastspiel	**Hochzeitsnacht im Paradies** (Ot)
Landestheater	JH (Dr. Ulrich Hansen) a. G.
Salzburg	im Ensemble des Salzburger Landestheaters

1. 9.	Ralph Benatzky
Deutsches Theater,	**Meine Schwester und ich** (ML)
München	R: JH

JH (Dr. Roger Fleuriot, Bibliothekar)
Barbara Gallauner, Gretl Schörg; Josef Egger,
Erwin Hoffmann, Walter Klock, Karl Schaidler,
Hans Unterkircher

25. 12.	Ralph Benatzky
Titania-Palast,	**Meine Schwester und ich** (ML)
Berlin	JH (Dr. Roger Fleuriot, Bibliothekar)

Maria Gstettenbauer, Friedl Loor, Gretl Tonndorf;
Hans Waldemar Anders, Josef Egger, Georg
Hartzhauser, Erwin Hoffmann, Walter Klock, Paul
Mahr, Karl Schaidler, Hans Unterkircher

1956

Januar	Ralph Benatzky
Komödie im	**Meine Schwester und ich** (ML)
Marquardt, Stuttgart	R: Willem Holsboer
	JH (Dr. Roger Fleuriot, Bibliothekar)
	Bruni Löbel; Jonny Goertz, Willem Holsboer

14. 3.	Ralph Benatzky
Raimund-Theater,	**Meine Schwester und ich** (ML)
Wien	R: JH
	JH (Dr. Roger Fleuriot, Bibliothekar)
	Gretl Schörg, Gretl Tonndorf; Josef Egger, Hans Unterkircher

1. 9.	Franz Lehár
Deutsches Theater,	**Der Graf von Luxemburg** (Ot)
München	R: Ludwig Bender
	JH (René, Graf von Luxemburg)
	Lissi Niemz, Romana Rombach, Margarethe Schmitz; Willy Hofmann, Erik Jelde, Walter Klock

23. 10.	Cole Porter
Bayerische Staats-	**Kiss me, Kate** (M)
theater–Theater	R: Willy Duvoisin
am Gärtnerplatz,	JH (Fred Graham/Petruchio)
München	Lola Müthel, Erica Nein, Irene Walter; Harry Friedauer, Hugo Lindinger, Karl Lieffen, John Schapar, Otto Storr, Heinrich Thoms

1957

2. 4.	Friedrich Schröder
Raimund-Theater,	**Hochzeitsnacht im Paradies** (Ot)
Wien	R: Alfred Walter
	JH (Dr. Ulrich Hansen)
	Rosy Barsony, Friedl Loor, Ellen Umlauf; Max Brod, Fritz Imhoff, Fritz Muliar, Fritz Steinberg

Sommer	H. M. Harwood
Renaissance-Theater,	**Gute Reise** (L)
Wien: Tournee	R: Peter Loos
durch Österreich	JH (Frank Button)
	Edith Elmay, Grete Kaiser, Paola Loew, Mitzi
	Tesar; Franz Dopler, Raimund Kuchar, Franz
	Pfister, Franz Steinberg
8.11.	André Gillois
Volkstheater, Wien	**Mein Bruder Jacques** (L)
	R: Günther Haenel
	JH (Jacques)
	Elvira Hofer, Helmi Mareich, Johanna Terwin-Moissi; Ludwig Blaha, Hans-Günter Borek,
	Fritz Holzer, Oskar Wegrostek

1958

30.12.	Bruno Granichstaedten
Raimund-Theater,	**Der Orlow** (Ot)
Wien	R: Alfred Walter
	JH (Alex, ein russischer Maschinist, eigentlich Fürst Alexander)
	Margrit Bollmann; Rudolf Carl, Peter Gerhard, Hans Fretzer, Franz Roschek

1959

17. 3.	Bruno Granichstaedten
Titania-Palast,	**Der Orlow** (Ot)
Berlin	R: Alfred Walter
	JH (Alex, ein russischer Maschinist, eigentlich Fürst Alexander)
	Margrit Bollmann, Christa Ewert, Rosemarie Moogk; Adi Appelt, Wolfgang Carl, Siegfried Dornbusch, Gerd Deinner, Erich Poremski, Fritz Ritterfeld, Alfred Tessner, Ewald Wendl
2. 4.	Franz Lehár
Titania-Palast,	**Die lustige Witwe** (Ot)
Berlin	R: Willy Heyer

JH (Graf Danilo Danilowitsch)
Margrit Bollmann, Rosemarie Moogk; Adi Appelt,
Wolfgang Carl, Walter Anton Dotzer, Gerd
Duwner, Wolfgang Hoffmann, Erich Poremski

1. 11. Kammerspiele, Wien	Harry Kurnitz **Da capo** (K) R: Heinrich Schnitzler JH (Dr. Victor Fabian) Helly Servi; Ernst Waldbrunn
25.12. Raimund-Theater, Wien	Bruno Granichstaedten **Der Orlow** (Ot) R: Alfred Walter JH (Alex, ein russischer Maschinist, eigentlich Fürst Alexander) Margrit Bollmann; Rudolf Carl, Peter Gerhard, Hans Fretzer

1960

Frühjahr Stadsschouwburg, Amsterdam	Karl Millöcker **Der Bettelstudent** (Ot) JH (Symon Rymanowicz) Erna Spoorenberg; Nel Duval
27. 5. U Raimund-Theater, Wien	Peter Kreuder **Bel ami** (M) R: Wolf Harnisch und Peter Kreuder JH (Georges Duroy, der »Bel ami«) Marianne Schönauer, Gretl Schörg; Rudolf Carl
10. 9. Kleine Komödie, München	Harry Kurnitz **Da capo** (K) R: Franz Josef Wild JH (Dr. Victor Fabian) Gundel Thormann; Fritz Benscher, Horst Fitzthum, Helmuth Rudolph, Rolf von Nauck- hoff, Leo Siedler, Bobby Todd

1961

4. 4. Hebbel-Theater, Berlin	Harry Kurnitz **Da capo** (K) R und Besetzung wie in der Kleinen Komödie, München

2.–14. 5. Deutsches Theater, München	Harry Kurnitz **Da capo** (K) Gastspiel der Kleinen Komödie, München

Sommer Redoutensaal, Wien	Franz Lehár **Die lustige Witwe** (Ot) JH (Graf Danilo Danilowitsch) Mimi Coertse

15. 11. Raimund-Theater, Wien	Friedrich Schröder **Hochzeitsnacht im Paradies** (Ot) R: Hans Fretzer JH (Dr. Ulrich Hansen) Eleonore Bauer, Inge Karsten, Trude Knappl; Mario Haindorff, Walter Hoffmann, Raoul Retzer

1962

2. 10. Kammerspiele, Wien	Norman Krasna **Ein netter Herr** (K) R: Kurt Wilhelm JH (Philipp Clair) Susanne Almassy, Grete Zimmer; Erich Nikowitz

1963

29. 3. Bayerische-Staats- theater – Theater am Gärtnerplatz, München	Franz Lehár **Die lustige Witwe** (Ot) R: Volker von Collande Claudio Nicolai/James Davis/ab 2.8. alternierend JH a. G. (Graf Danilo Danilowitsch) Elisabeth Biebl, Gretel Hartung/Margit Schramm,

Anita Henke, Martha Kunig-Rinach, Hella
Puhlmann/Liselotte Ebnet; Alfons van
Goethem/Anton de Ridder, Fritz Graas, Waldemar
Horst, Christian Oppelberg, Karl Schaidler, Otto
Storr, Ekmar Veit, Kurt Walldorf

1964
Frühjahr   Richard Rodgers
Carré,   **The Sound of Music** (M)
Amsterdam   R: Ton Lutz
                  JH (Baron Georg von Trapp)
                  Mieke Bos, Maria Ballings; Teddy Scholden

15. 10.   Franz Lehár
Theater des Westens,   **Die lustige Witwe** (Ot)
Berlin   R: Peter Neitsch
                  JH (Graf Danilo Danilowitsch)
                  Elisabeth Albrecht, Sari Barabas, Käthe Jöken-
                  König, Karin Zelles; Adi Appelt, Rudolf Lasch,
                  Gottfried Mönch, Hans-Dieter Paul, Erich
                  Poremski, Edmund Reinhold, Wilhelm Richter,
                  E. Schmidt-Marmagen, Joachim von Ullmann,
                  Horst Wegener

23. 7 .   Curth Flatow
Kammerspiele,   **Vater einer Tochter** (K)
Wien   R: Friedrich Kallina
                  JH (Dr. Robert Stegmann, Zahnarzt)
                  Gretl Elb, Christine Prober; Carl Bosse, Klaus
                  Wildbolz

1. 12.   Terence Rattigan
Theater in der   **Winslow-Boy** (S)
Josefstadt, Wien R: Hans Jaray
                  JH (Arthur Winslow)
                  Silvia Medwed, Elfriede Ramhapp, Marianne
                  Schönauer; Franz Elkins, Hans Jaray, Peter Matić,
                  Alfred Reiterer, Michael Toost

322

1966

| 19. 2.
Volksoper, Wien | Franz Lehár
Die lustige Witwe (Ot)
R: P. W. Jacob
JH a. G. (Graf Danilo Danilowitsch)
Hedy Fassler, Adele Leigh; Rudolf Christ, Rudolf Drexler, Hans Laurer, Wolfgang Schallenberg, Wolfgang Zimmer |

1967

| Mai/Juni
Theater an der Wien,
Wien | Franz Lehár
Die lustige Witwe (Ot)
R: Rolf Kutschera
JH (Graf Danilo Danilowitsch)
Topsy Küppers, Ilona Szamos; Richard Eybner, Peter Hey, Andor Kaposy, Franco Steinberg, Kurt Liederer, Fritz Muliar |

| 1. 9.
Kleine Komödie am
Max II-Denkmal,
München | Samuel Taylor
Unsere liebste Freundin (K)
R: Gerhard Metzner
JH (Christian Bach-Nielsen)
Susanne von Almassy, Vilma Degischer, Flory Jacobi, Krista Stadler; Michael Berger, Hans Zesch-Ballot |

1968

| Juni/Juli
Theater an der Wien,
Wien | Franz Lehár
Die lustige Witwe (Ot)
R: Rolf Kutschera
JH (Graf Danilo Danilowitsch)
Marion Briner, Erzsébet Házy; John van Kesteren, Fritz Ollendorf |

| Herbst
Komödie,
Düsseldorf | Samuel Taylor
Unsere liebste Freundin (K)
JH (Christian Bach-Nielsen)
Ingrid Braut, Uschi Glas, Malwine Möller, Anna Teluren; Heinz v. Cleve, Sven Savade |

1969

1. 4.
Kleine Komödie
am Max II-Denkmal,
München

Terence Frisby
Ein Mädchen in der Suppe (K)
R: Wolfgang Spier
JH (Robert Danvers)
Chariklia Baxevanos, Hannelore Cremer, Hanny
Stadler; Walter Feuchtenberg, Wolfgang Lukschy,
Gundolf Willer

14. 7.
Theater an der Wien,
Wien

Franz Lehár
Die lustige Witwe (Ot)
R und Besetzung wie 1968

2. 9. U
Kammerspiele,
Wien

Robert Horney und Walter Firner
»Gastspiele« (K)
R: Peter Loos
JH (Steven Gilford)
Marion Degler, Ingrid Kohr; Bernd Ander,
Carl Bosse

1970

Verschiedene Gastspiele in
Die lustige Witwe (Ot)

1971

15. 1.
Komödie im
Bayerischen Hof,
München

Robert Horney und Walter Firner
»Gastspiele« (K)
R: Wolfgang Spier
JH (Steven Gilford)
Lisa Helwig, Miriam Mahler, Mady Rahl, Barbara
Rath, Fee von Reichlin, Gisela Traut; Klaus
Havenstein, Wolfgang Sembdner

19. 3.
Raimund-Theater,
Wien

Friedrich Schröder
Hochzeitsnacht im Paradies (Ot)
R: Karl Smalik
JH (Dr. Ulrich Hansen) alternierend mit Ernst
Schütz und Henryk Schubert
Anna Goutos, Inge Karstens, Waltraud

Drechsler; Peter Gerhard, Ossy Kolmann, Kurt Liederer

Herbst/Winter	Edward Albee
Bühne 64, Zürich:	**Alles im Garten** (K)
Tournee durch	R: Werner Kraut
Deutschland, Öster-	JH (Jack)
reich und Schweiz	Gabriele Elzemann, Nicole Heesters, Gisela
	Holzinger, Beatrice Norden; Ullrich Haupt,
	Olaf Kreutzenbeck, Joachim Schweighöfer,
	Harry Tagore

1972

8. 12.	Hermann Bahr
Kleine Komödie	**Das Konzert** (K)
im Bayerischen Hof,	R: Dieter Wieland
München	JH (Gustav Heink)
	Karin Anselm, Paula Braend, Viktoria Brams,
	Elma Karlowa, Inge Langen, Susanne Mundorf,
	Elke Reissert, Margot Rupp; Michael Hinz,
	Ludwig Schmid-Wildy/Gustl Datz

1973

28. 7.	Paul Abraham
Seefestspiele	**Viktoria und ihr Husar** (Ot)
Mörbisch	R: Rolf Kutschera
	JH (Cunlight)
	Guggi Löwinger, Sigrid Martikke, Nera Nicol;
	Otto Beier, Wolfgang Dauscha, Günther Frank,
	Günter George, Hans Kraemmer

1975

20. 10. DE	Frederick Loewe
Theater an der Wien,	**Gigi** (M)
Wien	R: Christian Wölffer
	JH (Honoré Lachailles)
	Susanne Almassy, Marianne Becker, Vilma
	Degischer, Eva Dvorska, Christiane Rücker,
	Brigitte Stadler; Béla Erny

1976

23. 9.	Frederick Loewe
Theater des Westens,	**Gigi** (M)
Berlin	R: Christian Wölffer
	JH (Honoré Lachailles)
	Heli Finkenzeller, Loni Heuser, Christiane Rücker;
	Bob Franco

1977

Operettenhaus,	Frederick Loewe
Hamburg	**Gigi** (M)
	R und Besetzung wie im Theater des Westens,
	Berlin

1978

1. 6.	Frederick Loewe
Staatstheater am	**Gigi** (M)
Gärtnerplatz,	R: Christian Wölffer
München	JH (Honoré Lachailles)
	Susanne von Almassy/Gretel Hartung,
	Beate Granzow, Hella Puhlmann, Luise Ullrich;
	Béla Erny/Bob Franco

1981

30. 10. OE	Ernest Thompson
Theater in der	**Das Haus am See** (S)
Josefstadt, Wien	R: Rudolf Steinboeck
	JH (Norman)
	Vilma Degischer, Elfriede Ramhapp;
	Harald Hardt, Andreas Hutter/Robert
	Kollmann

1986

19. 3.	Karl Gassauer
Komödie am	**Casanova auf Schloß Dux** (K)
Naschmarkt,	R: Rudolf Steinboeck
Wien, anschließend	JH (Casanova)
»Münchner Tournee«:	Louise Martini/Christiane Hammacher
Tournee durch,	
Deutschland, Öster-	
reich und Schweiz	

1996

24. 5. U

Theater am
Kurfürstendamm,
Berlin

Curth Flatow
Ein gesegnetes Alter (K)
R: Jürgen Wölffer
JH (Georg Neumann)
Eva Probst, Simone Rethel; Wolfgang
Grindemann/Robert Rober, Jürgen Ross

15. 10.

Komödie,
Düsseldorf

Curth Flatow
Ein gesegnetes Alter (K)
R: Jürgen Wölffer
JH (Georg Neumann)
Andrea Höckmann, Eva Probst, Simone Rethel;
Bob Franco

1997

24. 7.

Kleine Komödie am
Max II, München.
Diese Inszenierung
lief auch an den Kam-
merspielen, Wien;
im Fritz Rémond
Theater im Zoo,
Frankfurt am Main;
in der Komödie
Dresden; in der
Komödie Winter-
huder Fährhaus,
Hamburg, und als
Wiederaufnahme im
Theater am Kurfür-
stendamm, Berlin

Curth Flatow
Ein gesegnetes Alter (K)
R: Jürgen Wölffer
JH (Georg Neumann)
Eva Probst, Simone Rethel; Bob Franco,
Rolf Kuhsiek

1998

Theater im Rathaus,
Essen; Komödie

Curth Flatow
Ein gesegnetes Alter (K)
R: Jürgen Wölffer

Dortmund; Millo-
witsch-Theater, Köln;
Comödie Bochum
und als Wiederauf-
nahme in der Kleinen
Komödie am Max II,
München

JH (Georg Neumann)
Simone Rethel, Ilona Wiedem
mit zum Teil wechselnder Besetzung
der anderen Rollen

1999
Theatersommer
Garmisch-
Partenkirchen

Michael Ende
Momo (S)
R: Cordula Trantow
JH (Meister Hora)
Cosma Shiva Hagen, Simone Rethel

2000
Bernhard Theater,
Zürich

Curth Flatow
Ein gesegnetes Alter (K)
Besetzung wie 1998

2001
19. 7.–1. 9.
Theater Heilbronn,
Komödienhaus

Curth Flatow
Ein gesegnetes Alter (K)
Besetzung wie 1998

2002
7. 3.
Metropol-Theater,
München

Anton Tschechow
Der Kirschgarten (K)
R: Stefan Zimmermann
JH (Firs)
Franziska Ball, Katrin Hahner, Stefanie Haller,
Johanna Liebeneiner, Simone Rethel, Jolanta
Szczelkun; Michael Boettge, Wolfgang Eysold,
Lance Girard, Friedrich Graumann, Christian
Hoening, Bert Müller-Kopp, Bernhard Ulrich

Filmografie

(Kinofilme nach dem offiziellen Kinostart-Datum gereiht; wenn nicht anders angegeben: Produktionsland Deutschland/BRD; R = Regie, Ro: die jeweilige Rolle von Johannes Heesters)

Zusammengestellt von Peter Spiegel, Filmdokumentationszentrum/ Filmarchiv Austria

1924

Cirque hollandais (NL)
Arbeitstitel: »Het hollandsche circus«
Regie: Theo Frenkel sr.
Mit Petro Beukman, Frits Bouwmeester, Rafael Bouwmeester, Alex De Meester
Ro: Willem van Baiens Sohn

1934

Bleeke Bet (NL)
R: Richard Oswald
Mit Aaf Bouber, Johan Elsensohn, Jopie Koopman, Fien de la Mar, Jan Van Ees, Cor Hermus, Jan Lemaire jr., Sylvain Albert Poons
Ro: Ko Monjé

1935

De vier Mullers (Österreich/NL)
R: Rudolf Meinert
Mit Adolf Bouwmeester, Johan Kaart, Tilly Perin-Bouwmeester, Gusta Chrispijn-Mulder, Minny Erfman, Johan Schmitz, Wiesje Ghijs
Ro: Otto Mullers Enkel
(Niederländische Version des Films »Alles für die Firma«, Österreich 1935, R: Rudolf Meinert. Mit Friedl Czepa, Hermine Sterler, Oskar Karlweis, Annie Rosar, Felix Bressart, Otto Wallburg, Fritz Imhoff)

1936

Die Leuchter des Kaisers
Späterer Titel: »Geheimbefehl«
R: Karl Hartl, Musik: Willy Schmidt-Gentner
Mit Sybille Schmitz, Friedl Czepa, Inge List, Anton Edthofer, Karl
Ludwig Diehl, Fritz Rasp, Fritz Imhoff, Reinhold Häussermann,
Heinrich Schroth, Max Gülstorff, Friedrich Kramer
Ro: Großfürst Peter Alexandrowitsch

Der Bettelstudent
Nach der gleichnamigen Operette von Karl Millöcker
R: Georg Jacoby
Mit Marika Rökk, Fritz Kampers, Carola Höhn, Berthold Ebbecke,
Ida Wüst, Wilhelm Bendow, Harry Hardt
Ro: Symon Rymanowicz

Das Hofkonzert
Nach dem musikalischen Lustspiel »Das kleine Hofkonzert« von Paul
Verhoeven und Toni Impekoven, Musik von Edmund Nick
R: Detlef Sierck
Mit Marta Eggerth, Otto Treßler, Herbert Hübner, Alfred Abel,
Hans Richter, Kurt Meisel, Ingeborg von Kusserow, Rudolf Platte,
Paul Hoffmann, Hermann Pfeiffer
Ro: Leutnant Walter von Arnegg

1937

Wenn Frauen schweigen
R: Fritz Kirchhoff, Musik: Peter Fényes, Lothar Brühne
Mit Hansi Knoteck, Fita Benkhoff, Hilde von Stolz, Ernst Legal,
Hilde Sessak, Ingeborg von Kusserow, Ernst Waldow, Rudolf Platte,
Hermann Pfeiffer, Paul Hoffmann
Ro: Curt van Doeren

Gasparone
Nach der gleichnamigen Operette von Karl Millöcker
R: Georg Jacoby

Mit Marika Rökk, Leo Slezak, Edith Schollwer, Rudolf Platte,
Ursula Herking, Oskar Sima, Heinz Schorlemmer,
Elsa Wagner
Ro: Regierungskommissar Erminio Bondo

1938

Nanon
Nach der gleichnamigen Operette von Richard Genée
R: Herbert Maisch
Mit Erna Sack, Oskar Sima, Karl Paryla, Dagny Servaes, Kurt Meisel,
Otto Gebühr, Ursula Deinert, Hermann Pfeiffer, Egon Vogel
Ro: Marquis Charles d'Aubigné

1939

Das Abenteuer geht weiter
Zweiter Titel: »Jede Frau hat ein süßes Geheimnis«
R: Carmine Gallone, Drehbuch: Ernst Marischka,
Musik: Franz Grothe
Mit Maria von Tasnady, Paul Kemp, Theo Lingen, Gusti Wolf,
Richard Romanowsky, Karl Stepanek, Umberto Sacripante,
Annie Rosar
Ro: Kammersänger Heinz van Zeelen

Hallo, Janine!
R: Carl Boese, Musik: Peter Kreuder
Mit Marika Rökk, Rudi Godden, Mady Rahl, Else Elster, Erich Ponto,
Hubert von Meyerinck, Kate Kühl, Marlise Ludwig
Ro: Graf René de Batier

Meine Tante – Deine Tante
R: Carl Boese, Musik: Werner Bochmann
Mit Olly Holzmann, Ralph Arthur Roberts, Walter Ladengast,
Valy Arnheim, Kate Kühl, Leo Peukert, Harry Hardt, Ernst Legal
Ro: Peter Larisch, Musikstudent

1940

Liebesschule
R: K. G. Külb, Musik: Harald Böhmelt
Mit Luise Ullrich, Viktor Staal, Hans Brausewetter, Charlott Daudert,
Dorit Kreysler, Beppo Brem, Hans Junkermann, Rudolf Platte
Ro: Enrico Villanova, Tenor

Die lustigen Vagabunden
R: Jürgen von Alten, Musik: Edmund Nick
Mit Rudi Godden, Mady Rahl, Carola Höhn, Carsta Löck, Rudolf Platte,
Rudolf Carl, Lotte Spira, Herta Worell, Otto Stoeckel, Franz Schafheithin
Ro: Schauspieler Werner Schratt

Rosen in Tirol
Nach der Operette »Der Vogelhändler« von Carl Zeller
R: Geza von Bolvary
Mit Marte Harell, Hans Moser, Theo Lingen, Elfriede Datzig,
Dorit Kreysler, Theodor Danegger, Leo Slezak, Erika von Thellmann,
Hans Holt, Friedl Haerlin, Rudolf Carl
Ro: Herbert von Waldendorf

1941

Immer nur Du!
Zweiter Titel: »Man müsste Klavier spielen können«
R: Karl Anton, Musik: Friedrich Schröder
Mit Dora Komar, Fita Benkhoff, Paul Kemp, Rudolf Schündler,
Fritz Kampers, Theodor Danegger, Wilhelm Bendow, Gunnar Möller,
Günther Lüders, Hans Leibelt, Walter Janssen
Ro: Will Hollers, Sänger

Jenny und der Herr im Frack
R: Paul Martin, Musik: Lothar Brühne
Mit Gusti Huber, Paul Kemp, Oskar Sima, Hilde Hildebrand,
Gustav Waldau, Erik Frey, Wolfgang Kieling, Alice Treff, Hertha von
Hagen
Ro: Versicherungsagent Peter Holm

Illusion
R: Viktor Tourjansky, Musik: Franz Grothe
Mit Brigitte Horney, O. E. Hasse, Nikolai Kolin, Theodor Danegger,
Walter Ladengast, Hilde Sessak, Lotte Jürgens
Ro: Gutsbesitzer Stefan von Holtenau

1942

Karneval der Liebe
R: Paul Martin, Musik: Michael Jary
Mit Dora Komar, Dorit Kreysler, Hans Moser, Richard Romanowsky,
Axel von Ambesser, Gustav Waldau, Evelyn Künneke,
Tibor von Halmay
Ro: Peter

1943

Großstadtmelodie
R: Wolfgang Liebeneiner, Musik: Werner Bochmann
Mit Hilde Krahl, Werner Hinz, Karl John, Hilde Weißner, Josef
Eichheim, Peter Mosbacher, Beppo Brem, Will Dohm, Paul Henckels,
Ilse Fürstenberg, Vera Comployer
Gastrolle: Revuestar Johannes Heesters

1944

Es lebe die Liebe
R: Erich Engel, Musik: Peter Kreuder
Mit Lizzi Waldmüller, Hilde Seipp, Heini Handschumacher, Hilde
von Stolz, Joseph Offenbach, Will Dohm, Maria Loja, Angelo Ferrari,
Egon Vogel
Ro: Manfred Richter, Tenor

Glück bei Frauen
R: Peter Paul Brauer, Musik: Nico Dostal
Mit Hertha Mayen, Hans Olden, Lotte Lang, Jane Tilden, Oskar Sima,
Heinz Salfner, Alfred Neugebauer, Georg Lorenz
Ro: Stefan Hell

Es fing so harmlos an
R: Theo Lingen, Musik: Peter Kreuder
Mit Christl Mardayn, Inge List, Theo Lingen, Will Dohm, Viktor
Afritsch, Angelo Ferrari
Ro: Clemens

1946

Die Fledermaus
Nach der gleichnamigen Operette von Johann Strauß
Buch: Ernst Marischka
R: Geza von Bolvary
Mit Marte Harell, Willy Fritsch, Siegfried Breuer, Dorit Kreysler,
Will Dohm, Hans Brausewetter, Josef Egger, Heinz Salfner, Mimi Stelzer,
Franz Böheim
Ro: Herbert (!) von Eisenstein

1947

Wiener Melodien (Österreich)
R: Theo Lingen und Hubert Marischka, Musik: Frank Filip
Mit Elfie Mayerhofer, Fritz Gehlen, Egon von Jordan, Hedwig Bleibtreu,
Lilly Stepanek, Fritz Lehmann, Elisabeth Markus, Fritz Imhoff,
Toni Bukovics, Marian West
Ro: Ferry van der Heuvels

1948

Frech und verliebt (Produktion: 1945)
R: Hans Schweikart, Musik: Peter Kreuder
Mit Gabriele Reismüller, Ernst Waldow, Franz Schafheitlin, Paul Kemp,
Paul Dahlke, Carl-Heinz Schroth, Charlott Daudert, Paul Westermeier,
Willem Holsboer, Melanie Horeschowsky, Viktor Janson,
Erna Sellmer
Ro: Ing. Peter Schild

1949

Liebe Freundin (Österreich)
BRD-Titel: »Zweimal verliebt«
R: Rudolf Steinboeck, Musik: Hans Lang
Mit Vilma Degischer, Erik Frey, Erni Mangold, Carl Günther, Peter
Preses, Gustav Waldau, Evi Servaes, Karl (Carlo) Böhm, Hermann Glaser,
Ernst Stankowsky(!), Peter Wehle
Ro: Adriaan van der Steer

1950

Wenn eine Frau liebt
Österreich-Titel: »Melodie des Herzens«
R: Wolfgang Liebeneiner, Musik: Hans-Martin Majewski
Mit Hilde Krahl, Mathias Wieman, Gusti Wolf, Wilfried Seyferth,
Ursula Herking, Fritz Rémond, Peter Paul
(Remake des Films »Versprich mir nichts«, R: Wolfgang Liebeneiner,
1937)
Ro: Kunstmaler Martin Pratt

Hochzeitsnacht im Paradies
Nach der gleichnamigen Operette von Friedrich Schröder
Buch; Ernst Marischka
R: Geza von Bolvary
Mit Claude Farell (= Monika Burg), Fritz Rémond, Gretl Schörg,
Fritz Odemar, Oskar Sima, Albert Florath, Ilse Korte, Bum Krüger,
Josef Egger
Ro: Piete van Goos, Film- und Revuestar

1951

Professor Nachtfalter
R: Rolf Meyer, Musik: Friedrich Schröder
Mit Gisela Schmidting, Margarete Haagen, Ernst Waldow, Viktor Janson,
Maria Paudler, Jeannette Schultze, Albert Florath, Harald Paulsen,
Thea Weis, Petra Unkel, Helga Feddersen, Maria Litto
Ro: Prof. Dr. Joachim Wendler

Tanz ins Glück
Nach der gleichnamigen Operette von Robert Stolz
R: Alfred Stöger
Mit Waltraut Haas, Ursula Lingen, Grethe Weiser, Lucie Englisch,
Ulrich Bettac, Beppo Brem, Josef Egger, Fritz Imhoff, Hans Richter,
Walter Groß
Ro: Pedro Damin

Die Csárdásfürstin
Nach der gleichnamigen Operette von Emmerich Kálmán
R: Georg Jacoby
Mit Marika Rökk, Franz Schafheitlin, Margarete Slezak, Walter Müller,
Hubert Marischka, Jeannette Schultze, Eva Pflug, Arno Assmann
Ro: Edwin von Weylersheim

1952

Im weißen Rößl
Nach dem gleichnamigen Singspiel von Ralph Benatzky
R: Willi Forst
Mit Johanna Matz, Walter Müller, Paul Westermeier, Marianne Wisch-
mann, Rudolf Forster, Ingrid Pan, Ulrich Beiger, Christine Kaufmann,
Willi Forst
Ro: Dr. Siedler

1953

Frauen-Filme-Fernsehfunk (Kompilationsfilm mit Rahmenhandlung)
R: Carl Boese
Mit Rudolf Platte, Lotte Rausch, Reinhard Kolldehoff u. a.
sowie mit Ausschnitten u. a. aus **Karneval der Liebe, Gasparone,
Hallo, Janine!** (alle mit Johannes Heesters)

Liebeskrieg nach Noten
R: Karl Hartl, Musik: Peter Kreuder
Mit Marte Harell, Viktoria von Ballasko, Paul Kemp, Rudolf Platte,
Ingrid Pan, Peer Schmidt, Ernst Waldow, Claus Biederstaedt, Wilhelm
Bredow, Wilfried Seyferth
Ro: Ralph Beyron, Komponist

Die geschiedene Frau
Nach der gleichnamigen Operette von Leo Fall
R: Georg Jacoby
Mit Marika Rökk, Hans Nielsen, Hans Leibelt, Gusti Wolf, Anni Korin,
Erich Fiedler, Trude Hesterberg, Margarete Slezak, Herbert Weißbach,
Kurt Großkurth, Friedrich Domin, Arno Assmann, Ulrich Bettac
Ro: Karel

Schlagerparade
R: Erik Ode, Musik: Heino Gaze
Mit Germaine Damar, Walter Giller, Nadja Tiller, Karl Schönböck,
Loni Heuser, Walter Groß, Bully Buhlan, Ruth Stephan, Erich Fiedler,
Harald Juhnke, Viktor Janson sowie Maurice Chevalier, Margot Hielscher,
Lys Assia, Gitta Lind, Rudi Schuricke, Renate Holm, Rita Paul, Friedel
Hensch und die Cypris, Stan Kenton
Ro: Sänger Johannes Heesters

Hab' ich nur deine Liebe (Österreich)
R: Eduard von Borsody, Musik: Rudolf Kattnigg nach Franz von Suppé
Mit Gretl Schörg, Margit Saad, Walter Müller, Friedl Hardt, Erik Frey,
Helmut Qualtinger, Peter Gerhard, Theodor Danegger, Egon von Jordan,
Viktor Braun, Pepi Glöckner-Kramer, Richard Eybner, Hugo Gottschlich,
Phillip von Zeska, Willy Dirtl
Ro: Komponist Franz von Suppé

1954

Die Jungfrau auf dem Dach
(Deutsche Version des US-Films »The moon is blue«, US 1953,
R: Otto Preminger. Mit David Niven als David Slater)
R: Otto Preminger
Mit Johanna Matz, Hardy Krüger, Tom Tully, Dawn Addams, Fortunio
Bonanova, Gregory Ratoff
Ro: David Slater
(Die Uraufführung der deutschen Version fand bei den Berliner
Filmfestspielen am 19. Juni 1953 statt.)

Gestatten, mein Name ist Cox
R: Georg Jacoby, Musik: Hans-Martin Majewski
Mit Claude Borelli, Nadja Tiller, Wolfgang Wahl, Kurt Meisel, Charles
Regnier, Alexander Golling, Rudolf Vogel, Siegfried Lowitz,
Rudolf Rhomberg, Rolf Olsen, Lina Carstens, Harry Hardt,
Heini Goebel
Ro: Paul Cox

1955

Stern von Rio
(Remake des gleichnamigen Films von Karl Anton, 1939,
mit La Jana)
R: Kurt Neumann, Musik: Willy Mattes
Mit Maria Frau, Willy Fritsch, Jester Naefe, Folco Lulli, Franco Andrei,
Reinhard Kolldehoff, Kathrin Kohner, Stanislav Ledinek, Hans Stiebner
Ro: Don Felipe Escobar

Bel ami (Österreich)
(Der Film wurde auch in einer französischen Version gedreht: »Bel ami«,
R: Louis Daquin)
Nach dem gleichnamigen Roman von Guy de Maupassant
R: Louis Daquin, Musik: Hanns Eisler
Mit Marianne Schönauer, Gretl Schörg, René Caussimon, René Lefèvre,
Christl Mardayn, Maria Emo, Antje Weisgerber, Jacqueline Duc,
Egon von Jordan, Karl Fochler, Friedrich Links, Lukas Ammann
Ro: Georges Duroy, genannt »Bel ami«

1956

Ein Herz und eine Seele (Österreich)
BRD-Titel: »… und wer küßt mich?«
R: Max Nosseck, Musik: Gerhard Bronner und Peter Wehle
Mit Hans Moser, Grethe Weiser, Theo Lingen, Gunther Philipp,
Wolf Albach-Retty, Paul Hörbiger, Waltraut Haas, Eva Kerbler,
Susi Nicoletti, Rudolf Lenz, Erni Mangold, Rudolf Carl, Lotte Lang,
Ernst Waldbrunn, Heinz Conrads, Richard Eybner, Hans Thimig
Ro: Filmstar Johannes Heesters

Opernball (Österreich)
Nach der gleichnamigen Operette von Richard Heuberger
R: Ernst Marischka
Mit Sonja Ziemann, Josef Meinrad, Hertha Feiler, Adrian Hoven,
Rudolf Vogel, Fita Benkhoff, Theo Lingen, Dorit Kreysler,
Frances-Martin, Hans Moser
Ro: Georg Dannhauser

Heute heiratet mein Mann
R: Kurt Hoffmann, Musik: Hans-Martin Majewski
Mit Liselotte Pulver, Paul Hubschmid, Gustav Knuth, Charles Regnier,
Werner Finck, Ernst Waldow, Gundula Korte, Ingrid van Bergen,
Eva-Maria Meineke, Lina Carstens, Herta Staal
Ro: Robert Petersen

1957

Viktor und Viktoria
(Remake des gleichnamigen Films von Reinhold Schünzel, 1933,
mit Renate Müller)
Zweiter Titel: »Verliebt, verlobt, verheiratet«
R: Karl Anton, Musik: Heino Gaze
Mit Johanna von Koczian, Georg Thomalla, Annie Cordy, Boy Gobert,
Werner Finck, Carola Höhn, Kurt Vespermann, Franz Otto Krüger,
Kurt Pratsch-Kaufmann, Stanislav Ledinek, Ralf Wolter sowie Alicia
Marquez, Valerie Camille, Cornel-Trio, Jack del Rio, Les Romanos
Brothers
Ro: Jean Perrot, Nachtlokalbesitzer

Von allen geliebt
R: Paul Verhoeven, Musik: Herbert Jarczig
Mit Magda Schneider, Hans Nielsen, Ann Smyrner, Chariklia Baxevanos,
Frank Holms, Tilla Durieux, Ivan Desny, Alice Treff, Traute Rose,
Renate Ewert
Ro: Ing. Rudolf Avenarius

1958

Bühne frei für Marika
R: Georg Jacoby, Musik: Franz Grothe
Mit Marika Rökk, Rudolf Platte, Carla Hagen, Harald Juhnke, Kurt Großkurth, Susanne von Almassy, Fred Raul, Carl Voscherau sowie Roberto Blanco, Die Starlets, Romerito, Die Hiller-Girls u. a.
Ro: Michael Norman, Komponist

1959

Frau im besten Mannesalter
R: Axel von Ambesser, Musik: Hans Arno Simon
Mit Marianne Koch, Bernhard Wicki, Christiane Nielsen, Boy Gobert, Ursula Herking, Werner Fuetterer, Joseph Offenbach, Richard Münch, Lore Hartling
Ro: Verleger Bernhard Hauff

Besuch aus heiterem Himmel
Österreich-Titel: »Jetzt ist er da aus USA«
R: Ferdinand Dörfler, Musik: Fritz Schulz-Reichel
Mit Elma Karlowa, Oskar Sima, Hans von Borsody, Al Hoosman, Lotte Ledl, Ulrich Beiger, Fred Kraus, Bobby Todd
Ro: John Underhower

Die unvollkommene Ehe (Österreich)
R: Robert A. Stemmle
Mit Paula Wessely, Johanna Matz, Dietmar Schönherr, Fritz Schulz, Gudrun Schmidt, Karl Hackenberg, Friedl Czepa
Ro: Musikwissenschaftler Prof. Paul Lert

Hundert Jahre Wiener Operette (Dokumentarfilm – Österreich)
R: Harry Payer
Mit Johannes Heesters, Betty Fischer, Louise Kartousch, Eduard Strauß

1961

Junge Leute brauchen Liebe (Österreich)
R: Géza von Cziffra, Musik: Johannes Fehring

Mit Conny Froboess, Waltraut Haas, Peter Weck, Senta Berger, Katharina Mayberg, Hubert von Meyerinck, Sieglinde Thomas, Boy Gobert, Frithjof Vierock, Bill Ramsey, Elisabeth Epp
Ro: Modezar Charles Fürst

1985

Otto – Der Film
R: Otto (Waalkes), Xaver Schwarzenberger
Mit Otto Waalkes, Jessika Cardinahl, Elisabeth Wiedemann, Sky Dumont, Peter Kuiper, Karl Lieffen, Gottfried John, Karl Schönböck, Günther Kaufmann, Tilly Lauenstein
Ro: Bettler

Fernsehen

(Fernsehfilme und -serien, soweit feststellbar; sie wurden nach ihrer Erstausstrahlung gereiht; nicht erfasst sind Personality-, Musik- und Talk-Shows, Dokumentationen, Porträts, Gedenksendungen, in denen J. H. mitwirkte, Kompilationen, Interviews etc.)

Zusammengestellt von Peter Spiegel, Filmdokumentationszentrum/ Filmarchiv Austria

Erklärung der Abkürzungen: BR = Bildregie, M = Musik, Ro: Rolle von Johannes Heesters.

Wenn nicht in Klammern vermerkt, sind ausstrahlende und produzierende Sendeanstalt(en) identisch.

Meine Schwester und ich	4. 3. 1956
Musikalisches Lustspiel von Ralph Benatzky	ARD (SDR)
R: Franz Peter Wirth	
Mit Anneliese Rothenberger, Kurt Großkurth u. a.	
Ro: Dr. Roger Fleuriot	

Mein Bruder Jacques
Burleske von André Gillois
R: Rolf Lansky
Mit Eleonore Schroth, Helen von Münchhofen,
Rolf Lansky
Ro: Jacques
Aufzeichnung aus der Komödie, Basel

30. 11. 1957
ORF 1 (DRS/BR)

Nocturno im Grand Hotel
Fernsehfilm von Wolfgang Hildesheimer
R: Fritz Schröder
Mit Günter Pfitzmann, Gisela Schlüter, Wolfgang
Borchert, Mady Rahl, Paul Esser, Nina von Porembsky
Ro: Karolin, ein berühmter Dirigent

10. 9. 1959
ARD (WDR)

Am grünen Strand der Spree
Episodenfilm
Episode 5: Capriccio Italien
R: Fritz Umgelter
Mit Elisabeth Müller, Peter Pasetti, Helen Vita,
Ursula Kopp, Günter Pfitzmann, Bum Krüger,
Malte Jaeger
Ro: Graf Chiaroscuro

17. 5. 1960
ARD (WDR)

Nicht zuhören, meine Damen
Fernseh-Komödie nach der englischen Bearbeitung
(»Don't listen, ladies!«) von Guy Bolton, einer
Komödie von Sacha Guitry
R: Wolfgang Glück
Mit Ingrid Capelle, Eva Kerbler,
Leopold Hainisch, Ernst Anders, Hilde Hildebrand,
Susi Nicoletti, Fred Liewehr
Ro: Daniel Bachelet

1. 2. 1962
ORF (ORF/SDR)

Ein netter Herr
Amerikanische Komödie (»Kind Sir«)
von Norman Krasna

3. 3. 1962
ORF

R: Kurt Wilhelm, BR: Hermann Lanske
Mit Susanne von Almassy, Grete Zimmer,
Erich Nikowitz, Bibiane Zeller, Johann Sklenka
Ro: Philipp Clair
Aufzeichnung aus den Kammerspielen, Wien

Die lustige Witwe   26. 12. 1963
Verfilmung der gleichnamigen Operette von   ZDF
Franz Lehár
R: Paul Martin
Mit Irene Salemka, Christine Görner, Maurice
Besançon, Walter Müller, Herbert Prikopa,
Harry Tagore, Arno Paulsen
Ro: Graf Danilo

Leider lauter Lügen   8. 4. 1965
Ein Spiel um Musik von Hans Borgelt   ZDF
R: Wolfgang Schleif, M: Friedrich Schröder
Mit Hannelore Elsner, Gerd Vespermann,
Gudrun Schmidt, Loni Heuser,
Dany Mann
Ro: Prof. Saladin Rohde

Viktoria und ihr Husar   18. 4. 1965
Verfilmung der gleichnamigen Operette von Paul ZDF
Abraham
R: Kurt Pscherer
Mit Margit Schramm, Rudolf Schock, Peter
Garden, Kurt Huemer, Stanislav Ledinek
Ro: Cunlight, amerikanischer Gesandter

Hochzeitsnacht im Paradies   4. 9. 1966
Verfilmung der gleichnamigen Operette von   ZDF
Friedrich Schröder
R: Alfred Walter, BR: Walter Weber
Mit Ingrid Karch, Horst Müller, Erhard Burhardt,
Isy Orén, Ida Boros
Ro: Dr. Ulrich Hansen

Wenn die kleinen Veilchen blühen   10. 11. 1968
Verfilmung der gleichnamigen Operette von   ZDF (ZDF/ORF)
Robert Stolz
R: Hermann Lanske, TV-Bearbeitung: Hugo Wiener
Mit Marianne Schönauer, Eleonore Bauer,
Theo Lingen, Rudolf Carl, Helga Papouschek,
Edith Leyrer, Thomas Fritsch, Peter Kraus, Cissy
Kraner, Günther Frank, Beate Granzow sowie
Robert und Einzi Stolz
Ro: Dr. Hans Thomas

Unsere liebste Freundin   26. 12. 1968
Komödie von Samuel Taylor   ZDF
R: Gerhard Metzner, BR: Heribert Wenk
Mit Vilma Degischer, Susanne von Almassy, Krista
Stadler, Flory Jacoby, Hans Zesch-Ballot,
Michael Berger
Ro: Christian Bach-Nielsen
Aufzeichnung aus der Kleinen Komödie am
Max II-Denkmal, München

Der Kommissar, Folge: Parkplatz-Hyänen   27. 2. 1970
TV-Krimireihe von Herbert Reinecker   ZDF
R: Zbynek Brynych
Mit Erik Ode, Fritz Wepper, Helma Seitz,
Marianne Hoppe, Werner Pochath, Günther
Schramm, Reinhard Glemnitz, Ida Krottendorf,
Eva Mattes, Günther Neutze, Maria Landrock
Ro: Eberhard Boszilke

»Gastspiele«   26. 12. 1971
Lustspiel von Robert E. Horney und Walter Firner   ZDF
R: Wolfgang Spier, BR: Johann Müller
Mit Klaus Havenstein, Barbara Rath,
Mady Rahl, Lisa Helwig, Brigitte Reimers
Ro: Steven Gilford
Nach einer Aufführung der Kleinen Komödie
am Max II-Denkmal, München

Eine Frau bleibt eine Frau　　　　　　　　　7. 11. 1972
Drei Episoden von Herbert Reinecker (1, 2),　　ZDF/ORF
Carlos Thompson (3)
R: Alfred Weidenmann (1, 2), Theodor Grädler (3)
Mit Lilli Palmer, Vera Tschechowa, Hanne Wieder,
Paul Hubschmid, Horst Janson, Peter Pasetti,
Walther Reyer, Rudolf Platte
Ro: Ehemann (von Lilli Palmer)

Paganini　　　　　　　　　　　　　　　　4. 1. 1973
Verfilmung der gleichnamigen Operette von　　ZDF
Franz Lehár
R: Eugen York
Mit Antonio Theba, Teresa Stratas, Dagmar
Koller, Peter Kraus, Fritz Tillmann, Wolfgang
Lukschy, Klaus Havenstein
Ro: Fürst Felice Bacciocchi

Hochzeitsnacht im Paradies　　　　　　　24. 10. 1974
Verfilmung der Operette von　　　　　　　　ZDF
Friedrich Schröder
R: Thomas Engel
Mit Karin Dor, Uwe Friedrichsen, Barbara Schöne,
Marlène Charell, Theo Lingen, Gunther Philipp,
Ekkehard Fritsch, Achim Strietzel, Jürgen Feindt
Ro: Dr. Thomas Hansen

Hallo, Hotel Sacher ... Portier!　　　　　22. 4. 1973
2. Folge: Opernball (TV-Serie)　　　　　　　ORF
R: Hermann Kugelstadt
Mit Fritz Eckhardt, Elfriede Ott, Maxi Böhm,
Marianne Schönauer, Eva Rieck, Gerhard
Tötschinger, Ulla Jacobsson, Ossy Kolmann
Ro: Marinus de Ryder, Operettentenor

Die Alten kommen　　　　　　　　　　　5. 1. 1980
5 »Senioren«-Episoden von Herbert Reinecker　DRS (ZDF/
R: Wolfgang Becker　　　　　　　　　　　　ORF/DRS)

Mit Werner Hinz, Gustav Knuth, Curt Bois,
Ernst Fritz Fürbringer, Rudolf Platte, Lisa Helwig,
Edith Heerdegen, Carl-Heinz Schroth
Ro: Moto-Cross-Fahrer

Liebe bleibt nicht ohne Schmerzen	5. 9. 1980
Vier Episoden von Herbert Reinecker,	ORF (ZDF/
moderiert von Johannes Heesters	ORF/DRS)

R: Alfred Vohrer
Mit Gertraud Jesserer, Lambert Hamel, Hannes
Messemer, Anaid Iplicjian; Maria Becker, Edith
Heerdegen; Ruth Maria Kubitschek, Peter Pasetti,
Herbert Herrmann, Ekkehard Belle; Maria Schell,
Heinz Reincke
Ro: Moderator

Sonny Boys	12. 12. 1982
Komödie von Neil Simon	ZDF

R: Rolf von Sydow
Mit Carl-Heinz Schroth, Herbert Herrmann,
Jutta Boll, Lonny Kellner, Siegfried Gröning,
Egon Vogel
Ro: Al Lewis

Die schöne Wilhelmine	6.–16.9.1984
Vierteilige Miniserie von Karl Wittlinger	ZDF

nach dem Roman von Ernst von Salomon
R: Rolf von Sydow
Mit Anja Kruse, Rainer Hunold, Jean-Claude
Brialy, Herbert Stass, Silvia Reize, Marie Versini
Ro: Keith

Ich knüpfte manche zarte Bande	17. 4. 1985
4 Episoden von Rolf von Sydow	ORF (ZDF/ORF)

1. Der Magier / 2. Der Klavierstimmer /
3. Der Tester / 4. Der Star
R: Rolf von Sydow
Mit Elfriede Kuzmany, Gert Haucke; Gila von

Weitershausen, Sven Stejskal, Martin Halm;
Hans Clarin, Evelyn Hamann; Barbara Wussow
Ro: 1. Herr van Leeuwen, 2. Herr Schmiede,
3. Herr Muthesius, 4. Sänger Johannes Friedrich

Zwei Münchner in Hamburg	3. 10. 1989 ff
TV-Serie von Karlheinz Freynik	(Pilotfilm)
(Staffel 1–3); Hanno Lunin,	Staffel 1
Celino Bleiweiß (Staffel 3),	(12 Folgen)
R: Rolf von Sydow, Wilfried Dotzel,	ZDF (ZDF/ORF)
Peter Deutsch, Celino Bleiweiß	23. 9. 1991 ff
Mit Uschi Glas, Elmar Wepper, Enzi Fuchs,	Staffel 2
Winnie Markus, Heinz Reincke,	(12 Folgen)
Wolfgang Fierek, Max Griesser	ORF (ZDF/ORF)
Willy Harlander, Florian Stubenvoll,	14. 9. 1993 ff
Toni Berger, Hans Reiser, Volkert Kraeft,	Staffel 3
Barbara Valentin	(12 Folgen)
Ro: Van Daalen senior	ZDF (ZDF/ORF)

Altes Herz wird nochmals jung	28. 11. 1991
3-Episoden-Film von Rolf von Sydow	ZDF
1. Nichts geht mehr / 2. Spätlese /	
3. Sieg und Platz	
R: Rolf von Sydow	
Mit Iris Berben, Lola Müthel, Bert Wessel-	
mann (1); Saskia Fischer, Volkert Kraeft (2);	
Katja Woywood, Siegfried Rauch,	
Robert Becker (3)	

Ro: Jan van Hisman (1), Julius Heine (2)
Johannes von Waechter (3)

Das letzte Edelweiß (Episode der TV-Reihe	13. 1. 1994
»Geschichten aus der Heimat«) von Wolfgang	ARD (BR)
Limmer	
R: Wolfgang Limmer	
Mit Elmar Wepper, Fritz Wepper, Robert Giggenbach,	
Thekla Mayhoff, Peter Berling	
Ro: Gast	

Grandhotel (11. Folge der TV-Serie
»Zwei alte Hasen« von Krystian Martinek   11. 2. 1995
und Neithardt Riedel   ZDF (ZDF/ORF)
R: Dieter Kehler
Mit Harald Juhnke, Heinz Schubert, Martin
Semmelrogge, Simone Rethel, Ingrid Steeger
Ro: Jan van Houten

Zwischen Tag und Nacht   16. 10. 1995
Pilotfilm (»Unverschämt romantisch«)
zur zehnteiligen Reporter-TV-Serie von
Karlheinz Freynik und Max Ludwig
R: George Moorse
Mit Karin Giegerich, Patrick Winczewski,
Eva-Ingeborg Scholz, Heinz Reincke, Fritz Wepper,
Jürgen Goslar, Mathieu Carrière, Kai Maertens,
Juraj Kukura, Jeannine Burch
Ro: Gaststar
**JH gastierte auch in der Folge »Ein heißer Preis«

Silent Love – Eine Weihnachtsgeschichte   24. 12. 1995
Kurzfilm nach der Erzählung »The gift of the   ARD (MDR)
Magi« von O'Henry
R: Josh Broecker
Mit Anne-Marie Bubke, Steffen Wink, Ellen
Umlauf, Oliver Grober, Gerd Wiedenhofen
Ro: Violonist

Ein gesegnetes Alter   1. 12. 1996
Komödie von Curth Flatow   ORF 2 (HR)
R: Jürgen Wölffer
Mit Simone Rethel
Ro: Georg Neumann
Aufzeichnung aus dem Fritz Rémond Theater im Zoo,
Frankfurt/Main

alphateam (Serie; Episode »Im Angesicht des Todes«, 7. 11. 2002
Buch: David Ungereit)   SAT 1
R: John Delbridge
Ro: Hermann Weck

348

Namenregister

Roesler, Edith 157f.
Rökk, Marika 48f. 57f.,
  88, 197, 199
Roosevelt, Eleanor 54
Rostand, Edmond 25
Rothärmel, Alfons 207
Rothenberger, Anneliese
  209
Royaards, Willem
  22–25, 28
Rühmann, Heinz 60

Sack, Erna 66
Schenk, Otto 84, 235f.
Schiller, Friedrich 17
Schmeling, Max 135
Schmid, Aglaja 182
Schmidseder, Ludwig
  115
Schneider, Magda 165
Schneider, Romy 179
Schneider-Satori 113
Schollwer, Edith 57
Schönauer, Marianne
  107
Schörg, Gretl 107, 118
Schröder, Friedrich 57,
  102, 118
Schroevers, Martinus
  178
Schroth, Barbara 221
Schroth, Carl-Heinz
  221, 234
Schulz, Eckhard 188
Schwenn, Günther
  110f., 115
Seipp, Hilde 118f.
Serrano, Rosita 139
Servi, Helly 182
Seys-Inquart, Arthur 98
Shakespeare, William 25
Sierck, Detlef (später
  Sirk, Douglas) 50-53

Sievert, Ludwig 71
Sima, Oskar 57, 133
Simon, Neil 181, 234
Slezak, Leo 43, 58, 102
Snaga, Joseph 42, 44
Spier, Wolfgang 234
Staal, Viktor 92
Stanislawski, Konstantin
  242
Stankovski, Ernst 179
Stauffenberg, Claus Graf
  145
Stein, Leo 68, 112
Steinboeck, Rudolf
  179–182, 184, 224
Stierhout, Ben 121f.,
  146f.
Stierhout, Stella 121
Stoeckel, Otto 44
Stolz, Robert 38, 58f.,
  69, 89, 164
Straus, Oscar 29
Strauß, Johann 89f.,
  148
Strecker, Max 125
Strindberg, August 25
Struve, Viktor von 151
Sydow, Rolf von 234

Tasnady, Maria von
  78
Tauber, Richard 119
Tayler, Samuel 193
Theimer, Gretl 55
Thimig, Hans 180
Thimig, Helene 180
Thimig, Hermann 180
Thimig, Hugo 180
Thomalla, Georg 226f.,
  233
Tourjansky, Viktor
  104ff.
Tourniaire, Oscar 31

Trantow, Cordula 240f.
Tschechow, Anton 27,
  241f.
Tucholsky, Kurt 88

Ucicky, Gustav 101
Ullrich, Luise 92f.

Valentin, Karl 90
Verhoeven, Paul 50
Villon, François 30
Vondel, Joost van den 20

Waalkes, Otto 224
Wagner, Adolf 71, 77,
  99, 173
Waldau, Gustav 73, 181
Walden, Willy 16, 18
Waldmüller, Lizzi 108,
  134ff., 142f.
Wayne, John 193
Weber, Maria 213ff.
Weck, Peter 197
Weisgerber, Antje 108
Werner, Betty 38
Wessely, Paula 180, 199f.
Westermeier, Paul 118
White, Jack 196
Wiener, Hugo 38
Wilde, Oscar 181
Wilder, Billy 192ff.
Wolf, Theateragent 173
Wölffer, Christine 227
Wölffer, Hans 105
Wölffer, Jürgen 227,
  229, 231

Zeller, Carl 101
Ziegfeld, Florenz 70
Zimmermann, Stefan
  240f.
Zoff, Marianne 163
Zuckmayer, Carl 194